创新型职业教育精品教材

教育改革新形态新理念教材

旅游市场营销

主审 牟岱

主编 吴欣然 陈士奇

副主编 何欣竹 朱晓岩 王英霞

参编 刘颖 李妍 纪欢庭 林美彤 周冰 沙海燕

辽宁教育出版社

·沈阳·

图书在版编目（CIP）数据

旅游市场营销 / 吴欣然，陈士奇主编. — 沈阳：辽宁教育出版社，2024.4（2024.10重印）

ISBN 978-7-5549-4143-0

Ⅰ. ①旅…　Ⅱ. ①吴…　②陈…　Ⅲ. ①旅游市场—市场营销学—高等职业教育—教材　Ⅳ. ①F590.82

中国国家版本馆CIP数据核字（2024）第069799号

旅游市场营销
LUYOU SHICHANG YINGXIAO

出 品 人：张　领
出版发行：辽宁教育出版社（地址：沈阳市和平区十一纬路25号　邮编：110003）
电话：024-23284410（总编室）024-23284652（购书）
http://www.lep.com.cn
印　　刷：沈阳百江印刷有限公司

责任编辑：赵姝玲
封面设计：意・装帧设计
责任校对：王　静
幅面尺寸：185mm × 260mm
印　　张：17.25
字　　数：360千字
出版时间：2024年4月第1版
印刷时间：2024年10月第2次印刷

书　　号：ISBN 978-7-5549-4143-0
定　　价：98.00元

前　言

为了适应旅游业快速发展对人才的需求，为了适应高职教育专业改革和教学、课程改革的需要，同时为了能更好地将理论与实际应用相结合，我们组织编写了《旅游市场营销》项目化教材。

本书是由一批长期从事高职旅游专业教学和实践的教师，在结合目前我国旅游行业现状的基础上编写的。本书以培养旅游管理及相关专业学生掌握旅游市场营销岗位所需的基本技能和管理能力为目的，充分体现够用、实用、管用的原则。本教材按照“以职业能力目标为导向，构建基于工作体系的高职课程体系”的总体设计要求，坚持目标引领、职业活动导向、能力本位、学生主体、突出实训的原则，以工作任务为中心构建工作项目课程体系。紧紧围绕旅游企业市场营销工作过程的需要来选择和组织教材内容，突出工作任务与知识的联系，让学生在职业实践活动的基础上掌握知识，增强课程内容与职业岗位能力要求的相关性，提高学生的就业能力。

本书充分考虑高职学生的特点与培养目标的要求，理论知识叙述力求简洁明了，注重培养学生的实践操作能力。每个项目都明确能力目标、知识目标和素质目标，项目中的每个任务都有完整的操作实施过程，并附有对应的实训练习及考核评价标准。相关知识中有案例链接、资料链接等，既加深了学生对所学知识的理解，又丰富了教材内容，增强了教材的趣味性和可读性。

本书注重突出高职教材的特征，适应高等职业教育以能力为核心，以培养技术应用型人才为根本任务，使学生达到基础理论适度、技术应用能力强、综合素质高的要求。

本书由辽宁省文史研究馆馆员牟岱任主审，辽宁生态工程职业学院吴欣然、陈士奇任主编，何欣竹、朱晓岩、王英霞任副主编，吴欣然、陈士奇负责完成全书体例结构的设计与调整。刘颖、李妍、纪欢庭、林美彤，周冰（鞍山职业技术学院）参与编写。同时，沙海燕（沈阳故宫旅行社有限公司）总经理给予了实践指导。

本书在编写过程中参考了国内外有关论著，并得到了许多业内人士的帮助，在此一并表示感谢。同时，由于作者水平所限，书中难免存在不足之处，敬请广大读者指正。

目　录

项目一　设立市场营销部

教学目标

※ 能力目标

1. 会进行市场营销部的组织结构设计；

2. 会编制岗位说明书。

※ 知识目标

1. 了解市场营销部的设立方式和流程；

2. 掌握市场营销部的组织结构设计；

3. 掌握工作说明书的编制方法。

※ 素质目标

1. 学生具有诚实、守信、公正、积极主动、富有创造性的旅游市场营销职业态度；

2. 学生具有严谨细致、沉着冷静、遵守规矩、实事求是、服务耐心、讲求效率和效益的旅游职业工作作风；

3. 学生具有遵纪守法、保守机密、清正廉洁和自警自律的旅游职业纪律；

4. 学生具备较强的旅游企业团队协作精神和较高的集体观念。

任务1-1　营销部设立

【任务引入】

林园旅行社于2016年3月成立以来，经营状况平淡，所以旅行社经理决定成立市场营销部，开辟旅游渠道，加大营销力度。

【任务分析】

林园旅行社目前有员工 10 人，将对外联络的 3 名员工归入市场营销部，设立市场营销经理 1 名，员工 2 名，其中 1 人负责市场调查与开发，1 人负责旅游产品促销。

【任务实施】

步骤一　组建市场营销部

林园旅行社属于中小型企业，企业的组织结构设置为直线职能制，具体业务是在总经理领导下设置相应的职能部门，实行经理统一指挥与职能部门参谋、指导相结合的组织结构形式，如图 1-1 所示。

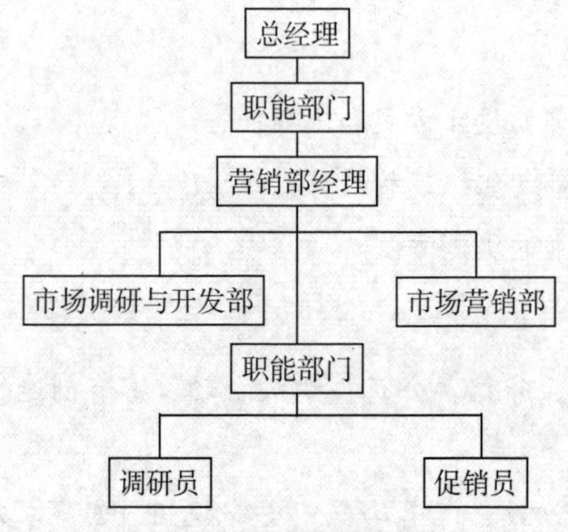

图 1-1　林园旅行社组织结构图

步骤二　编制岗位说明书

林园旅行社市场营销职位说明书

部门：市场部办公室

职位：部门经理

直接上级：总经理

直接下属：市场调查与开发员、旅游产品促销员

工作内容：负责旅游市场调查、推广和业务销售事项。

1. 领导市场部的日常工作。
2. 进行总体经济状况分析。
3. 拟定目标市场和客户开发计划。
4. 进行旅游市场分析和未来旅游市场预测。
5. 撰写旅游市场调研报告。

6. 广告宣传和促销方案的规划实施。

7. 客户分析与需求、行为调查。

8. 客户资料库的建立、维护与信息反馈。

9. 客户信用分析与调查售后服务及受理客户投诉。

10. 统计销售数据，建立和维护销售信息库。

11. 渠道的调研和运输代理商的管理。

12. 制定相关的管理制度，对下属人员的工作进行监督、指导和考核。

权力：

1. 有权对市场和客户开发费用的支出进行总体控制。

2. 有权参与公司营销政策的制定。

3. 本部门员工考核、监督、检查权。

4. 本部门员工聘任、解聘建议权。

5. 本公司旅游服务价格浮动建议权。

责任：

1. 对已有和潜在的旅游市场与客户开发进度计划的完成，负领导和组织责任。

2. 如因工作失职给公司造成损失，负相应的经济责任和行政责任。

职务资格：

1. 旅游管理、市场营销或相关专业全日制本科以上学历，并接受过管理学、经济学、经济合同法、公共关系等方面的学习或培训；

2. 具有从事旅游业市场或销售工作 3 年以上工作经验，能够独立组织市场和客户研发工作；

3. 外向型性格，团队意识强烈，善于与人合作，富有激情和耐心，敬业并富有奉献精神；

4. 具有较强的人际交往能力、谈判技巧、亲和力和沟通能力；

5. 具有较强的计算能力、逻辑思维能力和综合分析能力。

职务描述及要求：

1. 旅游管理、市场营销、企业管理等专业本科以上学历，年龄 28 ～ 50 岁，5 年以上市场管理工作经验，有旅游行业经验者优先。

2. 负责制定公司的营销战略、发展规划以及销售计划和销售方案。

3. 负责建设公司的营销组织机构、团队管理体系以及制定相关的管理制度。

4. 负责公司的客户关系维护和管理，策划、实施对客户的稳定及增值服务。

5. 具有很强的业务拓展能力，及时准确地把握旅游市场销售趋势，根据公司战略及模式开拓市场，完成接待量指标。

6. 组织和监督实施市场推广计划，建立完善的工作流程。协助其他部门，不断扩大线路产品市场占有率、品牌知名度。提出市场推广、品牌、公关等方面的具体方向和实施方案。

7. 具有较强的文字写作、人际交往、公关活动及谈判能力，具有较强的开拓创新意识、市场营销能力和团队合作精神。

【考核评价】

表 1–1　设立市场营销部考核评价表

考核类型	评价项目	评价要点	得分	满分
成果考核	市场营销部设立	组织机构设置合理	10	30
		岗位分析准确	10	
		组织结构图绘制准确	10	
	岗位说明书编制	岗位名称准确	2	30
		岗位编号正确	3	
		岗位说明明确	10	
		资格条件描述准确	10	
		岗位评价与分级准确	5	
	情境训练个人表现	积极参加情境模拟训练、认真完成市场营销部机构设置	10	10
过程考核	个人课堂活动表现	积极主动发言，学习态度端正	3	6
		无迟到、早退、旷课现象，课堂出勤良好	3	
	团队任务活动表现	任务分工明确、团队合作能力强	8	24
		任务实施中能及时处理问题、协调沟通顺畅	8	
		团队积极乐观、勇于挑战，能主动完成设计任务	8	

【归纳总结】

通过本任务训练，能够根据旅行社现实业务情况，分析组织需求，进而进行组织机构设计，并对岗位进行分析，明确各岗位任职条件和工作任务，掌握组织机构的类型，会编制岗位说明书。

【相关知识】

1. 现代企业组织结构的类型

（1）直线制

直线制又称军队式结构，是一种最简单的集权式组织结构形式。其领导关系按垂直系统建立，不设立专门的职能机构，自上而下形成垂直领导与被领导关系，如图 1–2 所示。

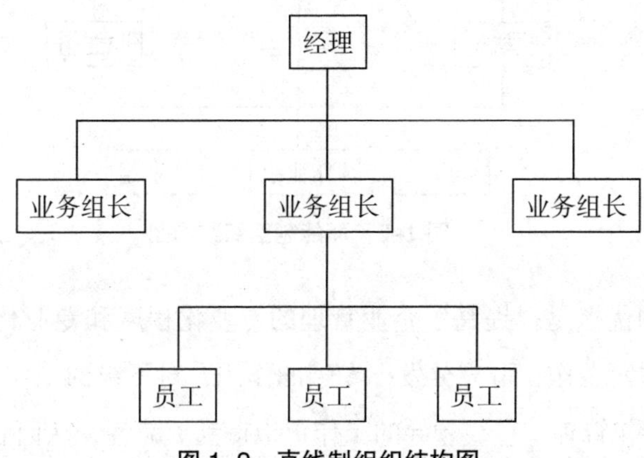

图 1–2　直线制组织结构图

直线制结构的优点是：结构简单，指挥系统清晰、统一；责权关系明确；横向联系少，内部协调容易；信息沟通迅速，解决问题及时，管理效率高。其缺点是：组织结构缺乏弹性；组织内部缺乏横向交流；缺乏专业化分工，不利于管理水平的提高；经营管理事务仅依赖于少数几个人，要求企业领导必须是经营管理全才，但这是很难做到的，尤其是在企业规模扩大时，管理工作会超过个人能力所能承受的限度，不利于集中精力研究企业管理的重大问题。因此，直线制组织结构的适用范围是有限的，它只适用于那些规模较小或业务活动简单、稳定的企业。

（2）职能制

职能制又称多线制，是指按照专业分工设置相应的职能管理部门，实行专业分工管理的组织结构形式。职能制组织结构在总经理下面设置职能部门，各部门在其业务分工范围内都有权向下级下达命令和指示，直接指挥下属单位，下属既服从直线领导的指挥，又服从上级各职能部门的指挥。其组织结构图如图 1–3 所示。

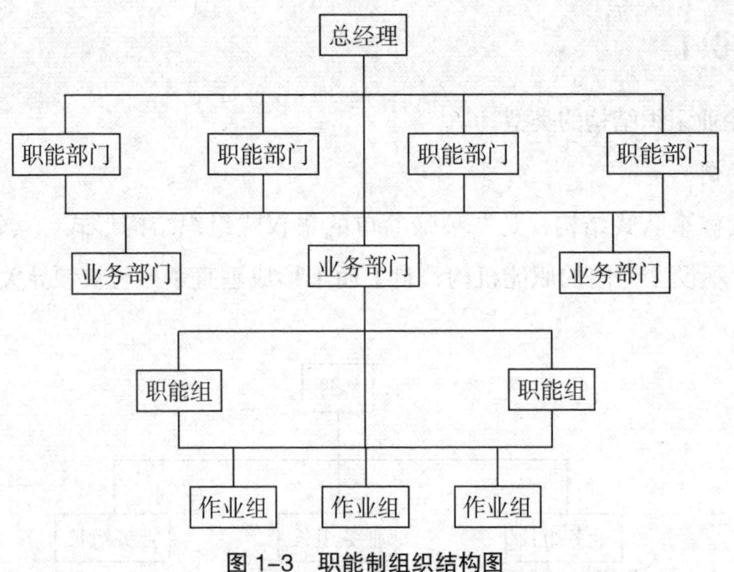

图 1–3　职能制组织结构图

职能制结构的优点是：提高了企业管理的专业化程度和专业化水平；由于每个职能部门只负责某一方面工作，可充分发挥专家的作用，对下级的工作提供详细的业务指导；由于吸收了专家参与管理，直线领导的工作负担得到了减轻，从而有更多的时间和精力考虑组织的重大战略问题；有利于提高各职能专家自身的业务水平；有利于各职能管理者的选拔、培训和考核的实施。

职能制结构的不足：多头领导，政出多门，不利于集中领导和统一指挥，造成管理混乱，令下属无所适从；直线人员和职能部门责权不清，彼此之间易产生意见分歧，互相争名夺利，争功诿过，难以协调，最终必然导致功过不明，赏罚不公，责权利不能很好地统一起来；机构复杂，增加管理费用，加重企业负担；由于过分强调按职能进行专业分工，各职能人员的知识面不够广，缺少经验，不利于培养全面型的管理人才；这种组织形式决策慢，不够灵活，难以适应环境的变化。因此职能制结构只适用于计划经济体制下的企业，必须经过改造才能应用于市场经济下的企业。

（3）**直线职能制**

直线职能制是一种以直线制结构为基础，在总经理领导下设置相应的职能部门，实行经理统一指挥与职能部门参谋、指导相结合的组织结构形式，如图 1–4 所示。

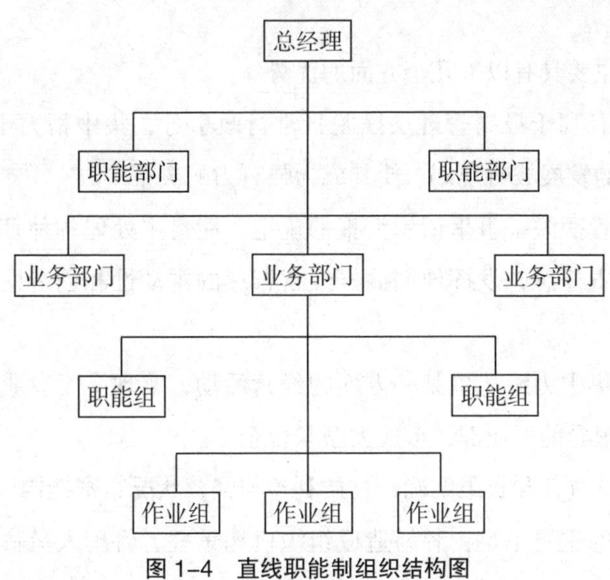

图 1-4　直线职能制组织结构图

直线职能制的主要特点是：总经理对业务和职能部门均实行垂直式领导，各级直线管理人员在职权范围内对直接下属有指挥和命令的权力，并对此承担全部责任；职能管理部门是总经理的参谋和助手，没有直接指挥权，其职能是向上级提供信息和建议，并对业务部门提供指挥和监督，因此，它与业务部门的关系只是一种指导关系，而非领导关系。

直线职能制是一种集权和分权相结合的组织结构形式，它在保留直线制统一指挥优点的基础上，引入管理工作专业化的做法，因此，既保证统一指挥，又发挥职能管理部门的参谋指导作用，弥补领导人员在专业管理知识和能力方面的不足，协助领导人员决策。

直线职能制是一种有助于提高管理效率的组织结构形式，在现代企业中适用范围比较广泛。但是随着企业规模的进一步扩大，职能部门也将会随之增多，于是各部门之间的横向联系和协作将变得更加复杂和困难。加上各业务部门和职能部门都须向总经理请示、汇报，使其无法将精力集中于企业管理的重大问题。当设立管理委员会，制定完善的协调制度等改良措施都无法解决这些问题时，企业组织结构就面临着倾向于更多分权的改革问题。

（4）**事业部制**

事业部制也称分权制结构，是一种在直线职能制基础上演变而来的现代企业组织结构形式。它遵循“集中决策，分散经营”的总原则，实行集中决策指导下的分散经营，按产品、地区和顾客等标志将企业划分为若干相对独立的经营单位，分别组成事业部。各事业部在经营管理方面拥有较大的自主权，实行独立核算、自负盈亏，并可根据经营需要设置相应的职能部门。总公司主要负责研究和制定重大方针、政策，掌握投资、重要人员任免、价格幅度和经营监督等方面的大权，并通过利润指标对事业部实施控制，如图 1-5

所示。

事业部制结构主要具有以下几个方面的优势：

①权力下放，有利于最高管理层摆脱日常行政事务，集中精力于外部环境的研究，制定长远的全局性的发展战略规划，使其成为强有力的决策中心。

②各事业部主管摆脱了事事请示汇报的规定，能自主处理各种日常工作，有助于增强事业部管理者的责任感，发挥他们搞好经营管理的主动性和创造性，提高企业的适应能力。

③各事业部可集中力量从事某一方面的经营活动，实现高度专业化，整个企业可以容纳若干经营特点迥异的事业部，形成大型联合企业。

④各事业部经营责任和权限明确，物质利益与经营状况紧密挂钩。

事业部制结构的主要不足：容易造成组织机构重叠、管理人员膨胀的现象；各事业部独立性强，考虑问题时容易忽视企业整体利益。因此，事业部制结构适合那些经营规模大、生产经营业务多元化、市场环境差异大、要求较强适应性的企业。

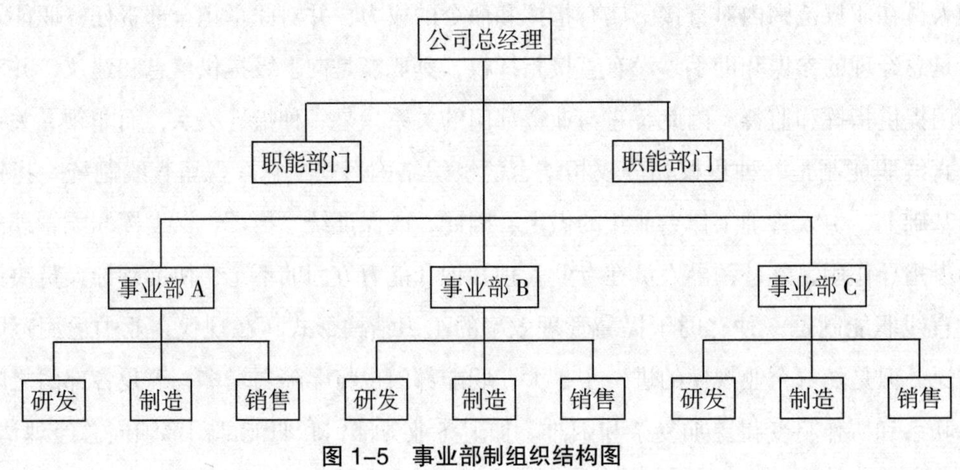

图 1–5　事业部制组织结构图

（5）**超事业部制**

超事业部制又称执行部制，是一种在事业部制基础上演变而来的现代企业组织结构形式。它首先按产品、地区和顾客等标志将企业划分为若干相对独立的经营单位，分别组成事业部，然后将提供的产品（服务）种类相近，地理位置相对集中，或顾客对象相同的事业部组合在一起形成超事业部，即在公司总经理与各个事业部之间增加一级管理机构。各事业部在经营管理方面拥有较大的自主权，实行独立核算、自负盈亏，并可根据经营需要设置相应的职能部门；各超事业部负责管理和协调下属各个事业部的活动；总公司主要负责研究和制定重大方针、政策，掌握投资、重要人员任免、价格幅度和经营监督等方面的大权，并通过利润指标对超事业部和事业部实施控制，如图 1–6 所示。

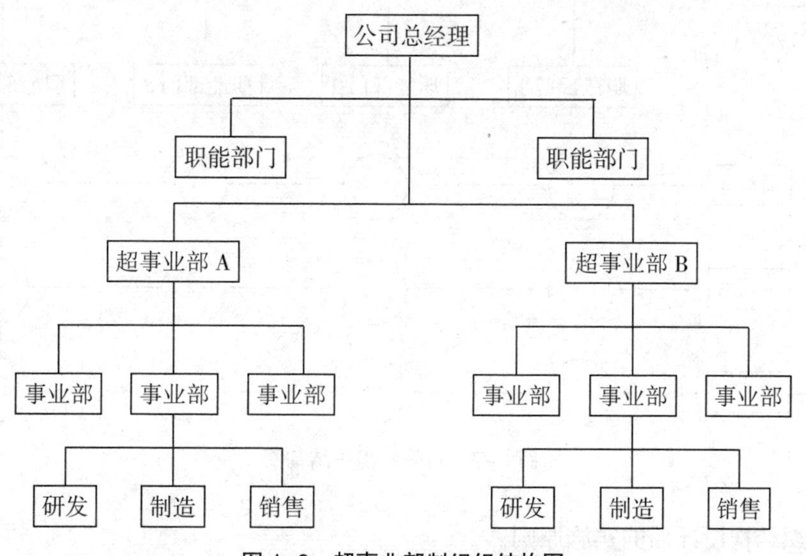

图 1–6　超事业部制组织结构图

超事业部制主要的优点：可以联合几个事业部的力量研发新产品，提供新服务，形成拳头优势；超事业部的主要功能是协调各事业部的生产经营活动方向，从而大大增强了企业的灵活性和适应性；同时，能够使公司总经理从繁重的日常事务中解脱出来，将自己的时间和精力主要集中在企业重大战略性决策上。

超事业部制结构的不足：管理层次增加，企业内部的横、纵向沟通问题更紧迫；管理人员增多，企业费用增加。因此，超事业部制主要适用于规模巨大，产品（服务）种类较多的企业。

（6）**矩阵制**

矩阵制组织结构是由职能部门系列和为完成某一临时任务而组建的项目小组系列组成的，具有双道命令系统的现代企业组织结构形式，如图 1–7 所示。

矩阵制组织结构的优点是：将企业横向联系和纵向联系较好地结合起来，有利于加强各职能部门之间的沟通、协作和配合，及时解决问题；能在不增加机构设置和人员编制的前提下，将不同部门的专业人员集中在一起，组建方便；能较好地解决组织结构相对稳定和管理任务多变之间的矛盾，使一些临时性的、跨部门工作的执行变得不再困难；为企业综合管理与专业管理的结合提供了组织结构形式。其缺点在于组织关系比较复杂。

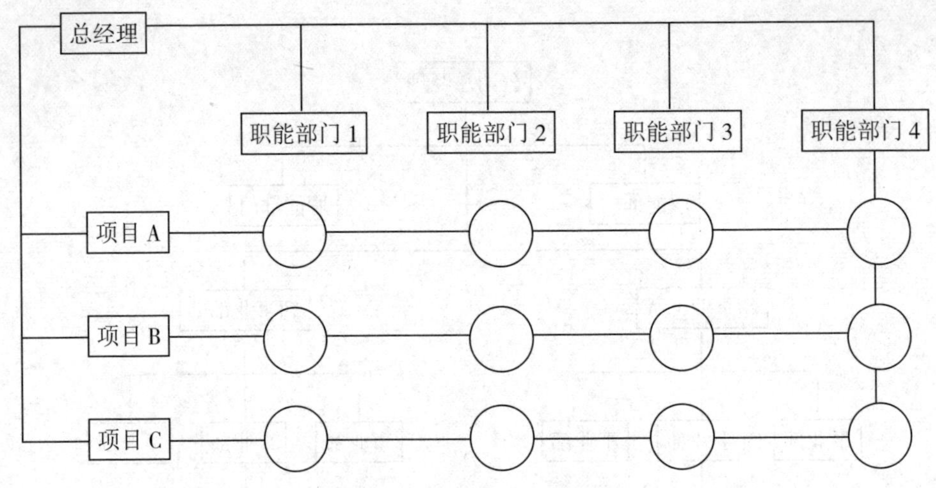

图 1-7　矩阵制组织结构图

2. 组织结构设计后的实施原则

为了使组织机构形成一个系统整体，有效、顺利、合理地发挥作用，需要知道组织工作的实施原则。

（1）管理系统一元化原则

一个管理人员所能指挥、监督的人数是有限的。管辖人数的多少应根据下级的分散程度、完成工作所需要的时间、工作内容、下级的能力、上级的能力、标准化程度等条件来确定。一般来说，从事日常工作，可管辖 15～30 人；从事内容多变、经常需要做出决定的工作，可管辖 3～7 人。

（2）明确责任和权限的原则

①责任和权限的定义。所谓责任就是指必须完成与职务相称的工作义务。所谓权限就是在完成职责时可以在一定限度内（有时未经上级允许）自由行使的权力。责任是完成工作的质量和数量的程度，权限则是完成工作职责时，应采用什么方法、手段或途径去实现目标。责任与权限是相互联系、相互制约的，不应授予不带权限的责任，也不应行使没有责任的权限。为了履行职务，必须明确每个人应负的责任，同时也必须授予其应有的权限。

②明确责任和权限。管理人员（上级）应尽可能把责任委托给下属，并向其授予所需的权限，这种组织就有灵活性，有利于下属主观能动性的发挥。当然上级也要注意，即使已把责任和权限交付给了下属，也应当承担“监督、指导、检查”的责任，不能一推了之。

（3）优先组建管理机构和配备人员的原则

组织机构应优先物色管理人员。建立组织机构时，为了达到目标，要确定工作岗位的要求，并确定合适的管理人选。

（4）**分配职责的原则**

各级主管在分配工作划分职责范围时，必须避免重复、遗漏、含糊不清等情况的出现。同时还应做到：将相同性质的工作归纳起来进行分析；分配工作要具体、明确；每一项工作不要分得过细，令许多下属一起承担；量才适用，任人唯贤；经常检查，拾遗补缺，以防止工作上出现缺口。

3. 岗位规范和工作说明书

（1）**岗位规范的主要内容**

岗位规范亦称劳动规范、岗位规则或岗位标准，它是对组织中各类岗位某一专项事务或对某类员工劳动行为、素质要求等所作的统一规定。

岗位规范涉及的内容多，覆盖范围广，大致包括以下几个方面：

①岗位劳动规则。即企业依法制定的要求员工在劳动过程中必须遵守的各种行为规范。包括：

Ⅰ. 时间规则。对作息时间、考勤办法、请假程序、交接要求等方面所作的规定。

Ⅱ. 组织规则。企业单位对各个职能、业务部门以及各层级组织机构的权责关系，指挥命令系统，所受监督和所施监督，保守组织机密等项内容所作的规定。

Ⅲ. 岗位规则，亦称岗位劳动规范，它是对岗位的职责、劳动任务、劳动手段和工作对象的特点，操作程序，职业道德等所提出各种具体要求。包括岗位名称、技术要求、上岗标准等项具体内容。

Ⅳ. 协作规则。企业单位对各个工种、工序、岗位之间的关系，上下级之间的连接配合等方面所作的规定。

Ⅴ. 行为规则。对员工的行为举止、工作用语、着装、礼貌礼节等所作的规定。这些规则的制定和贯彻执行，将有利于维护企业正常的生产、工作秩序，监督劳动者严格按照统一的规则和要求履行自己的劳动义务，按时保质保量地完成本岗位的工作任务。

②定员定额标准。即对企业劳动定员定额的制定、贯彻执行、统计分析，以及修订等各个环节所作的统一规定。包括编制定员标准、各类岗位人员标准、时间定额标准、产量定额标准或双重定额标准等。

③岗位培训规范。即根据岗位的性质、特点和任务要求，对本岗位员工的职业技能培训与开发所作的具体规定。

④岗位员工规范。即在岗位系统分析的基础上，对某类岗位员工任职资格以及知识水平、工作经验、文化程度、专业技能、心理品质、胜任能力等方面素质要求所作的统一规定。

（2）**岗位规范的结构模式**

按岗位规范的具体内容，岗位规范有以下几种基本形式：

①管理岗位知识能力规范。对各类岗位的职责要求、知识要求、能力要求、经历要求所作的统一规定。该种规范内容一般包括四类：一是职责要求。对本岗位的主要职责做出简要的概括和说明。二是知识要求。胜任本岗位工作应具有的知识结构和知识水平。三是能力要求。胜任本岗位工作应具备的各种能力素质。四是经历要求。指能胜任本岗位工作，一般应具有的一定年限的实际工作经验，从事低一级岗位的工作经历以及从事过与之相关的岗位工作的经历。

②管理岗位培训规范。主要包括以下几项内容：一是指导性培训计划。即对本岗位人员进行培训的总体性计划。主要内容有：培训目的、培训对象、培训时间、培训项目、课程的设置与课时分配、培训方式、考核方法等。二是参考性培训大纲和推荐教材。在培训大纲中应明确各门课程的教学目的、内容和要求，以及教学方式、方法。推荐教材要符合培训大纲的要求，讲求针对性和实用性。

③生产岗位技术业务能力规范。它是我国传统的国有企业所使用的一种劳动规范，亦称生产岗位技能规范。主要包括以下三项内容：

Ⅰ. 应知。胜任本岗位工作所应具备的专业理论知识。如所使用机器设备的工作原理、性能、构造，加工材料的特点和技术操作规程等。

Ⅱ. 应会。胜任本岗位工作所应具备的技术能力。如使用、调整某一设备的技能，使用某种工具、仪器仪表的能力等。

Ⅲ. 工作实例。根据“应知”“应会”的要求，列出本岗位的典型工作项目，以便判定员工的实际工作经验，以及掌握“应知”“应会”的程度。

④生产岗位操作规范，亦称生产岗位工作规范（标准）。主要包括以下几项内容：岗位的职责和主要任务；岗位各项任务的数量和质量要求，以及完成期限；完成各项任务的程序和操作方法；与相关岗位的协调配合程度；其他种类的岗位规范，如管理岗位考核规范、生产岗位考核规范等。

（3）**工作说明书**

①工作说明书的概念。工作说明书是组织对各类岗位的性质和特征（识别信息）、工作任务、职责权限、岗位关系、劳动条件和环境以及本岗位人员任职的资格条件等事项所作的统一规定。

②工作说明书的分类。由于工作说明书所说明的对象不同，可以具体区分为：

Ⅰ. 岗位工作说明书，即以岗位为对象所编写的工作说明书。

Ⅱ. 部门工作说明书，即以某一部门或单位为对象编写的工作说明书。

Ⅲ．公司工作说明书，即以公司为对象编写的工作说明书。

后两种工作说明书也可以归为一类，统称为部门工作说明书，只是说明的范围有所不同。

③工作说明书的内容。

Ⅰ．基本资料。主要包括岗位名称、岗位等级（亦即岗位评价的结果）、岗位编码、定员标准、直接上下级和分析日期等方面识别信息。

Ⅱ．岗位职责。主要包括职责概述和职责范围。

Ⅲ．监督与岗位关系。说明本岗位与其他岗位之间在横向与纵向上的联系。

Ⅳ．工作内容和要求。它是岗位职责的具体化，即对本岗位所要从事的主要工作事项作出的说明。

Ⅴ．工作权限。为了确保工作的正常开展，必须赋予每个岗位不同的权限，但权限必须与工作责任相协调、相一致。

Ⅵ．劳动条件和环境。它是指在一定时间空间范围内工作所涉及的各种物质条件。

Ⅶ．工作时间。包含工作时间长度的规定和工作轮班制的设计等两方面内容。

Ⅷ．资历。由工作经验和学历条件两个方面构成。

Ⅸ．身体条件。结合岗位的性质、任务对员工的身体条件做出规定，包括体格和体力两项具体的要求。

Ⅹ．心理品质要求。岗位心理品质及能力等方面要求，应紧密结合本岗位的性质和特点深入进行分析，并作出具体的规定。

Ⅺ．专业知识和技能要求。

Ⅻ．绩效考评。从品质、行为和绩效等多个方面对员工进行全面的考核和评价。

（4）岗位规范与工作说明书的区别

岗位规范与工作说明书两者既相互联系，又存在着一定区别。

①从其所涉及内容来看，工作说明书是以岗位的“事”和“物”为中心，对岗位的内涵进行深入分析，并以文字图表的形式加以归纳和总结，成为企业劳动人事管理规章制度的重要部分，为企业进行岗位设计、岗位评价和岗位分类，强化人力资源管理各项基础工作提供了必要的前提和依据。而岗位规范所覆盖的范围、所涉及的内容要比工作说明书广泛得多，只是其中有些内容如岗位人员规范，与工作说明书的内容有所交叉。

②岗位规范与工作说明书所突出的主题不同，岗位规范是在岗位分析的基础上，解决“什么样的员工才能胜任本岗位工作”的问题，以便为企业员工的招收、培训、考核、选拔、任用提供依据。而工作说明书则通过岗位系统分析，不但要分析“什么样的员工才能胜任本岗位工作”，还要正确回答“该岗位是一个什么样的岗位？这一岗位做什么？在

什么地点和环境条件下做？如何做”等问题。总之，要对岗位进行系统全面深入的剖析。因此，从这个意义上说，岗位规范是工作说明书的一个重要组成部分。

③从具体的结构形式上看，工作说明书一般不受标准化原则的限制，其内容可繁可简，结构形式呈现多样化。企业单位在撰写工作说明书时，可从本单位的实际情况出发，不拘一格地设计出具有自己单位特色的文本来。而岗位规范一般是由企业单位职能部门按企业标准化原则，统一制定并发布执行的。

【拓展提高】

1. 工作岗位分析概述

（1）工作岗位分析的概念

工作岗位分析是对各类工作岗位的性质任务、职责权限、岗位关系、劳动条件和环境，以及员工承担本岗位任务应具备的资格条件所进行的系统研究，并制定出工作说明书等岗位人事规范的过程。

（2）工作岗位分析的内容

在企业中，每一个工作岗位都有它的名称、工作条件、工作地点、工作范围、工作对象以及所使用的工作资料。岗位分析包括了以下三个方面的内容：

①在完成岗位调查取得相关信息的基础上，首先要对岗位存在的时间、空间范围做出科学的界定，然后再对岗位内在活动的内容进行系统的分析，即对岗位的名称、性质、任务、权责、程序、工作对象和工作资料，以及本岗位与相关岗位之间的联系和制约方式等因素逐一进行比较、分析和描述，并做出必要的总结和概括。

②在界定了岗位的工作范围和内容以后，应根据岗位自身的特点，明确岗位对员工的素质要求，提出本岗位员工所应具备的，诸如知识水平、工作经验、道德标准、心理品质、身体状况等方面的资格和条件。

③将上述岗位分析的研究成果，按照一定的程序和标准，以文字和图表的形式加以表述，最终制定出工作说明书、岗位规范等人事文件。

（3）工作岗位分析的作用

①工作岗位分析为招聘、选拔、任用合格的员工奠定了基础。通过工作岗位分析，掌握了工作任务的静态与动态特点，能够系统地提出有关人员的文化知识、专业技能、生理心理品质等方面的具体要求，并对本岗位的用人标准做出具体而详尽的规定。这就使企业人力资源管理部门在选人用人方面有了客观的依据，经过员工素质测评和业绩评估，为企业单位招聘和配置符合岗位数量和质量要求的合格人才，使人力资源管理的“人尽其才、岗得其人、能位匹配”的基本原则得以实现。

②工作岗位分析为员工的考评、晋升提供了依据。员工的评估、考核、晋级和升职，如果缺乏科学的依据，将会挫伤各级员工的积极性，使企业单位的各项工作受到严重影响。根据岗位分析的结果，人力资源管理部门可制定出各类人员的考评指标和标准，以及晋职晋级的具体条件，提高员工绩效考评和晋升的科学性。

③工作岗位分析是企业单位改进工作设计、优化劳动环境的必要条件。通过工作岗位分析，可以揭示生产和工作中的薄弱环节，反映工作设计和岗位配置中不合理、不科学的部分，发现劳动环境中危害员工生理卫生健康和劳动安全，加重员工的劳动强度和工作负荷，造成过度的紧张疲劳等方面不合理的因素，有利于改善工作设计，优化劳动环境和工作条件，使员工在安全、健康、舒适的环境下工作，最大限度地调动员工的工作兴趣，充分地激发员工的生产积极性和主动性。

④工作岗位分析是制定有效的人力资源规划，进行各类人才供给和需求预测的重要前提。每个企业对于岗位的配备和人员安排都要预先制定人力资源规划，并且要根据计划期内总的任务量、工作岗位变动的情况和发展趋势，进行中、长期的人才供给与需求预测。工作岗位分析所形成的工作说明书，为企业有效地进行人才预测，编制企业人力资源中长期规划和年度实施计划提供了重要的前提。

⑤工作岗位分析是工作岗位评价的基础，而工作岗位评价又是建立健全企业单位薪酬制度的重要步骤。因此，可以说，工作岗位分析为企业单位建立对外具有竞争力、对内具有公平性、对员工具有激励性的薪酬制度奠定了基础。

此外，工作岗位分析还能使员工通过工作说明书、岗位规范等人事文件，充分了解本岗位在整个组织中的地位和作用，明确自己工作的性质、任务、职责、权限和职务晋升路线以及今后职业发展的方向和愿景，更有利于员工“量体裁衣”，结合自身的条件制定职业生涯规划，愉快地投身于本职工作中。

总之，工作岗位分析无论对我国宏观社会和经济发展还是对企业单位的人力资源开发和管理都具有极为重要的作用。

2. 工作岗位分析信息的主要来源

（1）书面资料

在企业中，一般都保存各类岗位现职人员的资料记录以及岗位责任的说明，这些资料对工作岗位分析非常有用。例如组织中现有的岗位职责、供招聘用的广告等。

（2）任职者的报告

可以通过访谈、工作日志等方法得到任职者的报告。因为如果让任职者自己描述所做的主要工作以及是如何完成的，很难保证所有的工作方面都能涉及，而且无法保证信息本身的客观性与真实性。

（3）同事的报告

除了直接从任职者那里获得有关的资料外，也可以从任职者的上级、下属等处获得资料。这些资料可以弥补其他报告的不足。

（4）直接地观察

到任职者的工作现场进行直接观察也是一种获取有关工作信息的方法。尽管岗位分析人员出现在任职者的工作现场对于任职者会造成一定的影响，但这种方法仍能提供一些其他方法所不能提供的信息。

除此之外，岗位分析的资料还可以来自下属、顾客和用户等处。尽管信息的来源多种多样，但作为岗位分析人员，要寻求最为可靠的信息来源渠道。

【实训或练习】

编制旅游产品促销员岗位说明书。

任务1–2　旅游市场营销认知

【任务引入】

向同学们介绍旅游市场营销工作，为什么从事旅游市场营销工作，你有什么能力与素质胜任旅游市场营销工作。

【任务分析】

要做好旅游市场营销工作，必须理解营销工作在旅游企业经营中的地位和作用。在做这份工作前，你得向你的同学、家人描述旅游营销工作是干什么的，需要什么样的能力和素质，你为什么胜任这份工作，争取大家对你的支持。

【任务实施】

介绍提纲：

1. 谈谈对旅游市场营销的理解。
2. 旅游市场营销部的作用。
3. 旅游市场营销岗位的工作职责。
4. 谈谈自身的资格条件。
5. 今后工作设想。

【考核评价】

表 1-2　旅游市场营销工作介绍考核评价表

考核类型	评价项目	评价要点	得分	满分
过程考核	旅游市场营销的认识	掌握市场营销知识	10	50
		旅游市场营销知识理解准确	15	
		旅游市场营销岗位职责明确	15	
		今后工作设想符合实际	10	
	情境训练个人表现	积极参加情境模拟训练、认真完成市场营销部机构设置	20	20
	个人课堂活动表现	积极主动发言，学习态度端正	3	6
		无迟到、早退、旷课现象，课堂出勤良好	3	
	团队任务活动表现	任务分工明确、团队合作能力强	8	24
		任务实施中能及时处理问题、协调沟通顺畅	8	
		团队积极乐观、勇于挑战，能主动完成介绍任务	8	

【归纳总结】

旅游市场营销认知项目，一是为了满足企业需求，让旅游市场营销工作人员了解本职工作，更好地为企业服务，让客户满意；二是满足个人需求，通过了解旅游市场营销基础知识和中国旅游市场营销发展状况，更好地规划职业发展方向。

【相关知识】

1. 市场和旅游市场

（1）**市场**

简单地说，市场就是一种商品或服务的现实需求者和潜在需求者的总和。美国市场营销协会对市场的定义为："市场是指一种货物或服务的潜在购买者的集合需求。"美国著名市场营销学家菲利普·科特勒指出："市场是指某种货物或服务的所有现实购买者和潜在购买者。"由此看来，商品或服务的供应方即卖方构成行业、需求方即买方则构成市场。

（2）**旅游市场**

从旅游企业经营者的角度而言，旅游市场是指一定时期内某一地区存在的对旅游产品具有支付能力的现实的和潜在的购买者。所谓现实的购买者是指既有支付能力又有购买兴趣的人，潜在的购买者是指可能具有支付能力和购买兴趣的人。由此可知，旅游市场就是指旅游需求市场或客源市场，由购买者即买方组成，它可以是旅游者本人，也可以是旅游者所委托的购买者或购买组织即旅游中间商。

一个旅游市场规模的大小，首先取决于市场的“有闲”人口数量，“有闲”人口越多，旅游市场的潜力就越大；其次取决于人们的支付能力即“有钱”的程度，旅游产品的交换是以货币作为支付手段的，没有足够的支付能力，旅游行为便无法实现；第三，取决于人们的购买欲望即“有意”；最后，取决于旅游购买行为的决策者，即“有权”。作为个人，他虽具有支付能力，但如果缺乏旅游的内在动机，仍然成不了现实的购买者。因此，某一客源市场规模的大小，同时取决于该市场的人口数量、人们的支付能力和对旅游产品购买欲望的函数，用公式可表示为：

旅游市场 = f（有闲人口数量，旅游购买能力，旅游购买欲望，旅游购买权利）

2. 市场营销和旅游市场营销

（1）市场营销

市场营销的定义较多，美国学者菲利浦·科特勒认为：市场营销是个人和团体通过创造以及与别人交换产品和价值来满足其需要和欲望的一种社会过程。2004 年 8 月，美国市场营销协会也提出了对市场营销的定义：市场营销既是一种组织职能，也是为了组织自身及利益相关者的利益而创造、传播、传递客户价值，管理客户关系的一系列过程。目前，这两种定义获得较多的专业认同，被广泛应用于市场营销领域中。

结合我国的市场营销现状，市场营销是企业以消费者需求为出发点，有计划地组织各项经营活动，为消费者提供满意的商品或服务而实现企业目标的过程。市场营销的研究内容不仅仅是流通环节的经营活动，还包括产品进入流通市场前的活动，如市场调研、市场机会分析、市场细分、目标市场选择、产品定位等一系列活动，也包括产品退出流通市场后的许多营销活动，如产品使用状况追踪、售后服务、信息反馈等一系列活动。可见，市场营销活动涉及生产、分配、交换、消费的全过程。

（2）旅游市场营销

旅游市场营销是市场营销原理在旅游产业中的具体应用。它是旅游企业对旅游产品的构思、定价、促销和分销的计划和执行过程，以满足旅游者的需求和实现旅游企业目标为目的。可以从以下 4 个方面来理解。

①以旅游消费者的需求为导向，协调各种旅游经济活动，力求通过提供有形产品和无形劳务的途径提高游客的满意度，从而实现旅游企业的经济和社会目标。

②旅游市场营销是一种动态管理过程，包括分析、计划、执行、反馈和控制。企业或组织须通过营销调研、营销计划、营销策略执行和控制等一系列营销管理活动来完成经

营目标。在营销计划中，营销者必须进行目标市场定位。在营销策略决策中，企业或组织也必须进行市场开发、产品设计、价格制定、分销渠道的选择、信息沟通和销售促进等各项决策。

③旅游市场营销的主体包括所有旅游组织（含政府、非营利性组织和旅游企业），客体包括对旅游市场中有形事物的营销和对无形劳务的营销。

④旅游市场营销意味着交换，就旅游经营者而言就是用旅游产品交换金钱。但并非所有的旅游产品都是用于利益交换的，如有些旅游景点不收门票免费供游客参观，但是只要这些游客选择在此景区观光，交换就依然有效。

3. 旅游市场营销观念及其发展

市场营销观念是旅游企业决策者在谋划和组织企业的整体实践活动时所依据的指导思想、思维方式，也可以说是一种关于组织整体企业活动的管理哲学。市场营销观念是社会经济发展的产物，跟经营活动所处的内外部环境有关，是企业决策者在企业内外部环境的动态影响下，为追求企业的生存与发展，在持续的经营活动中逐渐形成的。市场营销观念形成后，将对企业的经营管理工作产生强大的能动作用。当观念适应特定经济环境时，必将对企业的实践产生正确的指导和推动作用；若观念不适应企业所处的经济环境时，则决策者的经营方式和指导思想必将滞后于时代，企业的经营目标也就无法实现，更有甚者会把整个企业引向衰败。

虽然由于旅游业自身的特点，旅游营销的观念比制造业和实物营销落后 10 ～ 20 年，但旅游市场的营销观念也经历了传统、现代和创新三大发展阶段：

（1）传统观念阶段

旅游市场营销的传统观念主要分为以下三个时期。

①生产观念时期。生产观念是指导企业经营活动的最古老的观念之一，生产背景与条件为短缺经济，市场需求旺盛，卖方市场供应能力不足。核心思想是生产中心论即重视产量与生产效率。典型口号是企业生产什么就卖什么。企业只需要关注生产状况，通过降低成本来增加产量，就可以获得大量利润，但往往容易忽略市场需求的变化。

古代的旅店、客栈、驿站等就是生产观念的反映，它们都提供简单的食宿服务。现在仍然有一些企业执行的是生产观念，这些企业认为只要能降低生产成本，就能利用价格优势和其他企业进行竞争，把顾客拉到自己的身边。

我国旅游业改革开放伊始，海外旅游者蜂拥而至，交通、食宿一时供不应求。这样的市场状况使我国旅游业经营者很自然地以生产观念作为经营导向。同时，政府也千方百计地扩大接待规模，尽力接待好已有的旅游者，至于市场需求的变化和发展趋势则很少去研究。

②产品观念时期。产品观念是与生产观念相类似的经营思想。产品观念认为，顾客

喜欢高质量、多功能和有特色的产品，只要产品好就会顾客盈门。在产品导向型企业中，营销管理者过多地将注意力集中在企业现有的产品上，而将市场需求置于一边。

产品观念的症结在于过分地夸大了产品和服务，忽视了对市场需求的研究和与其他营销策略的配合。旅游业的优质服务得到了旅游者的肯定。但是，当经营者们津津乐道产品质量的同时，往往忽视了市场的需求及其变化。

③推销观念时期。推销观念认为，企业除了提供质量好的产品和服务外，还应组织人员主动出去推销，尤其是在科技发达和社会劳动生产率大大提高的今天，同类产品和服务的选择余地很多，替代性很强，因此需要积极推销。

推销观念认为消费者不会因自身的需求与愿望来主动地购买商品，而必须在强烈的销售刺激的引导下才会采取购买行为。在推销观念的指导下，企业认为主要的任务是扩大销售，通过各种推销手段促使消费者购买产品与服务。因此，处于推销观念时期的企业注重运用推销术、广告术等手段来刺激消费者。在当代市场经济环境中，针对推销已有了专门的经验总结和技巧指导，形成了一套完整的应用理论体系。

推销观念虽然反映了企业在市场中的积极进取的精神，但出发点依旧是企业和产品，仍然属于传统营销观念阶段。对于不能满足旅游者需求的旅游产品，纵有天大的本事，也难以推销出去。我国纯观光型的旅游产品在国际旅游市场上的推销效果不甚理想，虽说我国旅游推销意识和技巧确有不足，但从根本上说，原因在于产品老化，供需不对口。

（2）现代营销理念阶段

第二次世界大战后，产品供过于求的矛盾更加突出，传统经营观念的弊端越来越明显。人们开始对旧有的一些经营观念予以反省，促使了现代营销观念的加速形成。现代营销观念形成于 20 世纪 50 年代中期，其中也可分为以下 4 个时期。

①市场营销观念时期。市场营销观念认为，企业经营管理的关键是正确确定目标市场，了解并满足这一客源市场的需求和欲望，并且比竞争对手更有效地提供客源市场所期望满足的服务。市场营销观念的形成是以卖方市场转为买方市场为背景的，在当今国际和国内旅游业竞争日趋激烈的大环境下，以顾客为中心的市场营销观念冲击着现代旅游业的经营者们。

②社会营销观念时期。所谓社会营销观念是指企业在营销活动过程中必须承担起社会责任。企业通过营销活动，充分有效地利用人力资源、自然资源，在满足消费者的需求、取得合理利润的同时，应保护环境，减少公害，维持一个健康、和谐的社会环境以不断提高人类的生活质量。社会营销观念要求企业营销活动的目的不仅是追求利润最大化，而且要使企业担负起社会责任，即企业的营销活动要追求良好的社会效益。

社会营销观念是 20 世纪 70 年代后基于现代环境、能源、人口等世界性问题日益严重的形势而提出来的。该观念认为，旅游业的经济效益必须与全社会、全人类的利益紧密联系在一起。由旅游开发和发展所引起的资源破坏和环境污染不能等闲视之，旅游景区因人满为患而产生的垃圾污染、空气污染、社会环境污染等综合性的污染必须引起高度重视并加强整治。旅游饭店也是如此，例如，过去一直用普通的塑料洗衣袋，方便、成本低、用过即扔、对酒店有利，但对社会不利。因此，发达国家已采用棉麻材料的洗衣袋，可重复循环使用，其出发点是考虑社会公益。

③大市场营销观念。大市场营销观念是20世纪80年代以来市场营销观念的新发展。它是指导企业在封闭市场中开展市场营销的一种新的营销战略思想，其核心内容是强调企业的市场营销既要有效地适应外部环境，又要能够在某些方面发挥主观能动作用，使外部环境朝着有利于企业的方向发展。

大市场营销观念与一般营销观念相比，具有以下两个特点：第一，大市场营销观念打破“可控制要素（4PS）”和“非可控制要素（6PS）”之间的分界线，强调企业营销活动可以对环境产生重要的影响，使环境朝着有利于实现企业目标的方向发展；第二，大市场营销观念强调必须处理好多方面的关系，才能成功地开展常规的市场营销，从而扩大企业市场营销的范围。

④关系营销观念。关系营销（RelationshipMarketing）是从“大市场营销”的概念衍生、发展而来的。它是指在营销过程中，企业还要与消费者、竞争者、分销商、供应商、政府机构和公众等发生交互作用的营销过程。它的结构包括外部消费者市场、内在市场、竞争者市场、分销商市场等，核心是和自己有直接或间接营销关系的个人或集体保持良好的关系。

关系营销以4C（消费者、成本、便利和沟通）理论为基础，以维护企业大关系为导向，关注提高顾客忠诚度，注重长期关系利益，通过互动式沟通，实现双方合作互赢。

（3）旅游市场营销理念的创新

①生态营销。第二次世界大战后，市场营销观念在资本主义国家的许多企业得到广泛应用，但是在实践中，有的企业片面强调满足市场需求，而忽视了企业本身的生产能力，结果往往生产出并不是自己所擅长的产品，从而导致社会资源不能达到有效配置。在此情况下，人们提出了企业必须以生态营销观念作为其指导思想。

生态营销观念是指任何一个旅游企业要与生物有机体一样，生产经营活动要同其生存环境相适应、相协调，既能满足旅游市场需求，又与自己的生产能力相适应。随着企业内外环境的变化，企业优势和市场需求也在不断变化，企业决策者必须在这两个变量中，不断判断、识别和确定自己的经营目标和所生产的产品。

②绿色营销。20世纪90年代，联合国环境与发展会议通过了全球《21世纪议程》，要求各国根据本国的情况，制定各自的可持续发展战略、计划和对策，一些国家纷纷推出

以环保为主题的“绿色计划”，积极树立绿色营销观念。

绿色营销是指旅游企业以环境保护观念作为其经营思想，以绿色文化作为其价值观念，以消费者的绿色消费为中心和出发点，力求满足消费者的绿色消费需求。通过绿色营销活动，协调了企业利益与保护环境之间的关系，使得发展既能满足当代人的需求，又不至于对后代的生存和发展构成危害和威胁，即实现社会经济的可持续发展。

③低碳营销。随着全球气候变暖，人们越来越关注碳排放量对环境造成的影响。2009年12月的哥本哈根气候大会更是把这种关注推向了高潮，促进了低碳消费和低碳经济的兴起，低碳营销正是在环境形势日益严峻和低碳经济逐渐形成的驱动下产生的。在“低碳经济”取代“高碳经济”的大背景下，从“高碳营销”转换到“低碳营销”是21世纪企业适应低碳经济时代的必然选择。

低碳营销是指旅游企业根据消费者的“低碳消费”需求，运用新能源、新材料和新技术生产“低碳产品”，并且以“低碳”的方式和手段去营销推广这些产品。

④网络营销。20世纪90年代中期，随着数字技术的迅速普及，市场营销进入一个新的时期。互联网的普及使旅游企业营销理念与方式发生了根本性的变革，电子交易和网络思想深深植入企业营销管理层。现在旅游企业建立自己的网站进行产品推介，运用电子商务平台实行网上预订、交易、结算等。

在线营销实现了企业与游客全天候、无空间障碍实时互动营销，效率更高，双方成本更低，同时，由于顾客营销参与度高，推进了旅游产品的有效营销。

综上所述，传统的社会营销观念，强调了企业利益的最大化；而现代营销观念强调了消费者利益、企业利益与社会利益三者的有机结合；而生态、绿色、低碳、网络的营销观念则是在此基础上，进一步强调生态环境利益，将保证生态环境利益看作前四者利益持久地得以保证的关键所在。四种新的营销观念关系密切，前者为后者的基础，后者为前者的提升和深化。

【实训或练习】

模拟参加旅行社面试，流利地回答招聘主管关于旅游市场营销基础认知的相关问题。

【项目小结】

本项目通过旅游市场营销部的设立和旅游市场营销部的认知使学生了解市场营销流程，掌握市场营销部的组织结构设计，并会绘制市场营销部组织结构图，对市场营销部的各岗位进行分析，编制出岗位说明书，进而指导员工有效开展工作。

项目二　走入旅游市场

教学目标

※ 能力目标

1. 能够用 SWOT 方法分析旅游企业的内外环境，选择适宜企业的营销战略；
2. 会对旅游消费者的购买行为进行分析；
3. 会分析旅游消费者购买决策过程。

※ 知识目标

1. 能清楚认识影响旅游市场营销的相关环境因素；
2. 掌握 SWOT 分析法的基本理论及内容；
3. 掌握旅游购买行为的影响因素；
4. 掌握旅游购买决策过程；
5. 了解消费者购买模式。

※ 素质目标

1. 具有广泛的学习兴趣，以适应旅游行业涉猎面广的工作实际状况；
2. 养成主动学习、自主学习的良好习惯；
3. 具有条理分明、层次清晰、观点明确的表达能力。

任务 2–1　分析旅游市场营销环境

【任务引入】

随着社会进步和经济的发展，全社会全民旅游氛围的形成，尤其是近些年来高校教育规模的不断扩大，高校大学生旅游消费群体也越来越受到旅行社的关注。伴某行旅行社是一家中等规模的旅游企业，旅行社将针对高校大学生进行产品开发设计，产品开发前须进行高校大学生旅游市场营销环境分析。现运用 SWOT 分析法完成高校大学生旅游市场营销环境分析报告。

【任务分析】

旅游企业的营销行为处在一定的环境之中，营销环境对旅游企业的生存和发展至关重要。营销环境的变化可能给旅游企业带来营销机会，也可能带来环境威胁，因此旅游企业在进行市场开发、产品设计及营销战略制定前，必须进行营销环境分析。分析企业面临的外部机会和威胁，旅游企业自身的优势和劣势。伴某行旅行社作为沈阳一家地接社，进行市场营销环境分析时，既要考虑宏观环境因素包括政治、法律、经济、人口、社会文化、科学技术、自然环境等，又要考虑微观环境因素包括竞争者、顾客、企业自身条件等；既要分析外部环境中现实的和潜在的机会和威胁，也要分析企业自身现实的和潜在的优势及不足。完成该项任务须了解旅游市场营销环境的特点，明确影响旅游市场营销的宏观环境因素和微观环境因素，掌握 SWOT 分析法的基本理论及内容。

【任务实施】

教师布置任务后，学生首先进行相关知识的学习和理解，可通过教材、报刊及网络等渠道完成；其次进行课堂讨论交流，教师可根据学生特点，决定参与程度，可适当讲解相关知识及技能要点，讨论中以小组为单位进行交流分析、发言，提出思路，完成伴某行旅行社高校大学生旅游市场营销环境分析报告及营销战略的初步选择；最后教师进行总结评价。

分析报告主要内容及步骤：

步骤一　外部环境的机会（opportunities）

1. 政治稳定、法律健全并有相关旅游政策支持

2014 年以来，国家颁布了《国务院关于促进旅游业改革发展的若干意见》《关于进一步促进旅游投资和消费的若干意见》等一系列促进旅游业加快发展的法律与政策，大力发展旅游业已经成为国家意志与国家战略。辽宁省颁布了《辽宁省主体功能区规划》《中共沈阳市委、沈阳市人民政府关于促进旅游业改革发展的实施意见》等政策文件，也对辽宁省旅游业发展提出了具体的目标要求和政策支持。国家为打造旅游强国，一直大力扶持旅游及其相关产业的发展，进一步改造完善了住宿、交通、通信等基础设施。这些对旅游业的支持为旅游市场的未来发展提供了物质配套和政策保障，有利于带动旅游市场的持续发展。

2. 经济形势良好，可支配收入逐渐增多

当前，我国经济增长迅速，居民收入不断提高，这使得旅游越来越成为“刚需”，兼具物质和精神双重特征的旅游也是人民群众消费升级的重要载体和发展趋势。与此同时高校大学生家长的观念日趋更新，大部分家长鼓励子女出游以增长见识、扩大视野，有些家庭都是利用寒暑假期集体家庭旅游。家庭的经济支持增加、各种奖学金支持、勤工俭学等为大学生出游提供了大学生旅游的经济基础。

3. 市场规模大，潜在需求强

教育部官方网站公布，截至2024年第一季度，全国高等学校共计3117所，其中：普通高等学校2868所（含本科学校1308所，高职学校1560所；成人高等学校249所）。据相关统计，目前在校大学生人数4763.19多万，巨大的消费群体数量为较大客源市场的形成提供了可能，庞大的大学生群体作为旅游业的一个细分市场极具发展潜力，属于新兴旅游市场，市场前景广阔。另外大学生作为新一代的高素质人才，在5到10年也将成长为社会高层次、高收入群体，而大学中接触的品牌也将影响之后的消费习惯。

4. 辽宁省拥有丰富的旅游资源

辽宁历史悠久，人杰地灵，自然风光秀美，山海景观壮丽，文化古迹别具特色，旅游资源十分丰富。

山岳风景区有千山、凤凰山、医巫闾山、龙首山、辉山、大孤山、冰峪沟等；湖泊风景区有萨尔浒、汤河、清河等；海岸风光有大连滨海、金州东海岸、大黑山风景区、兴城滨海、笔架山、葫芦岛、鸭绿江等；岩洞风景有本溪水洞、庄河仙人洞；泉水名胜有汤岗子温泉、五龙背温泉、兴城温泉等；特异景观有金石滩海滨喀斯特地貌景观、蛇岛、鸟岛、怪坡、响山等；人文景观有以沈阳（陵、庙、寺、城）为首的50余处景观；旅游度假区有大连金石滩、葫芦岛碣石、沈阳辉山、庄河冰峪沟、瓦房店仙浴湾、盖州白沙湾等。辽宁的九门口长城、沈阳故宫、昭陵、福陵、永陵和五女山城等六处被联合国教科文组织确定为世界文化遗产。

2022年末有旅行社1571家，国家A级旅游景区558家，其中5A级旅游景区6家。有星级以上饭店268家，其中五星级饭店22家，四星级饭店70家。

5. 高校大学生闲暇时间较多并且旅游动机强烈

大学生旅游市场较之于其他市场而言有更加充裕的闲暇时间。大学生除了有法定的节假日外，还有传统的寒暑假，大约有180天，约占全年的49%；此外教育部门还为大学生提供许多社会实践和自我学习的时间。因此，大学生有非常充裕的旅游时间，并且在旅游时间的选择上有很大的自由度。

高校大学生对旅游有较强的兴致。大学生正处于青年时期，精力、体力都充沛旺盛，他们思维活跃、好奇心强，也具有冒险精神。在通过网络、电视等媒体越来越多地接触到外界社会的同时，大学生会不自觉得对异地的社会和文化抱有较强的好奇心，内心会希望亲身去经历和体验；同时客观上校园简单单调的生活、学习空间也需要大学生走出去，拓宽视野。旅游作为一种学习、休闲、娱乐的重要方式，正被广大的学生群体所接受和追捧。据调查显示，被调查者中 80.8% 的人对旅游兴趣浓烈，14.2% 的人回答可有可无，只有 5% 的人表示反对，可见旅游已是大学生最为喜爱的休闲方式之一。

步骤二　外部环境的威胁（threats）

1. 旅游资源开发缺乏统一规划

一些地区争相兴建旅游度假村及主题公园、娱乐城等人造景点，旅游新产品重复建设和雷同太多，没有自己的个性和特色，缺乏创意。旅游产品开发者对旅游产品的本质特征缺乏深刻地理解和认识。不同层次的旅游产品界限不清晰，如高端旅游的产品体系有待进一步完善，包括在宣传、促销力度方面，软硬件设施方面都需要更好地提高。辽宁虽旅游资源丰富，但从整体上看，其缺乏品牌效应，因此旅游消费者认识度不够；另外旅游资源缺乏整合，旅游与相关产业的融合度也不够。辽宁缺乏具有全国竞争力和国际影响力的品牌旅游目的地。

2. 高校大学生旅游市场受重视程度不够

由于大学生旅游市场本身的特殊性——对价格敏感、对旅游产品的需求特殊，面对这一庞大市场，旅游企业对大学生旅游市场需求、未来发展潜力认识不足。大部分旅行社所持观点是："大学生旅游，既要省钱又要玩得痛快。旅行社难以找到良好的经营模式和盈利点。"基于这个原因，很多旅行社对该市场的重视不够，也未针对大学生这一特殊群体开发、规划专项旅游产品。

3. 高校大学生旅游市场可承担的经济费用有限

我国的大学生群体到目前为止仍属于消费一族，属于非强势消费群体，因而对价格较为敏感。高校大学生虽拥有一定的可支配收入可供假期外出旅游，但从该群体的外出消费水平来看，相对偏低。据调查资料显示，就大学生群体的经济能力来看，49% 的学生旅游费用的期望值在 200 到 500 元之间。在进行旅游线路选择时，65% 的学生对交通和餐饮比较重视，46% 的学生对价格特别关注，52% 的学生对旅游安全提出了要求。可见，旅行社安排的线路行程性价比要高，尤其要注意安全保障。

4. 人才支撑偏弱

我国旅游行业的领军人才和企业家偏少。各级旅游行政人员专业知识较为薄弱，经营管理、规划设计、市场营销等专业人才不足；一线服务人员的服务意识和服务技能有待提升。

步骤三　伴某行旅行社的优势（strengths）

1. 有较丰富的旅游市场开发经验

伴某行旅行社原附属一家高校，后随着规模扩大，从高校脱离独立注册。当初旅行社成立时都是一些从事多年旅游管理专业的教师进行经营管理。一方面他们有着丰富的理论基础，同时旅行社初期市场开发都是他们完成的，目前旅行社规模稳定。

2. 能有针对性地对高校大学生旅游市场进行产品设计

伴某行旅行社市场开发人员原是高校教师，其对高校政策及高校大学生需求类型更熟悉更了解，容易挖掘潜在需求，开发出满足大学生需求的特色旅游产品。

3. 旅游安全有保障

出行的安全程度一直是旅游消费者所考虑的。伴某行旅行社投保旅行社责任险，并且建议游客购买人身意外险。此外，在接受旅游业务后，旅行社会出加盖有效公章的收据，并且与游客签订国内正式的旅游合同。

4. 全方位服务

伴某行旅行社导游多，可以更好地为高校大学生选择适合其需求的服务。

5. 有比较完整的旅游销售渠道

伴某行旅行社已经经营近八年，由小做大，目前有比较成熟的旅游销售渠道，与一些中间商合作基础牢固。

步骤四　伴某行旅行社的劣势（weaknesses）

1. 竞争者将会不断增加

旅游业的发展不仅给伴某行旅行社带来了机会，也带来了威胁，未来将会有越来越多的旅游企业瞄准大学生旅游市场，在沈阳市与伴某行旅行社规模和类型相当的旅游企业很多，在巨大商机的驱使下，他们都将会加入竞争的行列。

2. 信息技术运用水平太低

伴某行旅行社虽然拥有自己的计算机网络和网页，但是所使用的计算机网络还过于单一，缺乏体系。目前伴某行旅行社的网页只是对旅行社线路的简单介绍，还没将网络与自己的产品营销结合起来，未达到全面信息化管理。

3. 伴某行旅行社规模较小，缺乏特色

伴某行旅行社作为一家地接社，其相对于国际社及连锁经营的旅行社，管理体制不够完善。伴某行旅行社在对高校大学生的旅游动机、偏好以及经济条件等因素分析的基础上，开发满足高校大学生需求的旅游产品时，需要投入较大的人力、财力、物力。这给伴某行旅行社带来较大的挑战。由于受资金、规模限制，目前伴某行旅行社市场份额少。

步骤五 伴某行旅行社的营销策略初步制定

通过上述的分析，可以将伴某行旅行社内部的优势、劣势与外部的机会、威胁分别列出，并由内外部的两种状态以及相互匹配关系，形成四种不同的组合，即SO组合（优势+机会）、WO组合（劣势+机会）、WT组合（劣势+威胁）和ST组合（优势+威胁），四种组合的营销战略可分为发展战略、稳定战略、紧缩战略和多角化战略四种。最后针对四种营销战略进行甄选，确定伴某行旅行社应该采取的具体战略和策略。

伴某行旅行社的现状分析处于SO组合状态，因此可选择发展战略。虽然目前旅行社有一些劣势，如资金问题，但可以通过联合或联盟进行规避。外部环境辽宁地区虽然缺乏品牌效应，主体市场不强，但近几年来辽宁非常重视旅游业，“十三五”规划中提出，将辽宁建成“世界知名的特色观光和休闲度假旅游目的地”，把旅游业建成全省经济结构转型升级的重要接续产业和美丽辽宁的幸福产业。大学生旅游市场消费能力受限，需求个性，这也恰恰是伴某行旅行社的机会，在其他旅行社不在意的市场中寻求消费者需求，从而满足需求。另外大学生毕业后作为社会各层次、收入较高的群体，是一个潜在的大市场，因此旅行社一定要注重打造品牌，重视培养他们的消费忠诚度，让大学生旅游消费成为习惯。

【考核评价】

表2-1 分析旅游市场营销环境任务考核评价表

考核类型	评价项目	评价要点	得分	满分
成果考核	高校大学生旅游市场营销环境分析报告	切实根据当前外部环境进行机会和威胁分析，分析要点清晰、准确、完整	25	70
		切实根据旅行社的现状进行优势和劣势分析，分析要点清晰、准确、完整	25	
		利用SWOT分析法对营销环境进行分析，进行营销战略的初步确定，论述有依据	5	
		分析报告逻辑关系清晰，分析合情合理，结论有根有据	5	
		分析报告内容完整，语言清晰、简洁，图表运用得当	5	
		分析报告排版格式整齐、美观，布局合理	5	
过程考核	个人课堂活动表现	积极主动发言，学习态度端正	3	10
		无迟到、早退、旷课现象，课堂出勤良好	3	
		积极参加讨论、认真完成各项任务训练，课堂参与度高	4	
	团队任务活动表现	任务分工明确、团队合作能力强	5	20
		任务实施中能及时处理问题、协调沟通顺畅	5	
		团队积极乐观、勇于挑战，能主动完成任务	5	
		思路设计新颖、方法多样，团队创新能力强	5	

【归纳总结】

通过伴某行旅行社进行高校大学生市场营销环境分析，同学们理解了旅游市场营销活动与旅游市场营销环境之间的关系，清楚地认识了影响旅游市场营销的相关环境因素，掌握了 SWOT 分析法的基本理论和内容，学会运用 SWOT 分析法对旅游市场环境进行分析并选择营销战略。需指出，在进行伴你旅行社市场营销环境分析时，对旅行社的优势和劣势分析，必须依据旅行社自身实际条件的现状假设，再进行分析，如小型旅行社，其人力、财力、物力肯定受限制，研发能力肯定弱。本任务中旅行社是中等规模，其较小型旅行社有优势，但相比连锁经营的企业则存在规模小、竞争能力较弱等劣势。

【相关知识】

1. 旅游市场营销环境的含义

旅游市场营销环境是指影响和制约旅游企业营销活动的各种因素的总和，具体包括宏观环境和微观营销环境。旅游市场宏观环境是指影响旅游企业营销活动的社会性因素，包括政治法律因素、社会文化因素、经济因素、人口因素、自然因素、技术因素等。旅游市场微观环境是指与旅游企业营销活动有关的组织和个人构成，包括购买者、中间商、竞争者、社会公众、旅游企业等，如图 2–1。

在营销环境中，企业是市场的主体，营销环境是企业得以生存和发展的条件，营销环境中诸因素的细微变化都将直接或间接地影响着旅游企业的经营和决策。作为旅游企业的经营者只有协调好宏观环境、微观环境和企业内部的营销系统这三者的关系，才能在市场上立于不败之地。

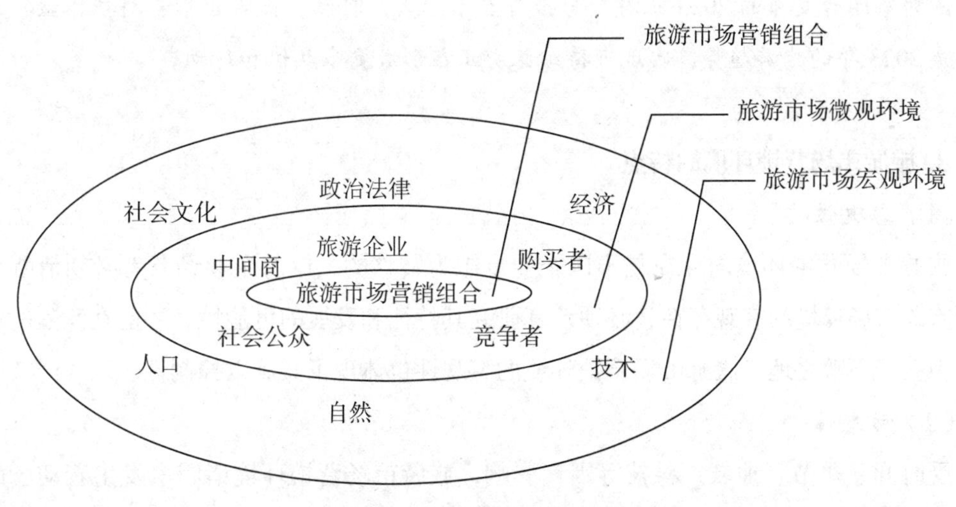

图 2–1　旅游市场营销环境

案例链接

极端天气重塑欧洲旅游业 北欧成夏日“新宠”

2023 年入夏以来，欧洲多国遭遇热浪侵袭，洪灾、干旱等极端天气灾害频发或成欧洲夏季“新常态”，欧洲旅游业正面对气候变化的现实并需要快速适应。

欧盟委员会 2023 年发表报告称，如果全球气温上升 4℃，再加上生态崩溃，希腊爱奥尼亚群岛的游客将减少 9% 以上。同样情形下，威尔士西部的旅游业将增加约 16%。

目前，这项预测已经开始变成现实。根据旅行预订网站 eDreams Odigeo 公司的数据，过去一周，生活在南欧寻找北欧旅游目的地的人比上个月同期明显增加，搜索爱尔兰的人增加 1000% 以上。

欧洲旅游委员会（ETC）执行主任爱德华多·桑坦德谈到，一些欧洲旅行目的地将在夏季“酷热无处可逃”时“蒙受损失”，人们可能会根据目的地的天气变化临时决定假期。

在对约 6000 人进行调查后，ETC7 月份在一份报告中表示，西班牙、意大利、法国、克罗地亚和希腊仍然是最受欢迎的目的地，但捷克共和国、保加利亚、爱尔兰和丹麦等地的“受欢迎程度飙升”，因为游客们希望前往不那么拥挤且气候宜人的地方旅行。

这对欧洲旅行和旅游业来说将是一次结构性转变，南欧国家一些热门旅游景点对此局势已经做出实时调整。希腊当局表示，雅典卫城和其他考古遗址将在中午至下午 5:30 期间暂停对游客开放，并持续至周日。

意大利罗马也设立了一个指挥中心，以确保等待进入景区的人群能够获得水、冷喷雾电扇以及一些遮阴处。

欧洲新闻台发布的 2023 旅游趋势报告显示，亲近自然、低碳出行、科技体验、文化旅游是 2023 年的旅游趋势，实现可持续旅游正在形成更多共识和行动。

2. 旅游市场营销环境的特点

（1）客观性

旅游市场营销环境的存在是不以企业意志为转移的，旅游企业经营者必须清醒地认识到旅游市场环境的客观存在，必须认真研究其特征和发展的可能性，才能在激烈的市场竞争中立于不败之地。旅游市场营销环境的客观性也体现了其难以控制性。

（2）动态性

受时间、季节、地域、科技等因素影响，旅游市场营销环境诸因素发生着动态的变化。如游客的流量因闲暇时间的集中与否而使客源市场分为淡季和旺季。旅游消费者的行为变化及人均收入的提高也会引起购买行为的变化，影响着旅游企业的营销活动。因此旅游企业应时刻关注营销环境的变化，为企业提供及时的信息，使企业在经营中能有效依据市场的变化做出正确的营销决策或及时进行相应的调整。

（3）**不可控性**

影响旅游市场营销环境的因素是多方面的，也是复杂的，并表现出企业的不可控性。如一个国家的政治法律制度、人口增长及社会文化、习俗习惯等，不是旅游企业可随意改变和控制的。

（4）**相关性**

构成营销环境的各个因素不是孤立的，而是互相影响、互相制约、交叉起作用。如旅游企业设计旅游新产品、开发新的旅游线路，不仅要受到经济因素的影响，同时也受社会文化因素、自然地理条件的影响。

（5）**差异性**

环境的不同构成成分对各地区、各企业的影响是不一样的。同一环境因素的变化，对不同企业的影响也不同。

（6）**可转化性**

市场环境既可能是旅游企业营销的制约因素，又可能是机会因素。旅游企业必须学会审时度势，结合自身实际条件，运筹得当时利弊是可以相互转化的。

3. 分析旅游市场营销环境的意义

（1）旅游市场营销环境分析是旅游企业市场分析与研究的出发点和首要内容，也是市场分析与研究活动得以进一步开展的基础和前提。

（2）旅游市场营销环境分析有利于旅游企业把握市场环境变化的发展趋势，可以帮助企业充分利用环境变化的有利因素，克服环境变化的不利因素。

（3）旅游市场营销环境分析有助于发挥旅游企业的主动性，可以提高旅游企业竞争的能力和规避风险的能力。

（4）旅游市场营销环境分析可以使旅游企业更好地满足消费和指导消费，创造更好的营销效果。

4. 旅游市场营销宏观环境

（1）**政治法律环境**

政治法律环境是影响旅游企业营销的重要宏观环境因素，包括政治环境和法律环境。政治环境是指国家的政治制度、政治倾向以及政府的方针政策对旅游企业的营销产生直接或间接的影响；法律环境是指国家或地方政府所颁布的各项法规、法令和条例等。旅游企业研究法律环境主要目的是一方面要守法经营、合法经营，另一方面是懂得保护自己的合法权益。

一个国家的政局稳定与否，会给旅游企业营销活动带来重大的影响。如果政局稳定，人民安居乐业，就会给旅游企业营销造成良好的环境。相反，政局不稳，社会矛盾尖锐，秩序混乱，就会影响经济发展和市场的稳定。如欧洲发生的多起恐怖事件，对欧洲旅游业产生巨大的影响，旅游产业收入明显下降。

旅游消费的需求弹性系数较大，它不仅对价格敏感，而且对政策法规也十分敏感。一个国家的政府，总是要运用自己的法律行政手段，干预社会经济生活。因而政府的法令条例，特别是有关旅游业的经济立法，对旅游市场需求的形成和实现具有不可忽视的调节作用。而这些法律或规定都是在企业的控制范围之外，其调整变化将对旅游企业营销活动产生很大影响。如政府对出国旅游签证的控制直接影响到出境旅游情况。简化烦琐的入关手续可以吸引更多的国外旅游者；反之，手续复杂的入关程序会使相当一部分潜在旅游者闻风却步。

（2）**社会文化环境**

社会文化环境是指由价值观念、生活方式、宗教信仰、职业与教育程度、相关群体、风俗习惯、社会道德风尚等因素构成的环境。各国各地区各民族的文化背景不同，风俗习惯、教育水平、语言文字、宗教信仰、价值观念等差异均很大，这种环境不像其他营销环境那样显而易见和易于理解，但对旅游消费者的市场需求和购买行为会产生强烈而持续的影响，进而影响到旅游企业的市场营销活动。在进行旅游市场营销时，必须对文化因素进行彻底的了解分析，对不同文化采取适当差别的营销方式，才能达到营销的目的。营销人员必须具有不同文化的相关知识，才能更好地进行营销活动。

①价值观念。指人们对社会生活中各种事物的态度和看法。不同的文化背景下，价值观念差异很大，影响着消费需求和购买行为。对于不同的价值观念，营销管理者应研究并采取不同的营销策略。

②宗教信仰。在人类社会，宗教是一种很突出的文化现象。在具有宗教信仰的目标市场上，宗教信仰对营销活动的影响往往是巨大的。不同的宗教有着不同的价值观和行为准则，从而影响着人们的需求动机和购买行为。从市场营销的角度来看，宗教不仅是一种信仰，更重要的是它反映了消费者的某些理想、愿望和追求。古兰经上没有允许做的事情，穆斯林绝对不能去做。佛教的核心思想与追求财富和成就的思路是格格不入的。佛教强调精神价值，贬低物质欲望，这些都对市场营销产生直接或间接的影响。所以企业的营销人员必须对宗教有一定的理解，避免触犯禁忌，造成失误，做到有的放矢地开展营销活动。

③教育水平。教育水平是指消费者受教育的程度。受教育程度不仅影响旅游消费者收入水平，而且影响着旅游消费者对旅游产品的认同度和鉴别力，直接影响旅游消费者心理、购买的理性程度和消费结构，从而影响旅游企业营销策略的制定和实施。

④消费习俗。指历代传递下来的一种消费方式，是风俗习惯的一项重要内容。消费习俗在饮食、服饰、居住、婚丧、节日、人情往来等方面都表现出独特的心理特征和行为方式。

⑤消费流行。由于社会文化多方面的影响，使消费者产生共同的审美观念、生活方式和情趣爱好，从而导致社会需求的一致性，这就是消费流行。消费流行在服饰、家电以及某些保健品方面，表现最为突出。

⑥亚文化群。亚文化群可以按地域、宗教、种族、年龄、兴趣爱好等特征划分。旅游企业在用亚文化群来分析市场需求时，可以把每一个亚文化群视为一个细分市场，分别制定不同的旅游市场营销方案。

总之，社会文化对所有营销参与者的影响是多层次、全方位、渗透性的。它不仅影响企业营销组合，而且影响消费心理、消费习惯等，这些影响多半是通过间接的、潜移默化的方式来进行的。

（3）**经济环境**

经济环境包括那些能够影响旅游购买力和消费方式的因素，其运行状况及发展趋势会对旅游企业营销活动产生直接或间接影响。如当宏观经济处于衰退期，旅游消费者收入水平也会随之不同程度地下降，必然影响其出外旅游活动。

①国民生产总值（GNP）

国民生产总值是反映国民经济发展的综合指标。人均国民生产总值更能反映出一个国家人民的富裕程度。有研究指出，一般来说，人均 GNP 到 300 美元就会兴起国内旅游，而人均 GNP 达到 1000 美元就会有出境旅游的需求。特别是人均国民生产总值为 1500 美元以上的，旅游增长速度更为迅速。美国就因其较高的人均 GNP 成为世界上最大的旅游客源国之一。

②个人收入与消费

经济条件是人们进行旅游活动的必要条件之一。个人收入，尤其是个人可自由支配的收入更是决定旅游消费者购买力和支出的决定性因素。据统计，在经济发达国家中，每个国民的旅游费支出约占个人收入的 4% ~ 6%，因此，个人收入是衡量当地市场容量、反映购买力高低的重要尺度。一般来说，高收入的旅游者往往比低收入的旅游者在旅游过程中平均逗留时间长、平均花费高。旅游者在旅游中选择参加的活动类型、购买的旅游产品也因收入不同而有很大的差别。

③外贸收支状况

国际贸易是各国争取外汇的主要途径，而外汇的获得又决定一个国家的国际收支状况。当一个国家外贸收支出现逆差时，不但会造成本国货币贬值，使出国旅游价格变得昂贵，而且旅游客源国政府还会采取以鼓励国内旅游来替代国际旅游的紧缩政策；相反，当外贸收支大幅度顺差，造成本国货币升值，出国旅游价格就降低，而且旅游客源国还会放松甚至鼓励国民出国旅游并购买外国商品。

（4）人口环境

人口是构成市场的基本要素，旅游企业市场营销活动的最终对象是具有购买欲望和购买力的购买者。在一定的环境条件下，人口的多少直接决定旅游市场的潜在容量。影响旅游企业营销的人口环境因素是多方面的，具体包括：人口的数量和增长速度、人口地理分布及人口的年龄结构、性别、受教育程度、家庭单位、相关群体、地位阶层、家庭等。

家庭是基本的社会单位，家庭对购买者的购买行为影响最为强烈。每个人都会受到来自其他家庭成员的影响，如宗教、经济、爱好、价值观等。每一个家庭都会有各自不同的旅游决策模式。此外家庭生命周期也对一个家庭旅游活动产生重大影响，如无子女的青年家庭往往会对旅游十分感兴趣。旅游对孩子教育价值的衡量也往往是家庭旅游的主要动机。家庭旅游的促销对象主要是核心家庭，即仅包括父母和未婚子女的家庭。

相关群体就是能影响一个人的态度、行为和价值观的群体，如家庭、邻居、亲友、周围环境等，或因某社会风尚的影响而形成具有一种消费需求倾向的群体。这个相关群体为这个人的所思提供了参考依据，是人们行为的主要决定因素，从而导致购买行为的异同。相关群体可以小到几个人的小组，大到一种文化团体，对人们的消费行为起着参谋指导作用。相关群体对个人的影响方式十分巧妙，一个人通常不知不觉地就与相关群体协调起来了，多数人怎么做自己便怎么做，多数人干什么自己便干什么，这样，一个人就会接受和同意本群体的行为，并避免犯规的风险。因此，相关群体会影响用户购买产品的方式、品牌等，比如此时本地青年流行去夏威夷旅行结婚，那么大部分人会有从众心理去夏威夷。

同一社会阶层的成员具有相似的价值观、兴趣爱好和行为方式。不同阶层的人会表现出不同的旅游倾向。如上层阶层的人一般比较重视旅游，在选择旅游团队时会考虑其同伴的社会地位，且倾向于购买高档的旅游产品；而下层阶层的人在旅游中更注重实用性，人均花费少。由此可见，针对不同阶层采取不同的营销手段是十分重要的，旅游企业必须为不同阶层设计不同的广告和产品，选择各阶层都愿意接受的销售渠道和价格。

（5）自然环境

自然环境主要指旅游营销者所需要或受营销活动所影响的自然资源。旅游企业营销活动要受自然环境的影响，也对自然环境的变化负有责任。旅游营销管理者当前应注意自然环境面临的难题和趋势，如很多景观破坏、资源短缺、环境污染严重、能源成本上升等，因此，从长期的观点来看，自然环境应包括资源状况、生态环境和环境保护等方面，许多国家政府对自然资源管理的干预也日益加强。当前许多边远地区脆弱的自然环境和原始文化环境，随着诸如生态旅游、探险旅游等专项旅游的发展而受影响。旅游市场，自然景观等旅游资源的承载力是脆弱的，必须学会保护地利用。人类只有一个地球，自然环境的破坏往往是不可弥补的，维护全社会的长期福利必然要求旅游企业营销战略中要实行生态营销、绿色营销。

（6）**技术环境**

科学技术是第一生产力，科技发展速度快慢对市场经营起着显著的、多方面的影响。可以说，对人类生活最有影响力的是科学技术，人类历史上的每一次技术革命，都会改变着社会经济生活。

作为营销环境的一部分，技术环境直接影响企业内部的生产与经营，决定旅游企业的竞争地位。近年来互联网的推广使得旅游业的渠道系统产生了重大的变革，旅游销售渠道变得更为便捷。技术的发展使旅游设施现代化，为人们的旅游活动带来便利，如交通、通信的发展将时空的距离变得短小，洲际旅游成为易事。旅游饭店设施设备的现代化也为旅游者提供了方便。目前，国际上许多饭店在客房设置电脑终端，使客人可以清楚地查询自己的消费情况，商务客人可以使用电脑联网进行工作，等等。

案例链接

“互联网＋”将极大地促进旅游发展

中国经济时报：在“互联网＋”的时代，我们又应该如何抓住互联网的发展机遇，把旅游业与互联网进行联姻，获取更大的进步和发展？

刘锋：“互联网＋”时代旅游业的发展迎来了前所未有的机遇，要与时俱进、创新突破。

第一，互联网思维。明确用户思维，以游客为本激发旅游业的发展价值；明确极致思维，要以产业龙头、产品龙头、服务龙头示范引领；明确社会化思维，要让互联网的营销、服务、产品与游客生活的各个方面紧密联系；明确大数据思维，把握行业特征，把握社会需求，以数据驱动管理；明确平台思维，链动旅游产业上下游、链动旅游产品和服务的上下游、链动营销推广的上下游，促进政府、企业等的平台化发展，实现共建、共享、共赢。

第二，互联网营销。“互联网＋”带来了旅游营销的变革，因此营销渠道、营销模式、营销产品和营销品牌要顺势而为，推进全民互动、线上线下互动、技术手法互动、创意想法互动，要做到更加整合、更加精准、更加效益，要链动传统营销的上下游企业和产品，让政府更有抓手、让企业更有机会、让民众更易接受。

第三，互联网服务。“互联网 +”时代最根本的是要满足民众对于旅游业发展的需求，因此“互联网 +”与旅游业的联姻也要从游客的行前、行中、行后来满足不同阶段、不同领域的消费需求，包括互联网搜索服务、查询服务、预订服务、租车服务、门票服务、停车服务、住宿服务、评价服务等，满足游客在新时期的服务需求，同时也为旅游企业的创新发展提供了创业、创新的机遇，实现更有前景和潜力的市场价值。

刘思敏：当前“互联网 +”旅游发展非常快，旅游业与互联网有天然的融合性，我们要抓住机遇，使旅游业搭上互联网的快车，以获得更大的发展。

黄斌：在互联网出现以前，旅游业存在着明显的信息不对称现象。互联网出现以后，租车、门票、住宿等通过互联网都可以解决，彻底改变了这种信息严重不对称的现象，这就会倒逼供给方去提高自己的服务水平。同时，互联网可以有效调节市场供需，一旦发现某景区订不上票就可以换一个地方去旅游，从而盘活了闲置资源。

具体而言：

第一，要大力发展智慧旅游系统。智慧旅游系统可以更好地优化资源配置，从而使得现有的旅游产品和旅游消费之间能够更好地统筹匹配，提高效率，也能够使得政府部门更快地对各类突发事件采取应急措施。

第二，要加大互联网金融对旅游业的影响。未来的旅游市场应该是高度细分的市场，个性化的旅游产品大的资本往往是不愿意做，并且在很大程度上是做不了的，大资本的优势在于标准化、高质量的产品，如主题乐园、连锁酒店。个性化产品，如民宿、乡村旅游等，个人资本、普惠金融、互联网金融将大有可为。

“互联网 + 金融 + 文化 + 旅游”将是未来的一大趋势，旅游业要紧紧抓住互联网这个机遇，来获取更大发展。

5. 旅游市场营销微观环境

旅游市场营销微观环境是指存在于旅游企业周围并直接影响企业营销活动的各种参与者。主要包括购买者、中间商、竞争者、公众、旅游企业等。

（1）购买者

旅游购买者是影响旅游企业营销活动的最基本、最直接的环境因素。购买者可分为旅游者和公司购买者。

旅游者是指旅游产品最终的购买者，包括购买旅游产品的个人或家庭。如观光旅游者、度假旅游者、商务旅游者、会议旅游者、体育旅游者等。旅游者购买旅游产品是为了满足个人或家庭的物质需要和精神需要，并无牟利动机。此类旅游者具有以下特征：一是人多面广，即购买旅游产品的旅游者包括各种类型、各个阶层的人员；二是需求差异大，即旅游者因性别、年龄、习惯的不同，对旅游的需求存在较大的差异；三是多属小型购买，即旅游者多以个人或家庭为单位，故购买的数量较小；四是购买频率较高，即旅游者的购买量虽小但品种多样，频率较高；五是多属于非专家购买，即由于大多数旅游者对旅游产品缺乏专门知识，他们对旅游产品的选择不属专家购买；六是购买流动性较大，即旅游者的购买力和时间都有一定限度，对所消费的旅游产品都需慎重选择，这就造成旅游者对地区、企业以及替代品的选择流动性较大。

旅游企业营销人员应该根据企业本身的特点来分析企业所提供的产品和服务最适合于哪一种旅游者类型、购买行为以及消费方式。

公司购买者是指各种企业或组织为开展业务而购买旅游产品的购买者。如到宾馆举行会议或展销会的企业或协会就属于此类购买者。其特点一是公司购买者数量较少，但购买规模较大。此类购买者大多是企业单位，购买者的数目必然比消费者数目少得多，但由于公司是为举办会议等用途购买，所以购买规模较大；二是公司购买属于派生需求。购买者是为开展业务、扩大“生产”而购买，其费用是生产性费用；三是公司购买需求弹性较小。因为公司是为开展业务而购买，费用由单位支出，所以公司购买者对旅游商品和服务的需求受价格变动的影响较小；四是专业人员购买。公司有专门的购销人员，他们是受过训练、有专业知识、内行的专业人员，专门负责采购工作。

旅游企业应根据其特点确定营销活动，采用适当的营销策略。如公司购买需求弹性较小；专业人员购买时重视产品和服务的质量，一般的广告宣传对他们影响不大，对此类购买可采用高价优质旅游产品策略。

（2）**中间商**

旅游中间商是指处在旅游企业与旅游者之间，参与商品流通业务，促使买卖行为发生和实现的集体或个人。包括经销商、代理商、批发商、零售商、交通运输公司、营销服务机构和金融中间商等。这些旅游营销中间商一方面要把有关产品信息告知现实的和潜在的旅游者，另一方面又要使旅游者得以方便地克服空间障碍，到达备有旅游产品的地方去。

旅游中间商一般都处于旅游者密集、丰富的大中城市里，他们各自有自己的目标群体。因此，通过他们易于沟通旅游企业和旅游者之间的联系。旅游中间商是一批旅游专门人才，他们一般都受过旅游专业训练，懂业务，有经验，最了解市场，也掌握旅游者的心理。他们能够给旅游者提供最有价值的信息，帮助旅游者选择最理想的旅游产品。从某种意义上来说，中间商可以帮助旅游产品供给者提高产品的质量。

因为中间商对旅游企业的营销活动影响重大，又是旅游产品销售渠道中不可缺少的一个环节，所以如何选择中间商事关重大，它关系着旅游营销计划的完成。因此，营销人员应全面、深入地调查和分析旅游中间商的发展趋势，搞好旅游营销中间商的选择、评估和管理工作。

（3）竞争者

竞争者属旅游企业市场营销微观环境因素之一。竞争者的状况，直接影响企业的经营活动。每一个旅游企业，一般都面临着四种类型的竞争者，即愿望竞争者（Desired Competitors）、一般竞争者（Generic Competitors）、产品型式竞争者（Product Form Competitors）和品牌竞争者（Brand Competitors）。

某公司准备组织职工或外出疗养，或游览风景名胜，或考察民俗。这个公司目前的愿望对旅游企业来说，就叫做“愿望竞争者”。公司经过反复考虑，决定组织职工疗养以恢复体力和健康。而满足这一愿望，可通过乘飞机、火车或轮船等方式实现，这种方式就叫做“一般竞争者”。到了目的地后，职工可以住高、中、低等档次的宾馆，这种宾馆档次，是能满足购买者某种愿望的各种产品的型号，就叫做“产品型式竞争者”。当公司选定了宾馆的档次后，公司又要考虑购买哪种品牌的宾馆，这也就是满足旅游者的品牌产品，这叫做“品牌竞争者”企业市场的营销人员，对该公司的上述购买决策，通过调查研究，就可以搞清楚谁是这个旅游企业的竞争者。

美国哈佛大学教授迈克尔·波特（Michael Porter）认为行业竞争强度的高低是由六种基本竞争力决定的。这六种竞争力分别是：新进入者的威胁、现有企业的竞争、替代产品的威胁、购买者讨价还价的权利、供应者讨价还价的权利及其他利害相关者的权利。

旅游营销者应当充分分析本企业所处的竞争环境，发挥自身优势，以在营销活动中取得有利的地位。

（4）社会公众

社会公众是旅游企业市场营销微观环境的重要因素。它对旅游企业实现目标产生实际的或潜在的影响。作为微观环境因素的社会公众环境，主要表现为以下几个方面：

①金融公众，即那些关心和了解并影响旅游企业取得资金能力的任何集团，包括银行、投资公司、证券经纪行和股东等。

②媒介公众，主要是报纸、杂志、广播和电视等有广泛影响的大众媒介。

③政府公众，即负责管理旅游企业的业务和经营活动的有关政府机构。

④社团公众，包括保护消费利益的组织、环境保护组织、少数民族组织等。

⑤地方公众，如旅游企业附近的居民群众、地方官员等。

⑥一般群众。

⑦旅游企业内部公众，包括企业董事会、经理、职工等。

旅游企业必须采取适当措施与周围各种公众搞好关系，因为这些不同公众都能促进或阻碍企业实现其目标功能。以大众媒介为例，报纸、广播、电视对某旅游企业一篇优质服务的报道，就能使这一企业提高信誉，扩大销售；反之，一篇损害旅游者利益的报道，就能使这一企业商誉形象大大受损，自然会影响销售。为处理好与周围公众的关系，树立旅游企业的良好信誉和形象，大多数的旅游企业都设立了公共关系部，其主要业务是处理好企业内外部以及与社会公众的关系，增进理解，互相合作。公共关系并非公关部门的事，还必须有全体员工的积极参与。

（5）旅游企业

旅游企业开展营销活动要充分考虑到企业内部的环境力量和因素。旅游企业是一个系统组织，其内部各职能部门的工作及其相互之间的协调关系，直接影响旅游企业的整个营销活动。旅游企业在制订营销计划，开展营销活动时，必须协调和处理好各部门之间的矛盾和关系。这就要求进行有效沟通、协调，营造良好的企业环境，更好地实现营销目标。

6. 旅游市场营销环境 SWOT 分析

旅游企业的生存与发展既与其生存的市场营销环境密切相关，又取决于旅游企业对环境因素及其影响所持的对策。由于旅游市场营销环境的客观性、动态性、不可控性，决定了旅游企业不可能去创造、改变营销环境，而只能主动地适应环境、利用环境。为此旅游企业必须运用科学的分析方法，加强对营销环境的监测与分析，随时掌握其发展趋势，从中发现市场机会和威胁，有针对性地制定和调整自己的战略与策略，不失时机地利用营销机会，尽可能减少威胁带来的损失。

在对营销环境分析中，SWOT 分析法是旅游企业广泛应用的一种机会—风险分析方法。SW 是指企业内部的优势和劣势（Strengths and Weaknesses），OT 是指企业外部的机会和风险（Opportunities and Threats）。SWOT 分析法就是企业在选择战略时，对企业内部的优势与劣势和外部环境的机会与风险进行综合分析，据以对备选战略方案作出系统评价，最终选出一种适宜战略的目的。

旅游企业内部的优势与劣势是相对于竞争对手而言的，表现在资金、技术设备、职工素质、产品市场、管理技能等方面。衡量旅游企业优势与劣势有两个标准：一是资金、产品、市场等一些单方面的优势与劣势，二是综合的优势与劣势。可以选定一些因素评价打分，然后根据重要程度进行加权，取各项因素加权数之和来确定企业是处在优势还是劣势。企业应扬长避短，内部优势强，就宜于采取发展型战略，否则就宜于采用稳定型或紧缩型战略。

旅游企业外部环境是企业所无法控制的，企业外部环境中有的对企业发展有利，可能给企业带来某种机会，例如宽松的政策、技术的进步，就有可能给企业降低成本、增加

销售量创造条件。有的外部环境对企业发展不利，可能给企业带来威胁，如紧缩信贷、原材料价格上涨、税率提高等。来自企业外部的机会与风险，有时需要与竞争对手相比较才能确定，有利条件可能对所有企业都有益，风险也不仅仅是威胁本企业。因此，旅游企业还要分析同样的外部环境到底对谁更有利或更不利，当然旅游企业与竞争对手的外部环境是不可能完全相同的，但很多时候却有许多共同点，此时对机会与风险的分析不能忽略同竞争对手相比较。

SWOT 分析的做法：依据企业的方针列出对企业发展有重大影响的内部及外部环境因素，继而确定标准，对这些因素进行评价，判定是优势还是劣势，是机会还是风险。也可逐项评分，然后按因素的重要程度加权求和，以进一步推断优势与劣势有多大及外部环境的好坏。

在进行以上分析的基础上，旅游企业可根据分析结果判定应采用何种类型的战略，见图 2-2。处于第Ⅰ象限，外部有众多机会，又具有强大的内部优势，宜采用发展型战略；处于第Ⅱ象限，外部有机会，而内部条件不佳，宜采取措施扭转内部劣势，可采用稳定型战略，有机会再发展；处于第Ⅲ象限，外部有威胁，内部状况又不佳，应设法避开威胁，消除劣势，可采用紧缩型战略；处于第Ⅳ象限，拥有内部优势而外部存在威胁，宜采用多角化经营战略分散风险，寻求新的机会。不同 SWOT 状态下的具体营销战略选择可见表 2-2。

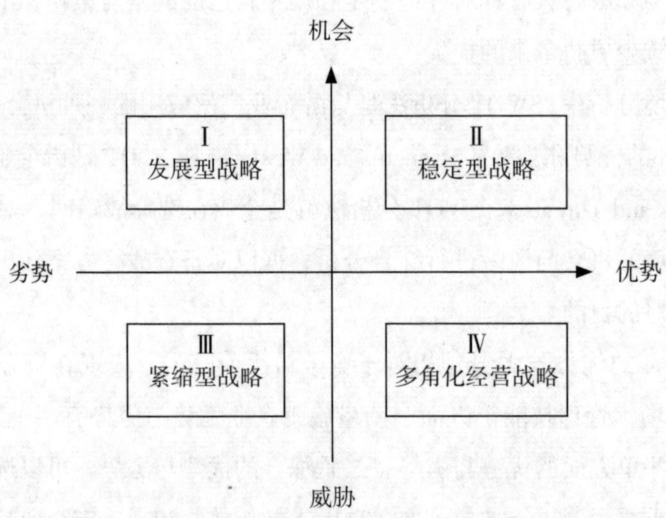

图 2-2　SWOT 分析战略选择矩阵

表 2-2　不同 SWOT 状态下的营销战略选择

SWOT 评价结果	营销战略选择	营销战略方向	营销原则	营销决策
优势 + 机会	发展战略	产品认知	开拓	占领市场、领导同行、增强企业实力
优势 + 威胁	多角化战略	品牌塑造	进攻	集中优势、果断还击、提高市场份额
劣势 + 机会	稳定战略	个性凸现	争取	随行就市、速战速决、抓住市场机会
劣势 + 威胁	紧缩战略	有效回收	保守	降低费用、急流勇退、占领角落市场

【拓展提高】

旅游市场营销环境机会——威胁矩阵分析

进行旅游市场营销环境机会—威胁分析的目的在于确定企业有可能利用的市场良机和可能会影响企业经营的市场威胁。旅游市场营销机会是指环境中对旅游企业发展过程产生促进作用的各种契机。威胁则是指对旅游企业发展过程产生不利影响和抑制作用的发展趋势，它们对旅游企业形成挑战。

由于机会与威胁对旅游企业的影响程度有大有小，不同的机会和威胁可以组合成四种不同的环境类型：

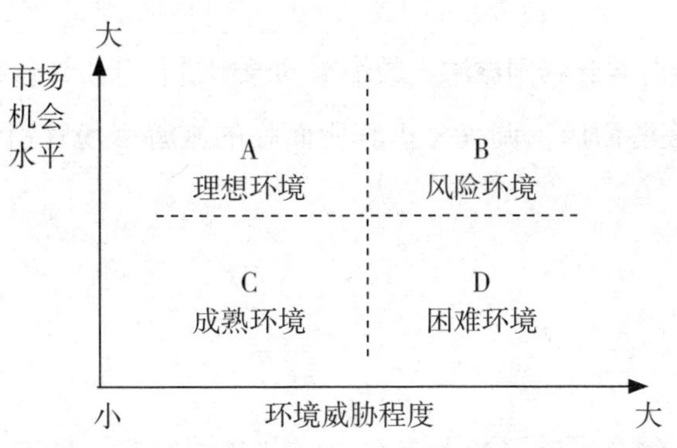

图 2-3　市场机会与环境威胁矩阵

在理想环境状态下，旅游企业应抓住机会进行产品开发和市场拓展，扩大销售，提高市场份额，提升市场地位，从而赢得竞争优势；在风险环境状态下，应在充分的市场调查和科学预测的基础上，努力捕捉营销机会及时作出正确的营销战略决策，争取突破性发展；在成熟环境状态下，应积极寻找新的营销机会，为开展理想业务和冒险业务准备必要的条件；在困难环境状态下，旅游企业要么是努力改变环境，走出困境或减轻威胁，要么是立即转移，摆脱无法扭转的困境。

【实训或练习】

案例链接 1

曼谷枪击事件后遗症：中国游客热情受挫 泰国启动控枪行动

2023 年 10 月 3 日，曼谷暹罗百丽宫发生枪击事件，14 岁枪手用非法改装的仿真枪和塑料枪射击民众，导致一位中国游客和一位在泰工作的缅甸人员死亡、5 人受伤。

事件发生后很快因社交媒体传播成为国际头条，引发各国尤其中国网民对泰国旅游安全的担忧。泰国警方已连续逮捕了多名涉嫌向枪手出售改装枪支、弹药的嫌疑人。

从目前情况来看，此次枪击事件是极端个案，并无针对游客或特定国籍的迹象，但这一事件仍然对中国游客的赴泰情绪造成了影响。

泰国《民意报》引用泰国旅游营销协会主席吉迪的说法，由于枪击案让游客对赴泰旅游安全产生心理影响，预计 10 月赴泰中国游客将从原本预计的 70 万人减少至 30 万人，缩减超过一半，此外，马来西亚、韩国赴泰游客预计也会减少。

2023 年，在缅北诱骗电诈案件频发的影响下，中国游客对前往泰国等东南亚目的地的意愿本就不高，此次枪击事件更是暴露出泰国旅游胜地的另一面：泰国枪支保有量超过 1000 万支，高居东盟第一、亚洲第二。

要求：试对我国游客赴泰国旅游人数缩减的原因进行分析评价，并提出改善建议。

选择当地一家旅游酒店，调查分析其所面临的旅游市场营销宏观环境和微观环境，并进行评价。

案例链接 2

细分赛道里的大市场——“研学经济”风潮劲

暑期研学产品预订火热，一些平台订单增长达七成；2023 年，全国中小学生研学实践教育基地已超过 1600 个；现存研学相关企业 2.9 万余家，49.4% 的相关企业成立于 1 至 5 年内……风潮之下，一个大市场正在稳步成长。有数据显示，研学市场已经达到千亿级别规模，预计到 2026 年有望达到 2422 亿元。

2024 年，研学游市场将迎来全年最热闹的季节。旅游平台上，暑期研学游订单增长明显。携程集团发布的《2024暑期旅游市场预测报告》显示，2024年暑期亲子研学类产品仍然备受欢迎，相关产品订单同比增长七成，价格与去年基本持平。行业火热的背后是一个巨大的市场。中国旅游研究院文化旅游研究基地组织编写的《中国文化旅游发展报告2022–2023》认为，研学旅游成为我国旅游的基础市场之一。天眼查专业版数据显示，截至目前，现存研学相关企业2.9万余家，从成立时间来看，49.4%的企业成立于1至5年内。

对于这一市场规模的判断，艾媒咨询数据显示，2022年中国研学游行业市场规模达909亿元;2023年全国中小学生研学实践教育基地超过1600个，市场规模或达1469亿元，同比增长61.6%，预计2026年将达到2422亿元。

读万卷书，行万里路。作为将课堂搬进实地的体验式游学方式，研学在一定程度上满足了学生们在假期增长见识、开阔眼界的需求。不少家长都表示，想利用假期让孩子开阔眼界，学习到课堂之外的知识。

蛮吉亲子研学负责人任凭和她的团队在大草原上迎来了一年中最忙碌的时候。“目前一天大概有五个团在同时运营，团员以中小学生为主，除了观看自然风光，还有非遗文化课堂、骑马穿越草原、湿地研学、蒙语学习等版块活动。”任凭对记者说，每一个版块都有资深老师授课，比如蒙语老师就有30多年的教学经验，能让孩子们真正有收获。

不仅国内线路升温，海外研学线路也受到热捧。上海市民办新北郊初级中学刘老师表示，2024年学校组织的海外研学旅行格外受关注，一共50个名额，刚一发布就有不少家长详细咨询，超过60名学生参与报名。

“家长十分看重这种能让孩子走出国门，与来自不同国家与文化背景的同龄人交流的机会，而学校参与的研学也让家长更加放心。”刘老师介绍，除了国际化的课程之外，还安排了博物馆、知名高校参观等社会实践环节，帮助学生更好地体验海外文化，拓宽视野。

从产品设置看，任凭对记者说，这两年，市场越来越成熟，大家的选择也越来越精细，这就越发考验团队的专业性。

去哪儿研学相关负责人也认为，现在家长和孩子在选择研学项目时不再满足于走马观花，越来越偏向于体验性、互动性强的项目。该负责人举例，比如动物保育类项目，孩子们可以更多地参与到项目中；再比如西安以文化之旅为关键词的研学项目，会配备比较资深的研学导师专家，沿途带孩子深入体验古都的文化和历史底蕴。

面对市场需求的变化，国家政策和地方政府等各方面都在加大支持和布局力度。五部门发布《关于打造消费新场景培育消费新增长点的措施》，提出培育文旅体育消费新场景。从积极打造红色旅游、研学旅游等业态方面部署，打造一批有影响力的主题旅游精品线路。

地方上也在积极挖掘特色，打造研学线路。四川提出，将认证一批品牌研学旅游基地营地、承办机构和产品线路；浙江提出推动工业旅游与研学教育、高新技术、文化创意等融合发展；福建推出“夏一站，趣福州”福州研学旅游季活动……

北京第二外国语学院旅游科学学院教授王金伟表示，目前我国研学市场整体持续增长，同时，市场的繁荣也吸引了更多从业者加入，市场竞争更趋激烈。未来，需求与供给共同增加也将进一步推动市场繁荣。其中，红色研学、自然科普、乡土文化体验等是重点关注领域。

要求：利用SWOT分析法完成研学旅行旅游市场营销环境分析，并对其结果进行评价。

任务2–2　分析旅游消费者购买行为

【任务引入】

赵先生36岁，北方人，是沈阳一家外企公司的部门经理，月薪15000元，其妻子35岁，是一名初中历史老师，月薪6300元，家里有一儿子，读小学二年级，赵先生父亲已故，其母亲与他们一起生活，60岁，有退休金，原是一名初中语文教师。

某一周末晚上，赵先生一家在客厅里看电视，赵先生手持遥控器无目标地更换着电视节目，当电视画面出现迪士尼乐园儿童游乐场景时，儿子兴奋地大叫了起来，并向爸爸、妈妈要求说想去那儿玩，妈妈觉得太远，劝儿子，但儿子坚决想去，最后在爸爸的敷衍下才算平息。

晚上儿子睡觉后，看电视时儿子恳求去迪士尼乐园的事在赵妻心里掀起了波澜。赵妻遂与丈夫商量，想让丈夫利用一年一次的带薪休假带儿子去旅游。她觉得目前家里生活收入还可以，房子也买了，婆婆有退休金，邻居老王家每年都出去旅游，而他们呢？还是在婚前出去玩过，最主要赵妻觉得儿子现在上小学，也应该带出去长长见识。赵先生听完后嗯了一声，也没说什么。

临近假期，赵妻又提及此事，并希望一家人都能出去旅游。赵先生见如此，也同意了此想法。接下来，赵先生在平时上班之余也开始留意一些旅游信息，偶尔也上网查询一些旅游资料，如九寨沟—黄龙、昆明—大理—丽江—香格里拉、丝绸之路等一些国内知名线路。他喜欢看九寨、黄龙的自然风光，也愿意感受丽江小镇及纳西族人安逸祥和的生活方式，还想沿着张骞的足迹，去领略中华古老而灿烂的文化，他哪儿都想去。考虑与妻子一起去，赵先生觉得，妻子教历史，选一条人文与自然并重的线路会更好。某天回家看到母亲正给儿子讲朝鲜自卫反击战中中国的志愿军跨过鸭绿江援朝的事迹，赵先生又突生新念，想去国外旅游。以前一方面确实收入有限，另工作也非常忙，确实没时间旅游。最近这一年多刚升职，目前工作也步入正轨，自己想想也觉得真该带家人出去看看。赵先生遂将此想法与妻子分享，赵妻觉得也不错，但她也提出两个想法，一是有顾虑，毕竟没出境旅游过，而且语言不通；二是同事说，出境旅游现在已经有很多线路，欧洲、日本、澳大利亚、韩国、越南、柬埔寨、新马泰等，选择哪条？夫妻最终达成协议，准备让赵先生去旅行社了解一下情况。

赵先生去了沈阳某旅行社，说明来意后，接待他的张女士对其进行了清晰的旅游产品介绍。新马泰旅游线路开发时间比较早，线路成熟，价格也相对便宜，几个国家的文化背景和中国有相似之处；日本旅游线路近年来也很盛行，价位较高。目前旅游产品形式一般是把多个国家捆绑在一起作为一条旅游线路的，与国内游相比，价格略高一些，出游时间也略长一些。韩国、日本、澳大利亚和马尔代夫等的旅游线路以及非洲一些国家，如南非、毛里求斯等旅游都一一向赵先生进行介绍。赵先生权衡后，想到母亲不喜欢日本，日本肯定不去，母亲年龄较大，也不适合去太远的。遂决定把欧洲游和新马泰旅游作为重点考虑和选择的对象。

赵先生把欧洲游和新马泰旅游的一些资料带回家，谈了自己的想法，赵妻特别留意了资料内的旅游产品价格、游览景点和住宿条件。虽然赵妻内心非常想去欧洲，但考虑到欧洲的价格，想想还是选择了新马泰。赵先生觉得新马泰也行，第一次到国外去旅游，先去近点儿的地方也好，熟悉以后再走远些的。前不久他同学新马泰一行，觉得还是很好的，在那儿可以看世界第四高塔——凤梨塔；还可以到目前世界最大的海洋公园巴雅岛玩，儿子肯定特别喜欢；全家可去马六甲海峡拍照、到著名的圣沟沙岛游玩；感受浓郁的泰国水乡风情，去有“东方夏威夷”之称的海滨度假胜地芭提雅休闲，对母亲身体好。赵妻也提及了她同事去新马泰的感受，新马泰旅游报价低的线路一般购物项目会相对多些，她让赵先生咨询旅行社选择品质好、无购物、比标准价格高些的旅游线路。

最后，赵先生选择了一个价位高些、品质好的新马泰旅游团。赵母因身体原因没去，赵先生一家度过了一次愉快的旅行。

任务2-2-1　根据本案例，分析哪些因素影响了赵先生一家对旅游产品的选择和购买，完成分析报告。

任务2-2-2　根据本案例，分析赵先生本次旅游的购买决策过程，完成分析报告，以小组为单位通过 PPT 形式进行展示。

任务 2-2-3 如果你是张女士，如何说服赵先生去欧洲旅游，以小组为单位通过 PPT 形式进行展示说明。

【任务分析】

旅游消费者是旅游活动的主体，旅游市场营销的目的是满足旅游消费者的需求，其既是旅游营销的起点，也是最终归宿。因此任何一家旅游企业，都非常重视对旅游消费者行为的分析，分析影响旅游消费者购买行为的因素及旅游消费者购买决策过程。案例中赵先生一家顺利进行了一次愉快的假期旅游，在整个过程中，我们可以感受到赵先生和其妻子考虑的侧重点不同，案例的每一个环节每一个人物细节都要细心分析、认真考虑。完成本次任务需掌握影响消费者购买行为的因素和旅游消费者购买决策过程的相关理论，同时对消费者购买行为模式相关知识也要有一定的了解。

【任务实施】

教师布置任务后，学生首先以小组为单位进行讨论交流，教师进行指导，然后每小组派代表进行成果展示汇报，小组间进行互评，最后教师进行评价总结。

任务 2-2-1　赵先生进行旅游产品选择和购买的影响因素分析要点如下

1. 社会因素方面

（1）社会阶层：通过赵先生的收入、职业及受教育程度可以判断，赵先生夫妻属于中等阶层，生活较稳定，愿意将旅游作为自己子女受教育及长见识的机会，同时也考虑了自己的兴趣爱好。这种特色体现了中等阶层的人的旅游消费理念。

（2）相关群体：赵先生的同学、赵妻的同事及儿子作为主要群体确实对本次旅游起到了决定性作用。赵先生的同学去过新马泰旅游，并进行了正面宣传。作为相关群体，他为赵先生提供旅游行为的标准与方向，很大程度上影响了他对新马泰的态度。而赵妻同样也受同事影响，所以也提出了购买意见，选择价位略高些的旅游产品，保证了旅游质量，达到了要求。赵先生的儿子作为家庭成员，其想去旅游在本次旅游实现过程也起到了非常大的作用。

（3）家庭：赵先生家的每个成员对这次旅游都有一定的影响，但最终决定结果是由夫妻双方协商完成的，当然旅游的起因是赵先生儿子的提议，赵妻对孩子的想法也很在意。此类型家庭可以看出决策一般是夫妻双方共同完成，考虑得比较周到。虽然赵先生母亲最终没去，但在选择旅游产品时也兼顾了，老人与孩子的旅游风格也间接体现了不同。

（4）地位与角色：中等阶层的旅游消费者比较注重品质但也考虑价格，赵先生一家选择的是高品质旅游团，符合自己的社会地位和身份。

2. 文化因素方面

赵先生进行旅游产品选择时，体现了东方人的消费习惯和价值观念及思维方式。他们选择的是距离中国较近的新马泰旅游区，这里与中国的文化背景较相似。东方的文化主体强调节俭，行为应有目的性、实用性和有所收获，单纯的消遣娱乐应尽量减少。赵先生的妻子希望这次旅行可以让儿子开阔视野，增长见识，也正是体现了这一点。赵先生一家为依赖性旅游消费者，谨小慎微，一选再选，不爱冒险，顾虑较多，选择了熟悉的旅游目的地，这与他的价值观念和消费理念相符。

3. 个人因素方面

（1）年龄：年龄不同，旅游消费的形式和目的也不同。赵先生的儿子希望去日本迪士尼乐园玩，体现了儿童喜欢新奇的、刺激性的和冒险性较强的、体力消耗较大的旅游活动。老年人则倾向于节奏舒缓、舒适并且体力消耗较小的旅游活动。最终赵先生的母亲没去旅游，也是这个原因。而赵先生本身因平时工作忙，所以愿意选择休闲型旅游。

（2）收入水平：消费者收入水平决定了其购买力。赵先生一家收入稳定，有足够的可自由支配收入用于旅游，但还没到奢侈旅游的标准，所以其选择了与其收入相当的品质较好的旅游。

（3）职业：职业很大程度上决定了闲暇时间。赵先生妻子是老师，赵先生又有带薪假期，儿子也有假期，这是本次旅游成功的一个前提条件。另外赵先生职业本身的特点也对本次旅游的选择有很大促进作用。

4. 心理因素方面

（1）动机：赵先生一家首先有潜在需求，在外界刺激下，有了强烈的需求愿望。需要有了目标即产生动机。体现在儿子首先提出出外旅游需求，老王家这个主要群体的影响激发了赵先生一家出行的迫切愿望，最终成为现实需求。根据马斯洛需要层次理论，人类在低层次的需要得到满足后会想要得到更高层次的满足，旅游满足了他们的这种需求。

（2）知觉：知觉受刺激物本身，例如色彩、声音、形状等。在旅行社张女士进行旅游产品的介绍过程中，赵先生不自觉地将与自己心理需求一致的相关信息留存，所以最终在系列产品中选择了两类。

（3）学习：有效的市场沟通提供的信息一般对购买行为产生很大影响，但旅游者更倾向于从同事、同学、熟人处了解产品及服务信息。赵先生一家受同事、同学的影响选择新马泰。赵先生进行旅游产品信息收集到方案选择及最终决策就是一个学习过程。

任务 2-2-2　赵先生本次旅游的购买决策过程要点如下

步骤一　认识需要

赵先生一家能开始本次旅游，源于儿子被迪士尼乐园儿童游乐场景吸引提出，但真正的外部刺激因素是看到老王家每年都出去旅游。

步骤二　信息收集

赵先生在决定要外出旅游之后，就开始对相关旅游信息进行收集，主要是通过网络、旅行社、朋友等渠道。网络为赵先生提供了大量的信息。家庭成员、同事对赵先生的决策影响最大。旅行社张女士为赵先生提供旅游信息的过程体现了赵先生在进行信息收集时经历了选择性注意、选择性曲解和选择性记忆的过程。

步骤三　选择评估

旅游消费者进行购买选择时，会在多个目的地中进行，赵先生最终在欧洲游和新马泰游中进行选择。赵先生一家更看重文化背景、旅游品质和价格，所以最后选择了新马泰高品质游。

步骤四　购买决策

购买意图如果不受其他相左意见的干扰，就会导致购买行为。但购买行为常会受他人意见的干扰。赵先生受同事的影响而选择新马泰游。赵先生母亲身体如果出现太大不适，可能会导致本次旅游行为终止。庆幸本次赵先生母亲只是一般身体原因，最终购买行为未受到影响。可见相关群体的影响和意外事件对购买决策有很大的影响。

步骤五　购后行为

旅游消费者在结束旅游活动后，一般会有三种体验即满意、不满意或介于两者之间。本案例中赵先生一家对这次旅行很满意。旅游营销人员研究购买决策过程中购后行为主要是为了判断旅游产品是否符合旅游消费者需求，以保证旅游消费者实现重复购买并能进行品牌宣传。

任务 2-2-3　改变赵先生去欧洲旅游的对策分析要点如下

旅游消费者的购买决策从认识需求开始，即人们认识到自己对旅游服务产品的需求。因此首先要努力唤起和强化旅游消费者的需求，并协助他们确认需要，创造需求。张女士可通过改变旅游产品质量和产品性能，使之尽量接近赵先生的需要即对欧洲游进行实际的重新定位；二是设法改变赵先生对欧洲游产生的不切实际的观念和期望，帮助赵先生正确认识新马泰旅游与欧洲游产品性能的差异，对其进行心理的重新定位。如从心理方面，说明欧洲属于发达国家，旅游基础设施较为完善，文化底蕴深厚，是全球热门的旅游目的地，最适合增长见识，感受强烈的异域文化。赵先生属于中产阶级，平时没有机会进行长距离的出国旅游，既然选择了，应该体验与中国文化不同的、先进的西方文化。而且赵先生也可以借此次机会激发儿子学习外语的兴趣。另外在性价比方面对赵先生进行分析，详细介绍这些线路的具体活动安排、线路特色以及与其他较近旅游目的地的优势所在。再有也可以向赵先生展示一些其他旅游者完成欧洲旅行后的感受及评价，帮助解答一些赵先生对旅游活动可能存在的问题，排除疑惑。

【考核评价】

表 2-3　分析旅游消费者购买行为任务考核评价表

考核类型	评价项目	评价要点	得分	满分
成果考核	旅游影响因素分析报告	能正确找出影响赵先生一家本次旅游的各个因素，并能进行合理分析	15	30
		报告总体分析有理有据，逻辑关系清晰	5	
		文档内容完整，语言清晰、简洁，图表运用得当	5	
		文档排版格式整齐、美观，布局合理	5	
	旅游购买决策过程报告	能对旅游消费者购买决策过程的每一阶段进行合理分析	15	30
		分析完整、逻辑关系清晰，结论有理有据	5	
		内容完整，语言清晰、简洁，图表运用得当	5	
		排版格式整齐、美观，布局合理	5	
	实现去欧洲游的对策	能结合案例进行合理分析	3	10
		总体分析有理有据，逻辑关系明晰	3	
		文档内容完整，语言清晰、简洁，图表运用得当	2	
		文档排版格式整齐、美观，布局合理	2	
过程考核	个人课堂活动表现	积极主动发言，学习态度端正	3	10
		无迟到、早退、旷课现象，课堂出勤良好	3	
		积极参加讨论、认真完成各项任务训练，课堂参与度高	4	
	团队任务活动表现	任务分工明确、团队合作能力强	5	20
		任务实施中能及时处理问题、协调沟通顺畅	5	
		团队积极乐观、勇于挑战，能主动完成任务	5	
		思路设计新颖、方法多样，团队创新能力强	5	

【归纳总结】

通过本次任务明确了消费者购买行为的一般规律，了解了消费者购买行为模式，掌握了旅游消费者购买行为的影响因素包括社会因素、文化因素、个人因素和心理因素等。这些因素从不同的角度影响着消费者购买行为模式的形成。通过本次任务还需掌握旅游消费者购买决策过程，即认识需要、收集信息、判断选择、购买决策和购后行为五个阶段。旅游营销人员只有认真研究和分析消费者的购买行为特征，才能有效地开展企业的营销活动，真正把握住旅游企业的目标顾客群体，顺利实现同顾客之间的交换。

【相关知识】

1. 消费者购买行为模式

消费者购买行为模式即指消费者购买行为的一般规律。

（1）“需求——动机——行为”模式

消费者的需要、动机以及购买行为构成了消费者购买活动的行为链条。当需要产生而未得到满足时，就会引起消费者一定程度的心理紧张，当出现满足需要的目标时，消费者的这种需要就会转换为内在动机，动机驱动消费者产生具体的消费行为。

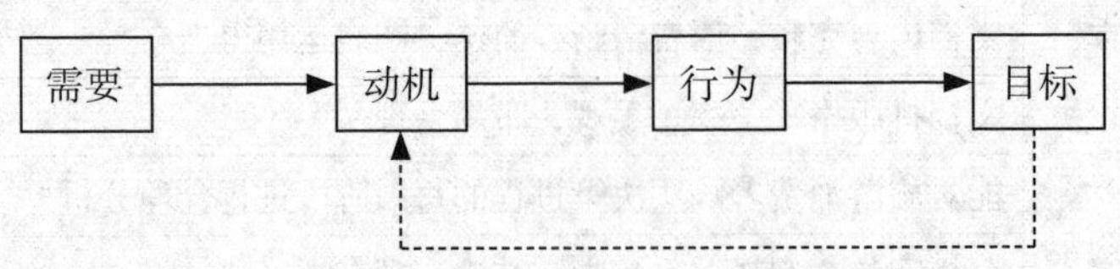

图 2-4　消费者购买行为的“需求——动机——行为”模式

（2）“刺激——反应”模式

行为主义心理学家认为，人的消费行为是外部刺激的结果。行为是对刺激的反应，当行为的结果能满足人们的需要时，人们就会重复该行为，反之，则放弃该行为。而人的内部心理活动则是不可掌握的，就像一个看不透的“黑箱”，由此提出了消费者购买行为的“刺激——反应”模式。

外界刺激	
营销刺激	其他刺激
产品 价格 渠道 促销	经济 技术 政治 文化

⇨

购买者“黑箱”	
购买者特征	决策过程
文化 社会 个人 心理	确认需要 收集信息 评估 购买决策 购后行为

⇨

购买者反应
产品选择 品牌选择 经销商选择 购买时间选择 购买数量选择

图 2-5　消费者购买行为的“刺激——反应”模式

2. 影响旅游消费者购买行为的因素

旅游消费者购买行为即指旅游消费者个体、家庭或群体在收集有关旅游产品的信息进行决策和在购买、消费、评估、处理旅游产品时的行为表现。影响其消费行为的因素如图 2–6。

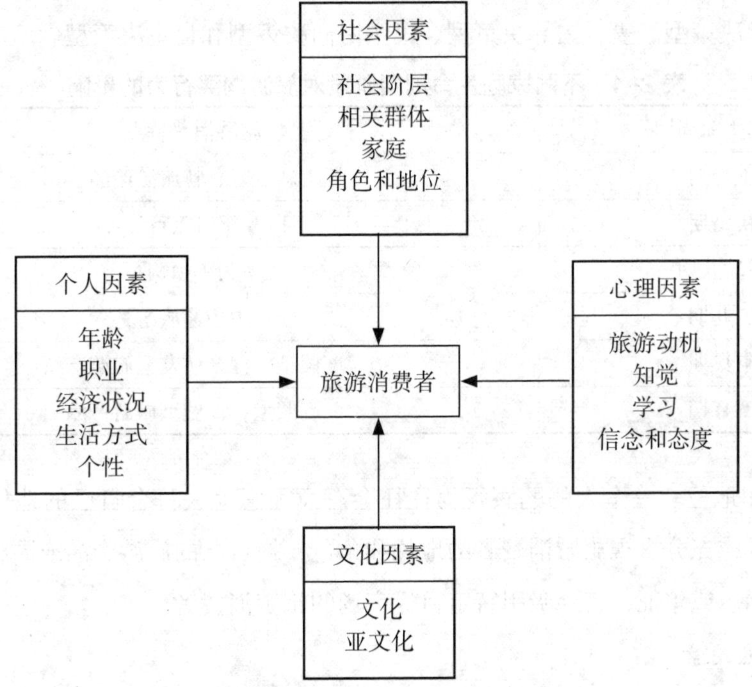

图 2–6　影响旅游消费者购买行为的因素

（1）**社会因素**

①社会阶层。社会阶层是指某一社会中根据社会地位或受尊重程度的不同而划分的社会等级。同一社会阶层的人的行为具有很大的相似性，表现在具有相似的社会经济地位、利益和价值观倾向、相似的兴趣爱好和行为方式等。通常一个人的社会阶层是由职业、收入、教育和价值观等多种因素作用的结果。

②相关群体。相关群体是指直接或间接地对旅游消费者的态度、爱好和行为产生影响的一些群体。主要包括三类，一是家族成员、同事、邻居、朋友等，他们对旅游消费者的影响最直接，与旅游消费者的关系比较密切，一般把这类相关群体称为主要群体；二是如各种行业协会、专业性协会及社团组织等，它们对旅游消费者的影响发挥着间接的影响作用，这类相关群体称之为次要群体；还有一类是人们希望从属的群体，如歌星、体育明星或伟人等，他们与旅游消费者没有直接的接触，但对旅游消费者的影响也比较大，这类群体称之为崇拜群体。相关群体对旅游消费者的影响主要体现在：一是示范性，即相关群体为旅游消费者展示出新的行为模式和生活方式；二是仿效性，即消费者都有效仿其相关群体的愿望，旅游消费者对某些旅游产品的态度和看法往往受其相关群体的影响。

③家庭。在旅游消费中，家庭是社会中最重要的消费单位和购买决策单位，对消费者购买行为的影响最大。家庭购买行为受家庭生命周期和家庭购买决策类型等影响。家庭生命周期主要包括单身期、初婚期、婴幼儿期、少儿期、空巢期和鳏寡期，处于不同阶段的家庭旅游购买行为有一定的差别，具体如表 2–4。家庭购买决策大致可以分为四种类型：丈夫主导决策型、妻子主导决策型、民主协商决策型和自主决策型。

表 2–4　不同家庭生命周期阶段对旅游购买行为的影响

家庭生命周期	旅游消费特点
单身期	新、奇、特旅游产品
初婚期	蜜月旅行
婴幼儿期	多为单项购买
少儿期	中短途旅游
空巢期	度假型、探亲访友型旅游产品
鳏寡期	度假型、保健型旅游产品

④角色和地位。一个人的购买行为往往会有意无意地去符合自己的地位和角色。旅游产品营销者应充分重视旅游消费者的地位和角色，把自己的旅游产品或品牌变成某种身份或地位的标志或象征，将会吸引特定目标市场的旅游消费者。

（2）**文化因素**

①文化。文化是指一个国家或地区的民族特征、文化传统、价值观、宗教信仰、社会结构、风俗习惯等情况。它是一个社会所有成员共同拥有和认同的，往往决定着一个社会的消费习惯、伦理道德、价值观念和思维方式等。文化的差异决定了消费行为的差异，当然也必然影响旅游消费者对旅游产品的选择与购买。文化因素对旅游消费者购买行为的影响是潜移默化的。

②亚文化。亚文化是指存在于每一种社会和文化内部的次文化，主要包括民族亚文化群、宗教亚文化群、种族亚文化群、地域亚文化群。亚文化为旅游消费者带来更明确的认同感和集体感 。

Ⅰ. 民族亚文化群。由于民族信仰或生活方式不同而形成的特定文化群体，每个国家都存在不同的民族。我国是一个拥有 56 个民族的国家，各民族都有着独特的风俗习惯和文化传统。

Ⅱ. 宗教亚文化群。不同的国家或一个国家内部都存在佛教、天主教、伊斯兰教、基督教、道教等不同种类的宗教，不同宗教具有不同的文化倾向或戒律。

Ⅲ. 种族亚文化群。种族是不同肤色的人类群体。不同种族有着不同的文化传统与生活习惯，例如黄种人吃饭用筷子，白种人吃饭用刀叉。

Ⅳ. 地域亚文化群。同一个民族居住在不同的地区，由于各方面的环境背景不同，也会形成不同的地域亚文化。我国各地的饮食文化有着明显差异，西南和北方人喜欢吃辣，江南人偏爱甜，广东人对食品特别讲究新鲜；北方人以面食为主，南方人则以米饭为主食等等。

（3）**个人因素**

①年龄。年龄的差别往往意味着生理和心理状况、收入及旅游购买经验的差别。一般来讲，年轻人喜欢新奇的、刺激性和冒险性较强的、体力消耗较大的旅游活动，购买易受相关群体的影响；老年人则倾向于节奏舒缓、舒适并且体力消耗较小的旅游活动；中年人在购买旅游产品时更有计划性，同时讲究经济性和实用性。

②职业。旅游消费者的职业在很大程度上决定了其收入水平、社会地位、闲暇时间。收入水平决定了旅游消费者的购买能力，闲暇时间则是旅游消费者实现旅游消费不可或缺的因素。教师旅游通常会选择寒暑假，公务员旅游则会选择几个小长假。另外职业本身的性质也会影响旅游消费者选择不同的旅游产品。如收入高、平时事务繁忙的高管人士多愿意选择放松型、休闲型旅游产品。

③个性和生活方式。个性是指对人们的行为方式稳定持久地发挥作用的个人素质特征，包括能力、气质和性格等。这些特征影响着个体的言行举止，反映一个人的意识倾向。旅游消费者独特的个性会对其旅游购买行为有很大的影响。为了揭示不同的个性品质与旅游消费者行为的关系，加拿大旅游局用统计方法做过一次调查研究，结果表明：两者之间在交通、目的地、旅游活动内容等项目上存在着高度的关联性。

生活方式是一个人所表现出来的有关其活动、兴趣和看法的生活模式。由于生活方式的不同，旅游消费者即使处于相同的文化背景和社会阶层条件下，其旅游消费购买行为也会存在差异。因此旅游营销人员要不断分析旅游消费者的个性和生活方式，才能生产出适销对路的旅游产品。

④经济状况。经济状况决定旅游消费者是否发生购买行为以及购买的规模和购买档次。旅游消费是一种弹性较大的消费，旅游者的经济状况在很大程度上影响其对产品和服务的价格选择，最终影响其旅游服务的消费决策。旅游消费者的经济状况包括可支配收入、储蓄、债务、借款能力以及对消费与储蓄的态度。

（4）**心理因素**

①动机。动机是人们采取某种行动的内在动力或愿望，人们往往同时具有多种需求，如果其中某种强烈的需求得不到满足，他就会努力想方设法去创造条件使其满足，这种愿望就是动机。一般来说，旅游动机主要包括身心健康动机、文化动机、名望动机及经济动机等。

②知觉。知觉是指人对外部事物的信息筛选、加工和解释的过程。不同的人对同一刺激物会产生不同的知觉，因为知觉一般会经历三种过程，即选择性注意、选择性曲解和选择性记忆。选择性注意是指人们面临许多刺激物时，只会注意到与目前需要有关的，预期将出现的或是变化幅度大于一般的较为特殊的刺激物。选择性曲解是指按个人意愿曲解外界事物使之合乎自己意思的倾向。选择性记忆是指人们只会记住那些符合自己信念的信息。

③学习。学习是人在生活过程中获得行为经验的过程。可以说，学习是通过驱使力（某种需求）、刺激物（满足需求的产品或服务）、诱因（一种更具体的刺激物）、反应（需求得到满足或未满足的感觉）等一系列过程相互影响、相互作用而成的。如果需求得到满足将进一步增强某种需求，反之会减弱。学习过程模式具体如图 2–7。

旅游消费者的一次购买行为，就是一次完整的学习过程。如旅游消费者在进行旅游产品购买之前，首先根据自己的实际需要搜寻相关的信息，对信息进行分析甄别后做出相应的选择，在消费过程中进行评价，做出相应的判断、记忆，从而完成整个学习过程。

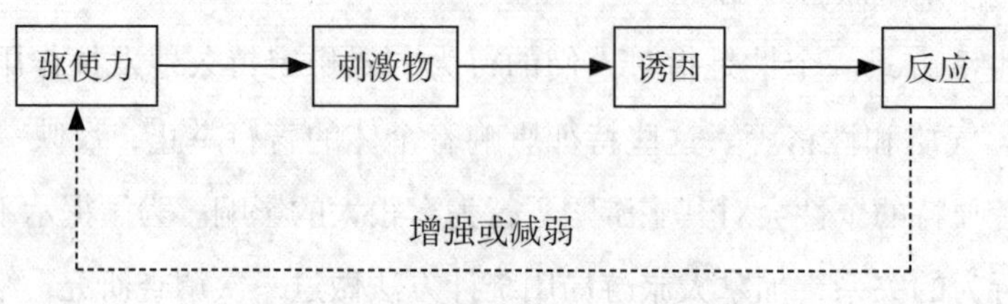

图 2–7　旅游消费者学习过程模式

④信念和态度。信念是指一个人对某些事物所持有的描述性想法。它是被一个人所认定的可以确信的看法。态度是指人们对某种客观事物或观念比较一贯的评价、感觉及行动倾向。态度的形成是逐渐的，产生于与产品、企业的接触，其他消费者的影响，个人的生活经历、家庭环境的熏陶。态度一旦形成，不会轻易改变。

旅游营销人员在营销活动中，一方面通过服务与消费者进行心理沟通，了解现实旅游消费者和潜在旅游消费者对推出的旅游产品和服务的要求和期望，以及他们的购买偏好，来增强消费者对旅游产品和服务的良好印象。另一方面，还需通过增加新的产品和提高服务质量，改变旅游消费者对原有产品与服务的不良态度。

3. 旅游消费者购买决策过程

旅游消费者的购买决策过程，是一个相互关联的消费行为系列，这个过程在购买行动发生之前就已经开始，并且一直延续到购买行动发生之后。关于消费者购买决策过程，现代营销学中一般采用的是五阶段模式，如图 2–8。

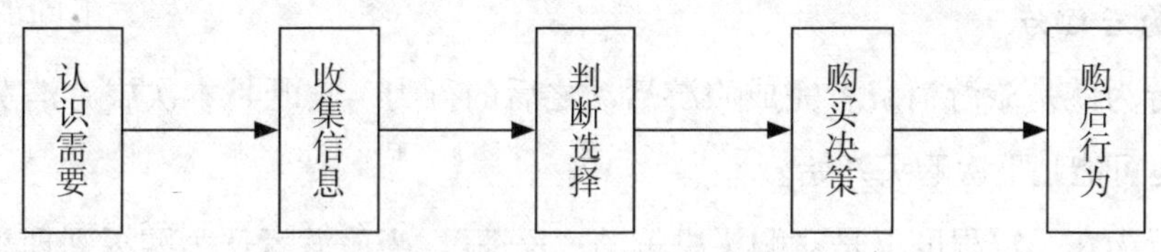

图 2-8 消费者购买决策过程

（1）认识需要

购买决策首先从认识需要开始，即旅游消费者认识到自己对旅游服务产品的需要。在这一阶段，旅游营销人员要善于识别和触发旅游消费者需要，努力唤起和强化旅游消费者的需求，并协助他们确认需要，创造需求。

（2）收集信息

旅游消费者认识到自己对某项旅游产品的需求后，就会对所需对象产生兴趣，因而有意识地去收集相关信息，以加深认识。旅游消费者的信息来源渠道一般包括以下几个方面：

①商业来源。即通过广告、销售人员的推销、旅游产品陈列或展示会等，这类信息获取量最多。

②个人来源。即通过旅游消费者的亲友、邻居、同事、同学及熟人等获取，个人来源对旅游消费者的购买决策影响最大。

③大众来源。即通过大众传播媒体如电视、广播、报刊等，或通过一些专家学者的评论等各种报道获得，这类信息具有一定的客观性和权威性。

④经验来源。即旅游消费者通过自身的实际体验和经历等获取的信息。这些信息对旅游消费者最终决策起决定性作用。

（3）判断选择

旅游消费者在收集到信息的基础上，对能满足需要的各种方案会进行比较和评估。判断选择的过程就是旅游消费者对其购买对象不断缩小范围，购买对象概念不断清晰化的过程。

（4）购买决策

旅游消费者通过对信息、资料、可选方案进行比较评估后，初步产生购买意图，如果没有其他因素或信息的干扰，购买决策过程即可完成。但实际中往往会受到某些因素的影响使购买行为不能实现。如旅游消费者周围相关群体的异议或其他建议，一些不可预知的突发事件都可能使决策终止。旅游企业应尽量完善自身的产品和服务，消除旅游消费者购买决策中的障碍。

（5）购后行为

购后行为就是旅游消费者完成旅游活动之后的行为，它既是本次旅游消费活动的结束，同时也可能是下次购买开始。

购后行为在一定程度上是对购买决策的“反馈”。当旅游者认为购买到理想的旅游服务产品时，就会认可接受该产品，会对产品进行口碑宣传或重复购买等；反之，如果不满意其服务与质量，将可能会转而选择其他的旅游产品，如果极其不满意，甚至会阻止相关群体去购买。旅游营销人员必须注意采取有效措施增加旅游消费者旅游后的满足感。旅游消费者购后的评价取决于心中对产品的期望与实际产品效果之间的对比。

【实训或练习】

案例链接

杭州“狗不理”包子店为何无人理？

杭州“狗不理”包子店是天津狗不理集团在杭州开设的分店，地处商业黄金地段。正宗的狗不理以其鲜明的特色（薄皮、水馅、滋味鲜美、咬一口汁水横流）而享誉神州。但正当杭州南方大酒店创下日销包子万余只的纪录时，杭州的“狗不理”包子店却将楼下三分之一的营业面积租让给服装企业，依然“门前冷落车马稀”。

要求：试根据案例分析影响消费者购买行为的因素。

1. 利用课余时间，深入酒店、旅行社或商场，认真观察消费者购买行为和消费者的购买过程，要求完成观察分析报告或心得体会。

2. 依据你最近一次的旅游体验，谈谈旅游消费者购买决策过程。

【项目小结】

旅游市场营销环境是指影响和制约旅游企业营销活动的各种因素的总和，具体包括宏观环境和微观环境。旅游市场宏观环境是指影响旅游企业营销活动的社会性因素，包括政治法律因素、社会文化因素、经济因素、人口因素、自然因素、技术因素等。旅游市场微观环境是指与旅游企业营销活动有关的组织和个人，包括购买者、中间商、竞争者、社会公众、旅游企业等。

旅游市场营销环境的客观性、动态性、不可控性，决定了旅游企业不可能去创造、改变营销环境，而只能主动地适应环境、利用环境。旅游企业必须运用科学的分析方法，加强对营销环境的监测与分析，随时掌握其发展趋势。在对营销环境分析中，SWOT 分析法是旅游企业广泛应用的一种机会—风险分析方法。SWOT分析法就是企业在选择战略时，对企业内部的优势与劣势和外部环境的机会与风险进行综合分析，据以对备选战略方案做出系统评价。

旅游消费者是旅游活动的主体，旅游企业要了解影响旅游消费者购买行为的因素和旅游购买决策过程，才能有的放矢地引导旅游消费者实现购买行为，才能在营销活动中取得成功。影响旅游消费者购买行为的因素主要有社会因素、文化因素、个人因素和心理因素。旅游消费者的购买决策过程一般可分为确认需要、收集信息、判断选择、购买决策及购后行为五个阶段。

项目三　调研旅游市场

教学目标

※ 能力目标

1. 会编制旅游市场调查方案；
2. 会进行旅游市场实地调研；
3. 会撰写旅游市场调研报告。

※ 知识目标

1. 了解旅游市场调研的概念、方法；
2. 熟悉旅游市场营销调研的过程；
3. 掌握市场调查问卷的设计方法；
4. 掌握旅游市场调研报告的内容。

※ 素质目标

1. 学生具有诚实、守信、公正、积极主动、富有创造性的旅游市场营销职业态度；
2. 学生具有严谨细致、沉着冷静、遵规守矩、实事求是、服务耐心、讲求效率和效益的旅游职业工作作风；
3. 学生具有遵纪守法、保守机密、清正廉洁和自警自律的旅游职业纪律；
4. 学生具备较强的旅游企业团队协作精神和较高的集体观念。

任务3-1　设计调查方案

【任务引入】

桓仁县老秃顶子自然保护区生态旅游开发调查方案设计。

【任务分析】

生态旅游作为一种新的旅游形态，已经成为国际上近年来新兴的热点旅游项目，以认识自然、欣赏自然、保护自然、不破坏其生态平衡为基础的生态旅游，具有观光、度假、休养、科学考察、探险和科普教育等多种功能。生态旅游作为一种理想的形式，已在我国取得了一些进展，并成为许多地方和部门规划中不可缺少的项目。开发一种“可持续发展”的旅游业形式，将经济效益、生态效益和社会效益三者结合起来，对于避免急功近利的发展模式具有重要意义。所以，如何对旅游景区进行生态旅游的开发是旅游业生存与发展急需认真研究和解决的问题。

本任务是老秃顶子自然保护区的生态旅游开发，老秃顶子自然保护区位于辽宁省本溪市桓仁满族自治县，拥有汉、满、朝鲜、回等 14 个民族。本文研究的老秃顶子国家级自然保护区就位于桓仁、新宾两县交界处的八里甸子、木盂子、铧尖子、平顶山四个乡镇境内，老秃顶子自然保护区具备开发森林生态旅游丰富的资料基础，存在原始森林生态系统，本区为长白山系龙岗支脉向西南的延续部分，老秃顶子是辽宁第一峰。由于保护区地处长白山和华北两大植物区系的交会地带，生物区系具有过渡性特征，是我国长白山植物区种红松分布的最南限和华北系种油松分布的最北限，并保存了较为完整的植物垂直分布带谱。本区野生动物植物资源十分丰富，列为国家重点保护动物的有紫貂、金雕、水獭、黑熊、花尾榛鸡等 21 种；野生植物有 232 科、1788 种，其中国家重点保护的野生植物有人参、双蕊兰、紫杉等 17 种，并有一些当地特有种和国内新纪录种在保护区内被发现，本区还是辽河的发源地和鸭绿江的重要源头之一，为重要的水源涵养林区。

研究老秃顶子自然保护区的合理开发，不仅对于保护和研究生物多样性具有重要意义，而且对于涵养水源、保护生态环境以及促进当地的经济效益、社会效益和生态效益的发展也具有非常重要的意义。

【任务实施】

根据已经确定的调研主题制定调研计划，主要包括以下几个方面：

1. 旅游市场调研项目：老秃顶子自然保护区生态旅游开发

2. 调研区域：老秃顶子自然保护区

3. 调研时间：2021 年 5 月—2022 年 12 月

4. 调研目的：研究老秃顶子自然保护区的合理开发

5. 负责人：× × ×

6. 调研内容：老秃顶子自然保护区基本情况

（1）地理位置与范围

辽宁老秃顶子国家级自然保护区位于辽宁东部桓仁、新宾两县交界处的八里甸子、木盂子、铧尖子、平顶山四个乡镇境内。管理局局址距桓仁县城 56km，距本溪市 144km。地理坐标为东经 124° 41′ 13″ —125° 5′ 15″，北纬 41° 11′ 11″ —41° 21′ 34″。规划总面积 15217.3hm²，其中核心区 2800.2hm²，缓冲区 9505.6hm²，实验区 2911.5hm²。

（2）人口数量与民族组成

桓仁满族自治县面积 3547km²，下辖 1 个街道办事处、8 个镇、4 个乡。2021 年末，全县人口 282726 人，其中老秃顶子自然保护区是由八里甸子、木盂子、铧尖子和平顶山四个乡镇组成，拥有汉族、满族、朝鲜族、回族等 14 个民族，是个多民族和睦相处、民风淳朴的少数民族县级自治区域——满族自治县。

（3）保护区类型

老秃顶子自然保护区保护森林生态系统的完整；保护生物多样性；保护丰富的物种基因；保护珍稀濒危野生动植物物种；保护辽宁省的重要水资源基地。依据《自然保护区类型与级别划分标准》（GB/T14529-93），老秃顶子自然保护区属“自然生态系统类”的“森林生态系统类型”及“野生生物类”的“野生动植物类型”的自然保护区。

（4）保护区的旅游资源

①野生动植物资源丰富

②中山植被垂直分布带

③ 野生物种十分丰富

④多种多样的自然人文景观

⑤重要的水资源基地

⑥重要的科研教学基地

⑦生态农业旅游资源

⑧民俗文化生态旅游资源

⑨神话传说与历史掌故

7. 调研方法：实地调查

8. 调研进度：2021—2022

9. 调研经费预算：2 万元

10. 参与调研人员

11. 其他考虑因素

12. 审核意见

案例链接

徐州旅游市场调研计划书

一、前言

随着旅游业的蓬勃发展及其在旅游地经济中作用的日益增强，如何造就高度满意的忠诚旅游者，打造特色的核心旅游品牌，保证稳定的客源，成为各旅游地关注的焦点。由于旅游产品和其他服务产品一样，具有无形性和不可转移性的特点，它的生产和消费过程是同时发生的，因此旅游业更多的是在营销“经历”。若旅游地希望消费者为自己作良好的口头宣传，就必须为他们创造良好的旅游经历。徐州市要进一步挖掘其旅游潜力，有针对性地满足旅客需求，就必须对旅游者的旅游动机、特征、效果等进行调查。

二、调研目的

1. 了解徐州客源市场状况、需求特点，分析徐州作为旅游目的地如何满足旅游市场需求。

2. 找出徐州旅游开发过程中存在的不足，提出具体的针对性措施，为徐州整体旅游开发与规划做贡献。

3. 为徐州旅游企业在日益激烈的市场竞争中塑造核心竞争力提供参考性的依据与可行性的建议。

三、调研内容

1. 旅游动机：影响旅游动机的因素；旅游动机类型。

2. 旅游者的特征：旅游消费特征；旅游者构成特征。

3. 旅游效果：旅游业形象；旅客期望；旅游质量感知；旅游价值感知；旅客满意度；旅客忠诚度。

四、调查对象及抽样

1. 调查对象组成：旅游者 300 人；旅行社 3 家（国有 1 家，私营 2 家）；旅游饭店 2 家（五星级 1 家，三星级 1 家）；旅游景区 4 处；旅游管理机构 1 处。

2. 旅游者样本要求：家庭成员中没有人在旅游企业或单位工作；家庭成员没有人在市场调查公司工作；家庭成员没有人从事传媒职业；家庭成员没有人在最近半年中接受过类似产品的市场调查测试。

五、市场调查方法

采用问卷调查与访谈相结合进行调查。

1. 问卷设计思路

（1）问卷结构主要分为说明部分、甄别部分、主体部分、个人资料部分。同时问卷还包括访问员记录、被访者记录等。

（2）问卷形式采取开放性和封闭性相结合的方式。

（3）问题结构上采取分制评价量表、自由选择、强制性选择、偏差选择、自由问答等几种方式。

（4）问卷逻辑采取思路连续法，按照被调查者思考问题和产品了解程度来设计。

（5）主要问题的构想，如您来徐州旅游的主要目的（观光、度假、商务、购物、探亲、其他）。

2. 访员要求：仪表端正、大方；举止谈吐得体，态度亲切、热情，具有把握谈话气氛的能力；经过专门的市场调查培训，专业素质较好；具有市场调查访谈经验；具有认真负责、积极的工作精神及职业热情。

六、市场调查程序及安排

1. 准备阶段（2 天）选题，与指导老师沟通，内部分组；确定每小组具体任务；收集、分析及整理资料。

2. 计划阶段（3 天）制定计划及问卷；审定计划及问卷；确认修正计划及问答；计划及问卷展示。

3. 实施阶段（7 天）访员分配；实施执行（问卷确认后第四天执行）。

4. 研究分析（4 天）数据输入处理；数据研究分析；总结规律。

5. 报告阶段（3 天）报告书写；成果汇报。

七、经费预算（略）

【考核评价】

表 3–1　旅游市场调查方案设计考核评价表

考核类型	评价项目	评价要点	得分	满分
成果考核	任务计划	任务分解与人员任务安排合理	2	12
		时间进度安排可行	2	
		地点选择与环境布置符合任务氛围	2	
		物料使用考虑全面	2	
		资金预算合理	2	
		能预计困难并提出应对措施	2	
	任务执行	调研项目选择有现实意义，能针对企业存在的问题，可行度高	2	50
		调研区域在可行范围内，并且覆盖项目被调研人群	3	

续表

考核类型	评价项目	评价要点	得分	满分
成果考核	任务执行	调研内容围绕调研目的展开；内容表述清晰、全面、有条理	10	50
		所选调研方法可行，易操作；抽样技术选择可靠度高，易操作	5	
		调研进度安排合理、详细、具体	10	
		预算项目完整无遗漏；预算合理	5	
		对调研时可能发生的意外情况准备充足	5	
		任务执行过程中能按照时间进度、人员分工、经费预算等控制实施进度	5	
		任务执行中与相关各方沟通顺畅，培养团队精神	5	
	任务总结	任务失误原因分析准确	3	6
		纠正失误措施明确	3	
过程考核	情境训练个人表现	积极参加情境模拟训练、认真完成实地调查任务，课堂参与度高	6	6
	个人课堂活动表现	积极主动发言，学习态度端正	3	6
		无迟到、早退、旷课现象，课堂出勤良好	3	
	团队任务活动表现	任务分工明确、团队合作能力强	5	20
		任务实施中能及时处理问题、协调沟通顺畅	5	
		团队积极乐观、勇于挑战，能主动完成调研设计任务	5	
		方案设计新颖，团队创新能力强	5	

【归纳总结】

此任务训练结束后，应根据学生的任务实施情况进行点评、总结，通过此项任务的训练使同学们掌握调查方案包括的内容，会制定合理适用的市场调查方案。

【相关知识】

1. 调研目的

做市场调研，必须根据企业或者其他相关部门的需要来确定调研的目标。他们的需要通常来源于企业在经营管理过程当中存在的问题。首先明确调研过程就像大海捞针。良好的问题确定过程会使调研所得的信息成为真正有价值的决策依据，并能节约成本。

确定旅游市场调研目标可以按三个步骤进行：提出可能存在的问题—进行分析—确

定要解决的问题，形成调研目标。下面主要介绍可能存在的问题以及分析得出调研目的的方法。

（1）可能存在的问题

企业运营中可能存在的问题方方面面，常见的主要有：

①旅游市场的特点是什么？如何进行市场细分？如何确定新的目标市场？该目标市场中旅游消费者的偏好、购买行为和对不同销售方式的态度如何？目标市场的发展潜力如何？

②旅游企业产品与服务的销售情况及趋势如何？

③市场竞争态势如何？本企业在某个细分市场上是否具有竞争优势？

④即将推出或者刚刚推出的新产品在市场上将会引起什么样的反响？

⑤旅游产品的销售效果如何？

⑥旅游产品的价格是否合适？

⑦旅游企业的促销效果如何？

（2）分析调研目的的方法

分析可能存在的问题，归纳调研目的有很多方法，如：

①查阅旅游企业内部销售、财务、经营记录和报告。

②仔细分析成本变化的过程。

③有目的地与熟悉情况的经营人员交谈，组织有关人员进行讨论。

④仔细地观察和研究最成功、效率最高的旅游企业所采用的程序和技术。

⑤查阅公开发表的有关资料。

⑥核对清单。

⑦与决策者沟通。

⑧请教行业专家。

2. 调研内容

根据调研目的说明旅游市场调研的主要内容，规定需要获取的信息，列出主要调研问题和有关的假设，明确调研范围和对象。一般而言，主要的调研问题有以下 6 个方面：

（1）市场研究

包括商业趋势研究；区域市场、国内市场和国际市场的潜在需求量研究，地区分布及特性、市场占有率分析等。

（2）消费者研究

包括消费者的购买动机、购买行为研究；消费者对产品的满意程度、对品牌的偏好程度以及细分市场的分析等。

（3）产品研究

包括现有产品的改良，竞争产品的对比研究；新产品的开发、品牌名称的设计、包括设计研究等。

（4）价格研究

包括价格弹性、竞争产品价格研究；成本、利润分析及需求分析等。

（5）分销渠道研究

包括现有分销渠道的业绩分析；营销辐射区域研究及最佳分销渠道建设研究等。

（6）促销研究

包括促销手段研究；媒体选择、促销效果分析；企业形象研究；竞争对手的促销手段分析；销售人员报酬、销售配额及地区结构研究等。

3. 调研方法

（1）观察法

观察法是指由旅游调查人员到各种现场进行观察和记录的一种市场调查方法。常用的观察法有两种：一种是人员观察，指调研人员从侧面观察人们的行为，系统地记载某种行为发生的频率、地点和时间的方法。例如，调研人员可观察、记录每位顾客在总台需等待多久才能办理登记手续。人员观察的缺点是容易引起被观察对象的注意，从而使其改变自己的行为方式，这样就会失去观察的意义，但成本较低。二是器械观察，指调研人员通过使用录音机、摄像机、照相机、电视机等设备观察对象的行为的方法。器械观察一般不会引起被观察对象的注意，也可以避免观察人员的主观片面性。器械观察的缺点是费用较高，有时候也会引起顾客的反感，另外，观察法只能观察到事实的发生，观察不到行为的内在因素，如感情、态度等，因此一般与其他方法结合使用。

（2）询问法

询问调查法是调查人员与被调查者直接接触的实地调查方法。旅游市场调查人员通过将事先拟定好的调查问题以各种方式向被调查者提出询问，通过其回答获取所需资料。为了方便调查人员收集资料与整理资料，事先拟定的问题一般以调查问卷的形式出现，所以调查问卷的设计直接影响调查的效果。

询问调查法一般分为以下 4 种：

①访谈法。由调查人员访问被调查者，根据调查提纲进行提问。有个人访谈、小组访谈、会议访谈等方式。采用这种方法，调查人员可以依据被调查者的具体情况，灵活决定谈话的方式、内容及时间，并有助于消除被调查者的疑虑，建立融洽的访谈气氛，因而效果好、质量高。但是，这种方法费时间、费用也比较高，又容易受调查人员素质的影响，管理操作比较困难。

②邮寄法。调查人员将设计好的调查问卷通过各种媒介（如邮寄、电子邮件、报刊等）传递给被调查者，请其填写后寄回。这种方法调查内容比较多，被调查者也有时间认真考虑，但这种调查的回收率低、信息反馈时间长，从表格中也很难判断被调查者回答的真实性。

③留置法。这种方式是调查人员在访问过程中留下调查问卷，让被调查者自由填写，过后再回收。这种方法可以避免访谈法时间比较短、问题比较简单的缺点，也避免了邮寄法回收率低的不足；但是费时间，成本高。

④电话法。由调查人员通过电话向被调查者直接征询意见。这种方法的优点是信息反馈快，费用比较低，但是，问题不可能太多，也无法深入交谈。

（3）**文案法**

文案法即通过收集各种历史和现实的动态统计资料，从中获取与市场调查有关的信息，再进行统计分析的调查活动。文案调查是收集已经加工过的文案，而不是对原始资料的收集。文案调查所收集的资料包括动态和静态两个方面，尤其偏重于从动态角度，收集各种反映调查对象变化的历史与现实资料。一般而言，统计数据的收集相对快捷，成本较低。

（4）**实验法**

实验法是指根据调查对象来选择影响其变化的几个主要因素，然后依次改变每个因素的数值来判断它们对调查对象是否有影响以及影响程度。例如，对在饭店中提高客房小冰箱内商品的价格是否会影响客房出租率的问题，就可以采用实验的方法得到答案。

4. 调研抽样技术

理论上讲，采用普查的方法能获得最准确、最有价值的调查结果，但是普查具有成本高、耗时长、工作量大等缺点，所以旅游企业一般采用抽样调查。要进行抽样调查，市场调查人员必须设计出抽样方案，即确定抽样单位、样本规模和抽样程序。

抽样单位是商务客人或者度假客人，还是两者兼有？一旦确定了抽样单位，就必须确定抽样的范围，使得目标总体中所有样本被抽中的机会是均等的或是已知的。

样本规模是指调查多少客人的问题。是调查 1000 名客人还是 100 名客人，大规模样本比小规模样本的结果更可靠，但是没有必要为了得到完全可靠的结果而调查整个或大部分目标总体。如果抽样程序正确的话，不到总体 1% 的样本就能提供可靠的结果。

抽样程序是指如何选择答卷人的问题。为了得到完全可靠的信息，应采用正确的抽样程序：确定样本的总体→确定样本的范围→选择抽样的方法→确定样本的大小→指导样本单位的识别和选择。

抽样方法主要有概率抽样和非概率抽样两种。表 3–2 分别描述了三种概率抽样和三种非概率抽样。

表 3-2　抽样类型表

概率抽样	简单随机抽样	总体中的每个成员都有一致的或均等的被抽中的机会
	分层随机抽样	将总体分成不重叠的组，在每组内随机抽样
	整群抽样	将总体分成不重叠的组，随机抽取若干组
非概率抽样	随意抽样	选择总体中最易接触的人来获取信息
	估计抽样	估计选择总体中可能提供准确信息的成员进行调查
	定额抽样	按若干分类标准确定每类规模，然后按比例在每类中选择特定数量的成员进行调查

5. 调研进度

调研进度是将每一个调研步骤所需的时间详细地列出。由于市场是瞬息万变的，故调研计划要有一定的弹性，但不能将时间拖得太长。

6. 经费预算

旅游市场调研可能发生的费用主要包括：资料收集、复印费；问卷设计、印刷费；实地调查劳务费；数据输入、统计劳务费；计算机数据处理费；报告撰稿费；打印、装订费；组织管理费等。每次调研要求的程度不一样，价格可能会有很大出入。表 3-3 是某市场调研的典型报价单，其费用构成比例如图 3-1 所示。

表 3-3　某市场调研典型报价单（500 样本单位，100 元单位样本）

项目序号	项目名称	项目费用 / 元	备注
1	问卷设计	2000	
2	问卷印刷	1000	
3	访问员培训	2000	40 人 ×50 元 / 人
4	试调查	2500	50 样本 ×50 元 / 样本
5	访问员劳务支出	7500	500 样本 ×15 元 / 样本
6	访问礼品支出	10000	500 样本 ×20 元 / 样本
7	调研差旅费	5000	督导与巡查差旅费
8	问卷回收处理	1000	500 样本 ×2 元 / 样本
9	数据处理	8000	程序设计数据分析
10	调研报告撰写	4000	
11	报告打印与装订	2000	文字排版，5 份装订
12	项目利润	5000	税金与利润

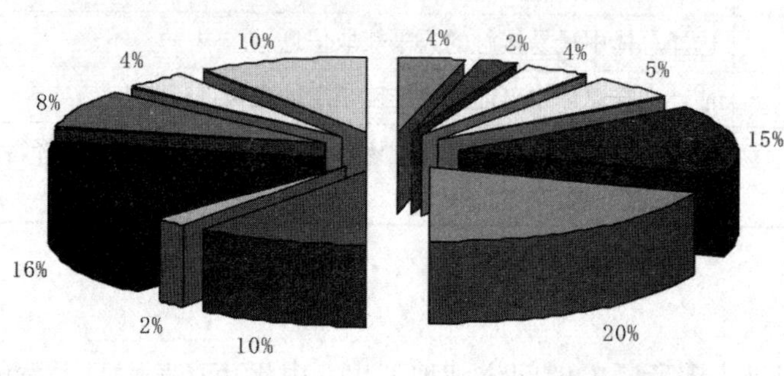

图 3-1　项目费用构成图

【实训或练习】

1. 请根据所获得的信息，与你的团队成员讨论填制调研计划表格的工作计划。

要点：该旅游企业存在什么问题？是否需要进行市场调研？

你的团队更容易把握什么调研方法？

还需要哪些方面的资料？

完成本项目的工作时间应如何分配？小组成员如何分工？

各项工作在哪些地点进行？

完成各项工作是否需要资金支持？

如何能更节约地做好这次调研？

可能会碰到哪些困难？如何预防及应对？

2. 请根据提供的旅游市场调研计划表格制作调研计划。

要点：调研目标清晰吗？

调研所花时间安排是否合理？

调研人员安排是否合理？

能解释清楚调研经费的用途吗？

工作任务执行过程中能否控制进度按照计划实施？

任务执行中能否控制成本？

保证任务质量的措施是否得当？

团队执行任务过程中与各方面沟通是否顺畅？冲突是如何解决的？

在任务执行过程中团队效率是否有所提高？

任务3-2　旅游产品实地调查

【任务引入】

根据调研计划安排实施旅游市场调研工作。

【任务分析】

根据调研方案，此任务主要是调研老秃顶子自然保护区的旅游资源，根据现有旅游资源进行生态旅游开发，可以采用面谈、调查问卷和实地调查的方式。

【任务实施】

步骤一　确定调查方法

针对实际情况可采用调查问卷和面谈的调查方法。

步骤二　面谈

深入老秃顶子自然保护区管理处，通过面对面座谈的形式获取第一手资料。面谈需要明确座谈的目的、甄别参加者、确定主持人、准备座谈提纲、进行现场布置、实施和控制座谈现场、分析总结。

老秃顶子自然保护区访谈提纲

日期：　月　日　　NO.

旅行社名称：

访谈时间：　时　分至　时　分　访谈地点：

访谈对象：　　　　访谈方式：面谈

您好！我们是老秃顶子自然保护区生态旅游开发项目的调研小组，此次拜访主要是想了解在该地区游客的旅游需求以及生态旅游市场的现状，以便我们能够根据消费者的需求来设计产品，开辟消费者普遍接受的生态旅游线路。首先对您接受我们的访谈表示感谢，接下来咱们就几个话题沟通一下。

1. 首先想请问一下保护区的主要经营战略？

2. 先开发了哪些旅游景点？价格是多少？游客对其价格的反应如何？

3. 是否有季节特点？主要客源是怎么分布的？

4. 旅游资源有哪些？是否有不可开发的资源？

5. 您认为生态旅游市场的前景如何？游客在选择旅游的时候会关注哪些因素？

6. 保护区周边的配套设施是否完善？

结束语：再次感谢您的支持和配合。

备注：除以上基本问题外，还必须记录补充及在交谈中涉及的关键点，尽量使用原话记录或标注，访谈后必须及时将访谈对象的意思阐述清楚。

步骤三　采用调查问卷方式调查旅游者

根据调研方案中确定的调研目的及教研内容，设计调研问卷。

案例链接

市民生态游活动调查问卷（总卷）

访 问 员：　　　复 核 者：　　　访问日期：　年　月　日

开始时间：　　　结束时间：　　　历　　时：　　分钟

被 访 者：　　　住　　址：　区　街道/路　号　室

（填写本表时，除少数题目外，只需在相应的答案编号上画 O 即可）

您好！我们正在进行一项市民生态游活动意向的调查，希望能得到您的支持。谢谢！

S1：您在 ×× 居住有多少年了？（单选）

1 年以内（结束访问）

1 年以上（继续）

S2：您或您的家人有无在生态旅游行业工作？（单选）

有（凡答案涉及景点单位者，结束访问）

无（继续访问）

S3：您的实际年龄：（见 Question−6）（单选）

主要问题：

Q1. 您喜欢旅游场所的类型？（复选）

（1）海滩型自然场所　（2）博物馆型历史场所　（3）森林型生态场所

（4）自然景观型生态场所　（5）古堡型文物场所　（6）其他

Q2. 您一般尝试的旅游方式？

（1）跟团　（2）独自上路　（3）家庭旅行　（4）与朋友搭伴　（5）其他

Q3. 出去旅游比较倾向于住哪种宾馆？

（1）四星级　（2）三星级　　　（3）快捷酒店　　（4）普通旅馆

Q4. 您如果选择省内游，一般会选择几日的旅游？

（1）1 日　　（2）2 日　　　（3）3 日　　　（4）4 日或以上

被访者背景资料：

Q5. 性别：01 男　　02 女

姓名：

联系电话：

Q6. 实际年龄：

（1）15~19 岁　　（2）20~24 岁　　（3）25~34 岁　　（4）35~44 岁

（5）45~54 岁　　（6）55 岁以上

Q7. 职业：

（1）工人　　　（2）商业服务者　　（3）企业、公司职员　　（4）公务员

（5）中层干部　（6）领导干部　　（7）教师　　　　　　（8）军人警察

（9）科技人员 / 工程师 / 会计师（中级职称者）　　　（10）个体户

（11）学生　　（12）待业 / 下岗人员　　　　　　　　（13）其他

Q8. 您的婚姻状况：

（1）已婚有小孩　小孩　周岁　　（2）已婚无小孩　　（3）未婚 / 无配偶

Q9. 与您住在一起的家庭成员状况是：

（1）三代同堂　（2）配偶和子女　（3）只有配偶　（4）独身

（5）只有孩子

Q10. 家庭月总收入：

（1）1000 元以下　　（2）1000~2000 元　（3）2000~3000 元

（4）3000~5000 元　（5）5000~8000 元　（6）8000 元以上

请您根据自己以前的旅游经验，评价下列每项内容对您旅游活动的推动作用程度。作用程度分 4 个等级，每个题目中只能选出 1 个答案，并在该答案上打√。

1. 欣赏美丽的自然风光。

（1）非常大　　（2）比较大　　（3）不太大　　（4）非常小

2. 探访祖辈或父辈生活过的地方。

（1）非常大　　（2）比较大　　（3）不太大　　（4）非常小

3. 拥有一个不用在乎周围人评价、无拘无束的环境。

（1）非常大　　（2）比较大　　（3）不太大　　（4）非常小

4. 锻炼身体，增强体质。

（1）非常大　　（2）比较大　　（3）不太大　　（4）非常小

5. 别人都去旅游，所以我也去。

（1）非常大　　（2）比较大　　（3）不太大　　（4）非常小

6. 购买有特色的商品（如住地没有、便宜、新奇等）

（1）非常大　　（2）比较大　　（3）不太大　　（4）非常小

7. 旅游使我比别人显得更有生活情趣。

（1）非常大　　（2）比较大　　（3）不太大　　（4）非常小

8. 忘掉生活中让人不高兴的人和事。

（1）非常大　　（2）比较大　　（3）不太大　　（4）非常小

9. 品尝各地的风味小吃。

（1）非常大　　（2）比较大　　（3）不太大　　（4）非常小

10. 了解异地他乡的风土人情。

（1）非常大　　（2）比较大　　（3）不太大　　（4）非常小

11. 获得更丰富的生活乐趣。

（1）非常大　　（2）比较大　　（3）不太大　　（4）非常小

12. 暂时摆脱生活、工作或学习的压力。

（1）非常大　　（2）比较大　　（3）不太大　　（4）非常小

13. 回归自然。

（1）非常大　　（2）比较大　　（3）不太大　　（4）非常小

14. 祭拜历代圣贤，体验民族传统精神。

（1）非常大　　（2）比较大　　（3）不太大　　（4）非常小

15. 了解民间传说或神话故事发生的地方。

（1）非常大　　（2）比较大　　（3）不太大　　（4）非常小

16. 家人或朋友要去旅游，我只好奉陪。

（1）非常大　　（2）比较大　　（3）不太大　　（4）非常小

步骤四　数据统计分析

根据访谈和调查问卷收集的信息进行统计分析，为生态旅游市场开发与销售提供决策依据。

【考核评价】

表 3–4　旅游市场实地调查考核评价表

<table>
<tr><th>考核类型</th><th>评价项目</th><th>评价要点</th><th>得分</th><th>满分</th></tr>
<tr><td rowspan="22">成果考核</td><td rowspan="6">任务计划</td><td>任务分解与人员任务安排合理</td><td>2</td><td rowspan="6">12</td></tr>
<tr><td>时间进度安排可行</td><td>2</td></tr>
<tr><td>地点选择与环境布置符合任务氛围</td><td>2</td></tr>
<tr><td>物料使用考虑全面</td><td>2</td></tr>
<tr><td>资金预算合理</td><td>2</td></tr>
<tr><td>能预计困难并提出应对措施</td><td>2</td></tr>
<tr><td rowspan="7">任务执行</td><td>实地调研人员分工合理，准备工作到位</td><td>5</td><td rowspan="7">50</td></tr>
<tr><td>接近被调查者仪态大方，有礼貌，有眼神的交流，有必要的肢体语言辅助沟通</td><td>5</td></tr>
<tr><td>问卷设计合理，能流利回答被调查者对问卷的疑问，记录规范</td><td>15</td></tr>
<tr><td>能灵活、得体地处理调研现场遇到的各种突发问题</td><td>5</td></tr>
<tr><td>二手资料收集内容详实，有据可依，对调研目的有一定支撑作用</td><td>10</td></tr>
<tr><td>任务执行过程中能按照时间进度、人员分工、经费预算等控制实施进度</td><td>5</td></tr>
<tr><td>任务执行中与相关各方沟通顺畅，培养了团队精神</td><td>5</td></tr>
<tr><td rowspan="2">任务总结</td><td>任务失误原因分析准确</td><td>3</td><td rowspan="2">6</td></tr>
<tr><td>纠正失误措施明确</td><td>3</td></tr>
<tr><td>情境训练个人表现</td><td>积极参加情境模拟训练、认真完成实地调查任务，课堂参与度高</td><td>6</td><td>6</td></tr>
<tr><td rowspan="2">个人课堂活动表现</td><td>积极主动发言，学习态度端正</td><td>3</td><td rowspan="2">6</td></tr>
<tr><td>无迟到、早退、旷课现象，课堂出勤良好</td><td>3</td></tr>
<tr><td rowspan="4">团队任务活动表现</td><td>任务分工明确、团队合作能力强</td><td>5</td><td rowspan="4">20</td></tr>
<tr><td>任务实施中能及时处理问题、协调沟通顺畅</td><td>5</td></tr>
<tr><td>团队积极乐观、勇于挑战，能主动完成计调接待任务</td><td>5</td></tr>
<tr><td>思路设计新颖、方法多样，团队创新能力强</td><td>5</td></tr>
</table>

【归纳总结】

通过此任务的训练，掌握调研实施的基本管理方法，能有效地进行实地调研，为下一步营销奠定基础。

【相关知识】

旅游市场调研的实施过程就是在调研计划确定之后具体开始展开资料的收集与分析的过程。根据资料来源的不同，可以分为一手资料和二手资料。一手资料是调研中观察到和记录下来或者直接询问对象所收集到的资料，是还未经过人为加工的资料；二手资料是已经为其他主体所用，已经过人为加工的各种资料。

1. 一手资料的收集与分析

（1）一手资料的收集

一手资料的收集方法见表 3–5。

表 3–5　一手资料收集方法

一手资料收集	调查	信件、电话、人员
	观察	人员、机械

调研通常要用到问卷。如果采用邮寄的方式发放问卷，回收率会比较低，而且周期比较长。可以采取附回邮信封或用答卷上门换小礼品等方式提高问卷回收率。如果调研时间较短，也不适合用该种方法。倘若用电话做问卷的方式，电话营销人员要有非常好的耐心和高超的电话沟通技巧，否则被调查者很难会合作。旅游市场调研有很多时候会用到邮寄和电话两种方法做问卷，但更多的时候是人员现场做问卷。

现场做问卷，需要市场调研人员有吃苦耐劳、实事求是的精神，平易近人的气质，灵活应变的能力，善于沟通的技巧。尤其是在旅游景区内做游客问卷，要让游览中的人停下脚步，难度是很大的，因此一定要看准时机，抓住机会。

①调研问卷的构成要素

Ⅰ. 题目：直接说明调查的主题，要求明确、简洁，具有针对性。

Ⅱ. 前言：对调查目的、意义及填表要求的说明，文字简明易懂，能引发被调查者的兴趣，消除他们的疑虑，取得其信任和支持。如果涉及个人资料，应该有隐私保护说明。

Ⅲ. 问卷主体：调查所要收集的主要信息。一般由被调查者个人信息和主要调查的问题两大部分组成。

Ⅳ. 结束语：对被调查者的合作表示感谢，记录调查人员的姓名、调查时间、调查地点等信息。

②调研问卷设计的流程

一份好的旅游市场调研问卷的设计要经过科学有序的步骤。旅游市场调研问卷设计流程如图 3–2 所示。

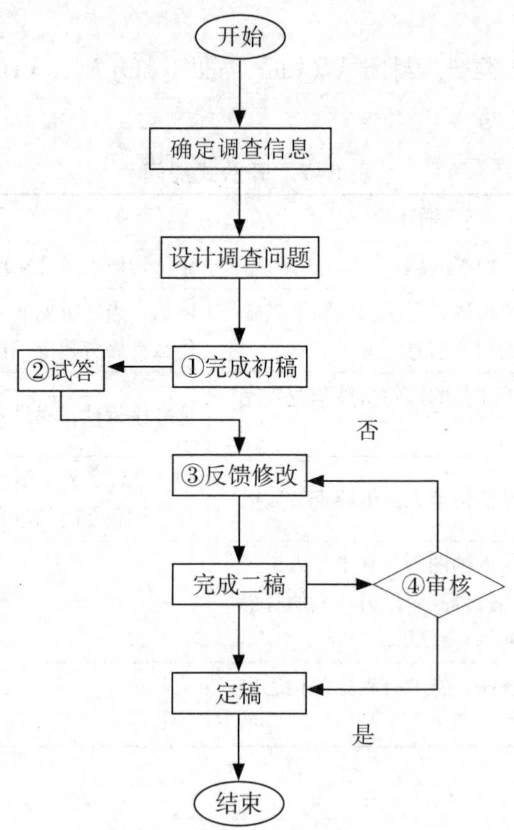

图 3-2　旅游市场调研问卷设计流程

表 3-6　封闭式提问

类型	特征	举例
二元选择	一个问题给出两个答案供选择	您以前是否去过西藏旅游？是（　）否（　）
多项选择	一个问题给出三个答案供选择	您旅游过广西以下哪几个景点？ 阳朔（　）德天瀑布（　）大明山（　） 北海（　）象州温泉（　）龙脊梯田（　） 桂平西山（　）黄姚古镇（　）姑婆山（　）
语义差别	在两个意义相反的词之间列上一些标度，由被调查者选择自己的意愿方向和程度的某一点	请问您对此次住宿的感受？（请您在同意的程度上划“√”）很满意（　）满意（　）一般（　）不太满意（　）很不满意（　）
排序	调查人员为一个问题准备若干答案，让被调查者根据自己的偏好程度定出先后顺序	请您依照您对以下 8 种旅游商品的创意性进行编号，设计最有创意的旅游商品为 1 号，依次类推。 壮族龙州天琴（　）铜鼓（　）中国结（　） 叶角匠（　）瑶族百褶裙（　）壮锦（　） 柳州棺材（　）钦州坭兴陶（　）

③提问方式

提问的方式有两种类型：封闭式（Close-end）和开放式（Open-end）（见表 3-6 和 3-7）。

表 3-7　开放式提问

类型	描述	举例
自由式	不受限制地回答问题	您认为该景区什么地方应该改进？
词组联想	列出词汇，被调查者说出或写下其脑海中涌现的相关信息	例如，当您听见下列词语时，首先想到的是什么？旅游超市、自助旅游
完成句子	列出一些不完整的语句由被调查者完成该句子	选择旅行社，我最先考虑的是（　）
完成情节	给出不完整的情节，由被调查者完成	到了漓江，看着清澈的江水，群山的倒影，我想到我儿时的故乡……请完成该情景
完成图画	给出有两个人的图画，其中一人说了一句话，由被调查者以另一人的身份完成图中对话	
主题联想	给出一幅图画，被调查者据此构思出一个情节	

④其他注意事项

Ⅰ. 文字表达准确，内容具体明确。如“您经常外出旅游吗？”就是用词不准确，因为“经常”的含义不同的人有不同的理解，回答各异，不能取得准确的信息。如改为具体的问题：“您去年外出旅游的次数是几次？”这样表达就很准确。因此，问题中应不包含“经常”“也许”“大概”等容易使人产生歧义的词汇。

Ⅱ. 避免应答者可能不明白的缩写、俗语或生僻的用语。如面对老龄市场需求调查时，使用“驴友”一词，就可能引起误会。

Ⅲ. 问卷要避免使用引导性的语句。如设计问卷时，问：“× × 旅行社的旅游产品质优价廉，您是否准备选购？”这样的问题具有很强的引导性，被调查者容易得出肯定性的结论或对问题反感，不能反映消费者真实态度和真正的购买意愿，所以产生的结论也缺乏客观性，结果可信度低。

Ⅳ. 问卷的问句设计要有艺术性，避免被调查者受到刺激而不能很好地合作。如下面两组问句：

A：您至今未出国旅游的原因是什么？

a. 没有钱　　b. 没有兴趣　　c. 不懂外语　　d. 对现有产品不满意

B：您至今未出国旅游的主要原因是什么？

a. 价格比较　　b. 对组团的旅行社不满意

c. 现有产品设计不合理　　　　　　d. 其他

显然 B 组问句更有艺术性，能使被调查者愉快地合作。而 A 组问句较易引起被调查者反感、不愿合作或导致调查结果不准确。

Ⅴ. 避免敏感性问题。涉及被调查者的心理、习惯和个人生活隐私不愿回答的问题，即使将其列入问卷也不易得到真实结果。遇到这类问题，如果实在回避不了，可列出档次区间或用简洁的方法提问。例如调查个人收入，如果直接询问，不易得到准确结果，而划分出不同的档次区间供其选择，效果就比较好。

Ⅵ. 避免误差性问题。比如由于时间久而回忆不起来或回忆不准确的问题就没有必要设计到问卷中。

观察法收集资料可以是人员观察也可以是机械观察，而机械观察通常只是为人员观察作辅助。值得一提的是，一手资料收集的方法并不是单一的，通常是多种方法的结合。如焦点座谈，作为定性调研中最常用的方法，它具有以下特点：比一对一的面谈更容易发现新概念、新创意，因为被访者的发言能互相激励、互相启发；提供了较好的访者言行的机会，如通过单向镜或监视器，从而使不同的观察者都能发现自己要的信息，节省大量时间，且了解到的信息层次更深。在进行这种焦点座谈的时候，就要用到多种调研技术、方法和仪器，如量表技术、观察方法、单向镜、监视器等。焦点座谈的步骤：甄别参与者、确定主持人、准备座谈提纲、进行现场布置、实施和控制座谈现场、分析总结报告等。

（2）一手资料的分析

收集到的一手资料数量众多、内容繁杂，只有经过分析、总结，才能成为有用的信息。一手资料的分析最重要的是对数据的统计与分析。可以采用人工进行统计分析，但现在更多的是采用统计软件进行分析，如 SPSS 软件。只需要将数据输入电脑，该软件就能进行频率分布、平均值、标准差、方差等的计算，还能进行关联度分析、可信度分析等，如图 3–3 所示。同时，帮助有关人员回答以下类似问题：

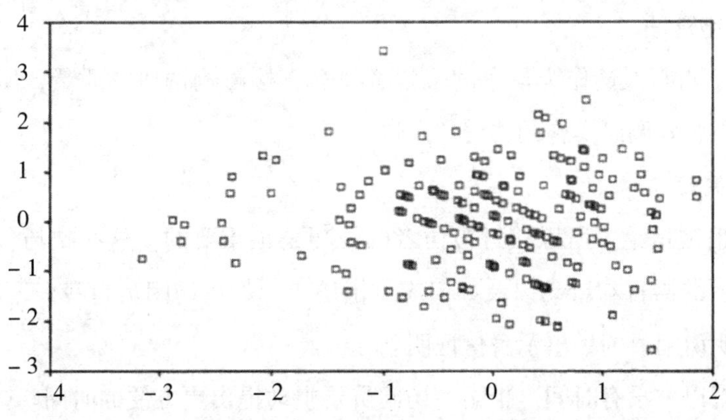

图 3–3　某调研的标准化预测值与标准化残差散点图

①影响旅游企业销售的主要因素有哪些？各因素的影响有多大？

②如果价格上涨10%的同时广告经费增加25%，旅游企业营业额如何变化？

③人们购买某项旅游产品和服务主要是受哪些因素影响？如何才能有效地刺激他们的需求？

④哪些新产品会受到哪些旅游者的欢迎？我们应该主要在哪个目标市场重点推出哪种新产品？

2. 二手资料的收集与分析

（1）二手资料的收集

二手资料的收集可以按照调研计划的分工，安排调研人员从不同的渠道进行。二手资料主要的来源有以下几方面：

①旅游企业内部积累的各种资料，如旅游报刊以及一些内部文件。

②国家机关公布的国民经济发展计划、统计资料、政策、法规及一些内部资料等。

③旅游行业协会和其他旅游组织提供的资料，或旅游研究机构、旅游专业情报机构和咨询机构提供的市场情报和研究结果。

④旅游企业之间交流的有关资料。

⑤国内外公开出版物，如报纸、杂志、书籍和图书报刊等刊登的新闻、报道、消息、评论以及调查报告。

⑥互联网资料搜索。

（2）二手资料的分析

二手资料的分析主要是对收集来的信息进行筛选。对于定量的二手信息的运用主要表现在进行市场预测上，因为做市场预测需要大量的历史数据，这样才能运用回归分析预测法、时间序列法等进行演算；对定性的二手信息的分析主要是一个总结的过程。在这个过程当中一定要多询问其他人的意见，如领导、专家、同行等，从而得出正确的结论。

3. 调研实施管理

在调研中，调研人员作为信息的采集者，会直接影响调研的质量，所以调研人员的培训和管理，是有效调研实施的关键“穴道”。

（1）接近被访者

做访问很怕被拒绝，所以接近被访者的技巧是很重要的。这些技巧包括自我介绍时的神态，见面后的语言和行动以及如何应付拒访等。如：访问员自我介绍时，应该快乐、自信，如实表明访问目的，出示身份证明。

如果被访者以“没有时间”拒访，访问员要主动提出更方便的时间。

如果被访者声称自己“不合适”或者“不了解”，访问员可以告诉被访者：“我们不是访问专家，调研的目的是让每个人有阐明自己看法的机会，所以你的看法对我们很重要。”

（2）保持中立

访问员在访问实施过程中应该保持中立。访问员惊奇的表情、对某个回答的赞同态度都会影响被访者。

访问员在访问中，除了表示出礼节性兴趣外，不要做出任何其他反应。即使对方提问，访问员也不能说出自己的观点，要向被访者解释，他们的观点才是真正有用的。

（3）避免干扰

理想的访问应该在没有第三者的环境下进行，但访问员总会受到各种干扰，所以要有控制环境的技巧。如果访问时，有其他人插话，应该有礼貌地说：“你的观点很对，我希望待会儿请教你，但此时，我只对被访者的观点感兴趣。”访问员应该尽力使访问在脱离其他家庭成员的情况下进行。如果访问时由于其他家庭成员的插话，访问员得不到被访者自己的回答，则应该终止访问。不要以为一次访问有许多人的观点是好事，恰恰相反，这样的访问是无效的。

如果周围有收音机或电视机发出很大的噪声，访问员很难建议把声音关小。这时，如果访问员把说话声逐渐降低，被访者就注意到了噪声并会主动关掉。

（4）提问与追问

在提问时，应该按问卷顺序问，按问卷问句的措辞问。如果第一次读问题，被访者没理解，不要解释，慢慢重复一遍。要控制好提问速度，不宜过快，以被访者能理解并顺利作答为佳。

对于开放题，一般要求充分追问。例如：

访问员：“你觉得这次旅游怎么样？”

被访者：“挺好的。”

这是模糊的回答，不知道具体怎么好，所以访问员要继续问。

访问员：“怎么好？请具体说一下。”

被访者：“花钱不算多，景色挺美的，还有就是没有强制购物。”

这样的回答还不到位，访问员要继续追问。

访问员：“你说的花钱不算多是指……”

被访者：“团队价格挺优惠的，纪念品卖得也不算贵……”

追问时，不能引导，也不要用新的词汇，要使被访者的回答尽可能具体。熟练的访问员帮助被访者充分表达他们自己的意见。追问技巧不仅能给调研提供充分的信息，还能使访问更加有趣。

（5）记录规范

应该在访问过程中完成记录，如果来不及记录，应该放慢提问速度，并有意重复对方的话。有的访问员以为自己能记住，靠记忆在访问完成后才补填问卷，这是不允许的。记录用的笔要有统一规定，因为问卷要经过很多程序，每个程序的笔是不同的，不要在记录时用红笔，那是编码用的颜色。记录时，要写被访者的原话，不要用访问员自己的语言。另外，还要强调市场调研的保密原则，警告访问员泄露商业机密的严重后果。总之，旅游企业对访问员的培训越细致，要求越高，调研的实施就会越顺利，越有效。

【实训或练习】

1. 请收集大梨树旅游市场信息，与团队成员讨论制定实施调研的工作计划。

要点：

要发放多少份问卷？

参与实地调研人员如何分工？

还需要什么相关工具和设备？

完成本项目的工作时间应如何分配？

各项工作在哪些地点进行？

完成各项工作是否需要资金支持？

可能会碰到哪些困难？要如何预防及应对？

2. 请根据拟定的工作计划实施市场调研工作。

要点：

调研人员是否清楚调研的时间和地点？

能否顺利找到被访者？

如何接近被访者？被访者是否合作？

能否在规定的时间内完成规定的调研任务？

访问期间是否遇到问题？如何解决？

工作任务执行过程中能否控制进度按照计划实施？

任务执行中能否控制成本？

保证任务质量的措施是否得当？

团队执行任务过程中与各方面沟通是否顺畅？冲突是如何解决的？

任务执行过程中团队效率是否有所提高？

任务3-3　撰写调查报告

【任务引入】

通过对老秃顶子自然保护区的实地调查，撰写老秃顶子自然保护区生态旅游开发调查报告。

【任务分析】

通过对老秃顶子自然保护区的地理位置与范围、人口数量与民族、保护区类型以及保护区的旅游资源等项目的调研，在收集大量一手材料和二手材料基础上，经过分析、整理，撰写调查报告。

【任务实施】

调查报告是将调查结果进行的分析，以书面的形式给予详细说明。

步骤一　列出大纲

1. 前言

2. 调查基本情况

3. 调查结论

4. 附件

步骤二　撰写调查报告

老秃顶子自然保护区生态旅游开发调查报告

前言

老秃顶子国家级自然保护区位于桓仁、新宾两县交界处的八里甸子、木盂子、铧尖子、平顶山四个乡镇境内，老秃顶子自然保护区具备开发森林生态旅游丰富资源基础，存在原始森林生态系统，本区为长白山系龙岗支脉向西南的延续部分，老秃顶子是辽宁高峰。本区还是辽河的发源地和鸭绿江的重要源头之一，为重要的水源涵养林区。

此次对老秃顶子自然保护区现状进行了实地调查，对该地区如何合理开发生态旅游资源进行了初步探讨。

第一部分　老秃顶子自然保护区基本情况

辽宁老秃顶子自然保护区属森林动植物类型，集森林生态系统保护、科学研究、教学实习、宣传教育和持续利用等多功能于一体的综合性自然保护区。1981 年 9 月 15 日经辽宁省人民政府批准为省级自然保护区；1998 年 8 月 18 日经国务院批准晋升为国家级自然保护区。

一、地理位置与范围

辽宁老秃顶子国家级自然保护区位于辽宁省东部桓仁、新宾两县交界处的八里甸子、木盂子、铧尖子、平顶山四个乡镇境内。管理局局址距桓仁县城 56km，距本溪市 144km。地理坐标为东经 124° 41′ 13″ —125° 5′ 15″，北纬 41° 11′ 11″ —41° 21′ 34″。规划总面积 15217.3hm^2，其中核心区 2800.2hm^2，缓冲区 9505.6hm^2，实验区 2911.5hm^2。

二、人口数量与民族组成

桓仁满族自治县面积 3547km^2，下辖一个街道办事处、8 个镇、4 个乡。2021 年末，全县人口 282726 人，其中老秃顶子自然保护区是由八里甸子、木盂子、铧尖子和平顶山四个乡镇组成，拥有汉族、满族、朝鲜族、回族等 14 个民族是个多民族和睦相处，民风淳朴的少数民族县级自治区域——满族自治县。

三、保护区类型

老秃顶子自然保护区保护森林生态系统的完整；保护生物多样性；保护丰富的物种基因；保护珍稀濒危野生动植物物种；保护辽宁省的重要水资源基地。老秃顶子自然保护区属“自然生态系统类”的“森林生态系统类型”及“野生生物类”的“野生动植物类型”的自然保护区。

四、保护区的旅游资源概况

（一）野生动植物资源丰富（写明实际调研内容）

老秃顶子自然保护区为长白山系龙岗支脉向西南的延续部分，主峰老秃顶子海拔 1367.3 米。由于保护区地处长白山和华北两大植物区系的交会地带，生物区系具有过渡性特征，是我国长白山植物区种红松分布的最南限和华北系种油松分布的最北限，并保存了较为完整的植物垂直分布带谱。本区野生动物植物资源十分丰富，已查明有陆栖脊椎动物 63 科、223 种，其中哺乳类 16 科、44 种，鸟类 38 科、159 种，爬行类 4 科、11 种，两栖类 5 科、9 种，列为国家重点保护野生动物的有紫貂、金雕、水獭、黑熊、花尾榛鸡等 21 种；野生植物有 232 科、1788 种，其中国家重点保护的野生植物有人参、双蕊兰、紫杉等 17 种，并有一些当地特有种和国内新纪录种在保护区内被发现。长白山植物区系的代表种有：红松、紫杉、鱼鳞云杉、沙松冷杉、桦、蒙古栎、拧筋槭、胡桃楸、暴马丁香、东北刺人参、粗茎鳞毛蕨等。华北植物区系的代表种有：油松、赤松、槲栎、灯台树、玉铃花、赵白杜鹃、天女木兰及泾羊藿等。

（二）中山植被垂直分布带（同上构思，具体内容略）

（三）野生物种十分丰富（同上构思，具体内容略）

（四）多种多样的自然人文景观（同上构思，具体内容略）

（五）重要的水资源基地（同上构思，具体内容略）

（六）重要的科研教学基地（同上构思，具体内容略）

（七）生态农业旅游资源（同上构思，具体内容略）

（八）民俗文化生态旅游资源（同上构思，具体内容略）

（九）神话传说与历史掌故（同上构思，具体内容略）

第二部分　老秃顶子自然保护区生态旅游开发环境分析

（可从客源市场、竞争优势、生态旅游开发效应等方面进行环境分析，具体内容略。）

第三部分　老秃顶子自然保护区生态旅游开发整体构思

（根据对该保护区的生态旅游开发环境分析，结合保护区内拥有的丰富旅游资源，构思生态旅游开发的结构框架，在进行功能分区基础上，进行合理的生态旅游项目的开发。）

老秃顶子自然保护区内拥有的丰富旅游资源，具有开发被人们称为“生态旅游”行业的广阔前景。本区生态旅游活动的开发首先应将本区进行功能分区，然后进行合理的生态旅游项目的开发。

一、自然保护区功能区划（非完整版）

自然保护区开展生态旅游必须合理进行功能分区，以保证生态旅游资源的合理开发。为了达到把保护、科研、生产、旅游等多方面结合起来，发展成为以保护为主，兼有科学研究、生产示范、教育教学、旅游、休闲疗养、保健等的基地目标，自然保护区的功能区划设计模式一般可划为下列三个区域，如图 3-4 所示。

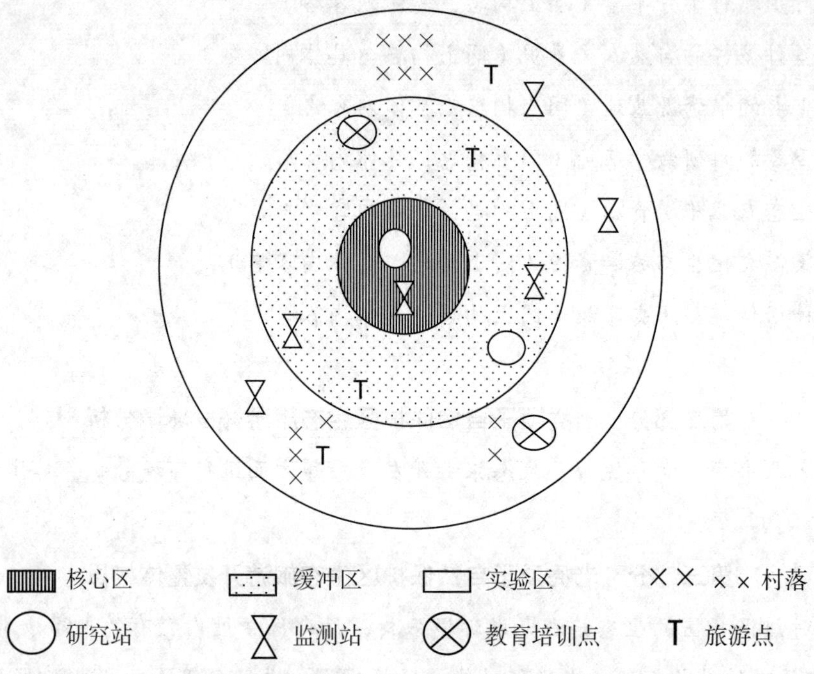

图 3-4　理想的自然保护区功能区划设计模式示意图

1. 核心区

2. 缓冲区

3. 实验区

二、老秃顶子自然保护区生态旅游开发构思（非完整版）

生态旅游的保护性开发模式是以经济效益、社会效益和生态效益的均衡发展为中心，以旅游者不断提高的旅游需求为导向，把人力、财力、物资和信息的最优分配及利用作为重要手段，努力创建自然、社会和经济相互协调的旅游环境。

在实际操作上，注意自然、社会、经济三者的协调，重视自然、社会环境资源在开发当中加以切实地保护，避免对自然、社会环境造成破坏，使资源得以永续利用。开发时资金投入充足、科技含量较高，注意结合当地旅游资源的特色加以深入挖掘，以满足旅游者休闲、娱乐和求知的需要为前提，开发出以自然风光或人文景观为基础、民风民俗做渲染、可亲身体验和参与的多层次、多功能的立体型旅游产品（表 3-8）。在开发的同时关注当地居民的生活，通过种种保护措施保持其原有生活环境尽量不受旅游开发的影响，让当地居民加入到旅游开发决策、管理、执行中，听取他们的意见，满足他们的需求，给予他们经济回馈，让他们能够享受到旅游开发带来的好处，让他们意识到生态旅游开发对他们是一件有益的事情，保证开发能够更好地进行。

表 3–8　生态旅游开发模式

层次	特征	项目举例	产品功能
基础层次	独特、优美风光的陈列，历史、人文的简单展示	自然风光名胜、人文历史遗址	最基本的旅游形式，满足旅游者观光、猎奇的需求
提升层次	文化欣赏，艺术表演，风俗展示	农家乐、民族风情、庙会节庆、地方曲艺	高层次的旅游形式，是旅游文化内涵的动态展示
拓展层次	生态资源与文化资源的有效结合，体现参与性、互动性	民风民俗、游戏娱乐、休闲度假、科普考察	满足旅游者自主选择的个性需求，寓教于乐

辽宁老秃顶子自然保护区内旅游资源丰富，而且别具特色。根据保护区功能区划模式和生态旅游开发模式在缓冲区和实验区将老秃顶子自然保护区进行有效的生态旅游开发，具体开发构思如下：

（一）南麓满族风情文化村寨旅游开发构思（具体内容略）

（二）南麓山道旅游开发构思（具体内容略）

（三）北麓旅游开发构思（具体内容略）

（四）山顶旅游开发构思（具体内容略）

以上是对老秃顶子自然保护区生态旅游开发的整体构思，通过建设使老秃顶子自然保护区成为多样性森林生态园，保护区的景观开发建设使其走向生态旅游的大市场，突出21世纪自然生态主题，吸引国内外游客和拓宽桓仁的生态旅游市场。

【考核评价】

表 3–9　撰写市场调查报告考核评价表

<table>
<tr><th>考核类型</th><th>评价项目</th><th>评价要点</th><th>得分</th><th>满分</th></tr>
<tr><td rowspan="5">成果考核</td><td rowspan="5">撰写调研报告</td><td>对调研所收集的资料分析有理，一手资料与二手资料相结合，内容翔实，资料引用注明出处</td><td>13</td><td rowspan="5">68</td></tr>
<tr><td>能根据调研资料的分析得出有针对性的意见和建议</td><td>20</td></tr>
<tr><td>行文流畅、规范，逻辑性强，无概念性错误，报告版面整洁清晰</td><td>15</td></tr>
<tr><td>任务执行过程中能按照时间进度、人员分工、经费预算等控制实施进度</td><td>10</td></tr>
<tr><td>任务执行中与相关各方沟通顺畅，培养团队精神</td><td>10</td></tr>
<tr><td rowspan="3">过程考核</td><td>情境训练个人表现</td><td>积极参加情境模拟训练、认真完成实地调查任务，课堂参与度高</td><td>6</td><td>6</td></tr>
<tr><td rowspan="2">个人课堂活动表现</td><td>积极主动发言，学习态度端正</td><td>3</td><td rowspan="2">6</td></tr>
<tr><td>无迟到、早退、旷课现象，课堂出勤良好</td><td>3</td></tr>
</table>

续表

考核类型	评价项目	评价要点	得分	满分
过程考核	团队任务活动表现	任务分工明确、团队合作能力强	5	20
		任务实施中能及时处理问题、协调沟通顺畅	5	
		团队积极乐观、勇于挑战，能主动完成计调接待任务	5	
		思路设计新颖、方法多样，团队创新能力强	5	

【归纳总结】

该任务根据调研方案，利用面谈、调查问卷等方法，在实地调研基础上，收集到了一手资料和二手资料，通过分析、整理，得出了老秃顶子自然保护区生态旅游开发的整体构思，形成了调研报告。

【相关知识】

调研人员根据调查情况和分析结论写出调查报告，以供决策者参考。调研报告的格式如下：

引言 介绍调研项目的基本情况，简述调研目的、调研对象和过程。

正文 是调研报告的主体部分，着重报告调研的方法、调研结果分析及对策建议。

附录 主要用来论证和说明与正文有关的资料。如资料汇总统计表、原始资料来源、附录图表、公式及附录资料。

【实训或练习】

你所在的城市某新开发的景区希望我们为其做一次市场调研，为景区的发展提供思路及政策支持。请各营销小组做好调研计划，开展实地调查，撰写调研报告。

【项目小结】

通过调研旅游产品市场项目的训练，使同学们熟悉旅游市场营销调研的过程，掌握实地调研的方法、技术，了解调研报告的格式，会进行信息收集，能够应用访谈、问卷调查等方法开展实地调研，并能够将调研收集的信息进行统计分析，在此基础上撰写旅游市场调研报告。在市场调研过程中，培养同学们具有诚实、守信、公正、积极主动的旅游市场营销职业态度，具有严谨细致、沉着冷静、遵规守矩、实事求是、服务耐心、讲求效率和效益的旅游职业工作作风，具备较强的旅游企业团队协作精神和较高的集体观念。

项目四　确立目标市场

教学目标

※ 能力目标

1. 会用市场细分标准对旅游市场进行分析；

2. 会根据目标市场策略进行旅游目标市场选择；

3. 会进行目标市场定位。

※ 知识目标

1. 明确旅游市场细分的原则；

2. 掌握旅游市场细分的标准；

3. 明确目标市场选择模式；

4. 掌握旅游目标市场的营销策略；

5. 明确旅游市场定位的方法；

6. 掌握旅游市场定位策略。

※ 素质目标

1. 培养学生的团队意识、组织协调能力和创新思维能力；

2. 通过课程内容延伸，培养学生独立思考、自主创新的精神和再学习能力。

任务 4–1　细分旅游市场

【任务引入】

案例链接

麦当劳公司作为一家国际餐饮巨头，创始于20世纪50年代中期的美国。由于当时创始人及时抓住高速发展的美国经济下的工薪阶层需要方便快捷的饮食的良机，并且瞄准细分市场需求特征，对产品进行准确定位而一举成功。经过 70 多年的发展，公司已成为拥有分布在全球 100 多个国家拥有 40000 多家门店。

自 1990 年进入中国内地市场以来，麦当劳在中国的发展经历了多个重要阶段。2017 年，麦当劳中国转变为国际发展特许经营市场，进入“金拱门时代”，中信联合体成为控股股东。这一转变标志着麦当劳中国开始加速本土化发展，餐厅数量迅速增长，2023 年末已经超过 6000 家，较 2017 年增长了一倍。此外，麦当劳中国已经成为麦当劳全球第二大市场，并且是发展最快的市场之一。

麦当劳公司向顾客提供的核心食品始终只是汉堡包、炸薯条、冰激凌和软饮料等，但是进入中国市场后，相继推出了麦乐鸡、麦乐鱼、麦辣鸡腿汉堡、麦香猪柳蛋餐等符合中国消费者饮食习惯的快餐食品。

此外麦当劳公司也十分注重培养他们的消费忠诚度。在餐厅用餐的小朋友，经常会意外获得印有麦当劳标志的气球、折纸等小礼物。在中国还有麦当劳叔叔俱乐部，参加者为 3 ~ 12 岁的小朋友，定期开展活动，让小朋友更加喜爱麦当劳。

麦当劳公司对餐厅店堂布置也非常讲究，尽量做到让顾客觉得舒适自由，努力使顾客把麦当劳作为一个具有独特文化的休闲好去处，以吸引休闲型市场的消费者群。

要求：根据以上案例分析麦当劳是如何进行市场细分的，其市场细分的标准是什么，并对其市场细分进行综合评价。以小组为单位，完成麦当劳细分市场的分析报告。

【任务分析】

面对复杂且瞬息万变的旅游市场，任何旅游企业都不可能以单一的旅游产品，适应不同国家或地区各类旅游者的各种旅游需求；同时，也不可能以自身有限的资源和力量，设计各种不同的旅游产品及其营销组合，全面满足各类旅游者的所有旅游需求。因此，旅游企业必须根据自身的条件及经营目标等对整体旅游市场进行市场细分。

回顾麦当劳公司几十年来的发展壮大过程以及麦当劳公司在中国经营的产品、营销策略等，不难看出该公司能在快餐业占有重要地位，与其能准确地选择自己的目标顾客群，并能“量体裁衣”是分不开的。要分析麦当劳公司是如何细分市场，依据哪些因素从哪些方面完成，则需要明确市场细分的概念、掌握市场细分的原则及标准。

【任务实施】

在教师提出讨论要点的基础上，学生分组讨论发言，最后完成麦当劳公司细分市场的分析报告。

麦当劳公司细分市场的分析报告要点如下：

1. 根据地理要素细分市场，麦当劳公司有美国国内和国际市场

麦当劳公司通过分析各地区的差异进行地理细分。由于地理位置的差异，各地区都有各自不同的饮食习惯和文化背景，麦当劳公司通过进行严格的市场调研，研究各地的人群组合、文化习俗等，分析出每个国家甚至每个地区适合当地生活方式的市场策略。如麦当劳公司刚进入中国市场时，它大量传播美国文化和生活理念，并以美国式产品牛肉汉堡来征服中国人。但中国人爱吃鸡，与其他洋快餐相比，鸡肉产品更符合中国人的口味，更加容易被中国人所接受。针对这一情况，麦当劳公司改变了原来的策略，推出了鸡肉产品。这一改变也加快了麦当劳公司在中国市场的发展步伐。

2. 根据人口要素细分市场，重视少年市场，将其作为主要消费者

麦当劳公司对人口要素细分主要是从年龄及生命周期阶段对人口市场进行细分，其中，将不到开车年龄的划定为少年市场，将 20 ~ 40 岁之间的年轻人界定为青年市场，还划定了老年市场。人口市场划定以后，分析不同市场的特征与定位。例如，麦当劳公司以孩子为中心，把孩子作为主要消费者，十分注重培养他们的消费忠诚度。在餐厅用餐的小朋友，经常会意外获得印有麦当劳标志的气球、折纸等小礼物。在中国，还有麦当劳叔叔俱乐部，参加者为 3 ~ 12 岁的小朋友，定期开展活动，让小朋友更加喜爱麦当劳。这便是相当成功的人口细分，抓住了该市场的特征。

3. 根据心理要素细分市场，充分体现“休闲型”

根据人们生活方式划分，快餐业主要可划分为方便型、休闲型和健康型。麦当劳公司在“休闲”方面做得很好，例如针对休闲型市场，麦当劳对餐厅店堂布置非常讲究，尽量做到让顾客觉得舒适自在。提供清洁优雅的就餐环境，是麦当劳公司营业场所追求的目标。同时努力使顾客把麦当劳作为一个具有独特文化的休闲好去处，以吸引休闲型市场的消费者群。可以说，麦当劳公司其实不是卖产品，而是卖环境和体验，卖一种文化。

4. 综合评价

针对当前竞争激烈的市场环境，麦当劳公司想保证市场地位，还需适时进行改进，以保持住自己的核心竞争力。每小组可根据当前中国快餐业现状，对麦当劳公司细分市场提出改进意见。如可从拓宽消费者群的构成方面、从地理要素进行区域的进一步细分方面等，一定要有效利用所学的市场细分标准，进行深度细分市场。

【考核评价】

教学过程中的考核标准如下：

表 4-1　细分旅游市场任务考核评价表

考核类型	评价项目	评价要点	得分	满分
成果考核	麦当劳公司细分市场的分析报告	能正确找出麦当劳公司细分市场的标准，并准确分析出麦当劳公司进行细分市场的目的、成功之处	25	70
		能有效根据当前快餐业现状，对麦当劳公司细分市场提出改进意见，观点明确，论述充分	15	
		报告逻辑关系清晰，分析合理，结论有理有据	10	
		内容完整，语言表达清晰、简洁，图表运用得当	10	
		文档排版格式整齐、美观，布局合理	10	
过程考核	个人课堂活动表现	积极主动发言，学习态度端正	3	10
		无迟到、早退、旷课现象，课堂出勤良好	3	
		积极参加讨论、认真完成各项任务训练，课堂参与度高	4	
	团队任务活动表现	任务分工明确、团队合作能力强	5	20
		任务实施中能及时处理问题、协调沟通顺畅	5	
		团队积极乐观、勇于挑战，能主动完成任务	5	
		思路新颖、方法多样，团队创新能力强	5	

【归纳总结】

旅游市场细分是旅游企业寻找旅游目标市场，发展旅游市场营销战略的一个有力手段。通过市场细分，找到市场空白点，迅速开发旅游新产品满足旅游消费者需求，是旅游企业迅速壮大、不断扩展的最佳途径。在进行市场细分时，一定要牢记确定旅游市场范围的起点必须是市场需求状况。因此，企业进行细分市场的标准不是永恒不变的，一旦需求发生了变化，整个细分市场也要做相应的调整。通过本次任务要求会用市场细分标准对旅游市场进行细分，分析旅游市场。通过本次任务也要求掌握旅游市场细分的概念，市场细分的原则，重点掌握市场细分的标准。

【相关知识】

1. 旅游市场细分的概念

市场细分的观点是由美国学者温德尔·史密斯（Wendell R.Smith）于 20 世纪 50 年代中期提出的，这一理论的主要依据是消费者的绝对差异性和相对同质性。旅游市场细分是指旅游企业根据旅游消费者的特点及其需求的差异性，将一个整体市场划分成若干个旅游消费者群体的活动过程。其中每一个旅游消费者群就是一个子市场或称细分市场，他们对某一旅游产品有着相似的欲望和需求，而分属于不同细分市场的旅游消费者群的欲望和需求则存在着明显的差异。需要强调的是，旅游市场细分是从旅游消费者的角度进行划分的，即旅游消费者的需求、动机、购买行为的多元性和差异性来划分的，而不是从产品品种、产品系列角度进行的，产品细分是市场细分的结果。

2. 旅游市场细分的作用

旅游企业必须在市场细分的基础上确定自己的目标市场，制定相关的营销战略，才能在激烈的市场竞争中立于不败之地。旅游市场细分是旅游目标市场营销的首要前提，其作用主要表现在以下几个方面：

（1）有利于旅游企业发现新的市场机会，开拓新的目标市场

通过市场细分，旅游企业可以明确认识到各细分市场上旅游消费者需求的满足程度和需求的倾向性，从而发现那些未被满足或未被充分满足的需求和消费倾向，而这就是新的市场机会。这些机会为旅游企业开发新产品和开拓新市场提供了依据。

（2）有利于旅游企业制定经营策略和调整营销组合

通过市场细分，有利于旅游企业分析各细分市场的基本特征，及时了解旅游消费者的需求及竞争者状况，从而使旅游企业有针对性地选择自己的经营策略和市场营销组合。同时，在各细分市场上，企业也比较容易觉察旅游消费者对各种营销因素的反应和市场需求特征的变化，从而保证旅游企业及时调整市场营销组合策略，以适应市场需求的变化，提高旅游企业的应变能力和市场竞争力。

（3）有利于旅游企业合理配置和运用资源

通过市场细分，旅游企业可以有效根据自身的经营能力及现实条件等扬长避短、避强就弱，旅游企业可以选定某细分市场作为自己的主要目标市场，然后集中使用有限的人、财、物等资源条件进行开发经营，从而实现旅游企业经营目标及营销战略。这一点对于实力较弱的旅游企业尤为重要。

3. 旅游市场细分的原则

（1）可衡量原则

可衡量原则是指旅游市场细分后的各子市场具有明显的差异性，每一细分市场的规模和购买能力可以被衡量，从质和量两个方面可以为旅游企业制定营销策略提供可靠依据。如果旅游市场的细分变量即划分标准不能衡量，旅游企业就不能准确获取表现旅游消费者不同特征的确切资料，旅游企业也将无法界定市场，无法做出有效的经营决策，市场细分也无存在的意义。

（2）可盈利原则

可盈利原则强调旅游市场细分后的子市场应当有足够的规模和购买能力，能够保证旅游企业选择其作目标市场后获取足够的经济效益。如果细分市场的规模、容量过小，成

本消耗过大，企业获利太小，这样的细分市场则没有开发价值。

（3）可进入原则

可进入原则是指旅游企业选择的目标细分市场必须是该旅游企业的旅游产品有能力进入并能够占有一定的市场份额。尤其对于具有异地特征的旅游市场来说尤为重要。

（4）稳定性原则

旅游市场细分是一项复杂而又细致的工作，这就需要细分后的旅游市场具有相对的稳定性，要在一段时间内保持市场需求稳定，而不是那种“昙花一现”式的需求。特别是旅游企业要花费大量的投资来开发的细分市场，更需要重视其稳定性。

4. 旅游市场细分的标准

要进行有效的旅游市场细分，就必须找到适当的科学合理的细分标准。这个标准就是使旅游消费者的需求出现差异的因素。旅游企业按照这些因素把整个市场划分为若干个不同的子市场即细分市场，这些因素即细分标准也称细分变量，一般包括地理因素、人口因素、心理因素和行为因素，具体如表 4–2。

表 4–2　旅游市场细分标准

细分变量	具体细分标准
地理因素	国家和地区、地形地貌、气候、城市规模、人文地理环境（如人口密度、城镇等）、经济地理环境、空间距离等
人口因素	年龄、性别、家庭规模、家庭生命周期、收入、职业、教育状况、宗教信仰、种族、民族等
心理因素	气质性格、社会阶层、生活方式、兴趣爱好、价值取向、购买动机、个性特征等
行为因素	购买场合、追求效用、品牌忠诚、购买时间、购买数量、购买方式及使用者状况等

（1）地理因素

地理因素就是依据旅游消费者所处的地理位置、自然环境等地理条件来细分旅游市场。这是最基本、最常用的划分方法之一。地理条件的差异性使不同地区的旅游消费者有不同的消费习惯和爱好，企业的营销策略也应有所不同。世界旅游组织根据地区间在自然、经济、文化等方面的联系将世界旅游市场划分为六大旅游区即东亚及太平洋旅游区、南亚旅游区、中东旅游区、非洲旅游区、欧洲旅游区和美洲旅游区，其中欧洲旅游区和美洲旅游区是世界上最发达的旅游消费者源输出地区和旅游接待地区；根据客源国进行旅游市场细分是当前旅游目的地国家或地区细分国际旅游市场最常用的形式；另外也可以根据气候划分为热带旅游区、寒带旅游区、温带旅游区及亚热带旅游区；根据地形划分为高原、平原、山区及沙漠旅游区；根据客源地与旅游目的地的空间距离可将旅游市场细分为远程、中程或近程旅游市场；根据不同客源地旅游者流向某一目的地占该目的地国接待人次的比例将旅游市场细分为一级市场、二级市场和机会市场等，一般来说，一级市场占目的地国接待总人数的40%～60%，来访者占相当比例的一些客源国或地区，可划为二级市场；来访者目的地的人数很少，但出游的人数日渐增长的国家或地区，可划为机会市场（也叫边缘市场）。

（2）人口因素

人口因素是旅游市场细分的最主要依据。具体细分变量包括年龄、性别、收入、受教育程度、职业、家庭规模、民族、家庭生命周期等。旅游市场按年龄变量可分为儿童市场、青年市场、中年市场、老年市场，不同市场类型的旅游消费者的消费特征也不同，如表4-3；按收入状况旅游市场可细分为高档旅游消费者市场、中档旅游消费者市场和低档旅游消费者市场，高档旅游消费者市场特征体现其购买能力强、追求高品质、舒适的旅游环境和条件，而低档旅游消费者市场特征体现在对旅游产品的价格很敏感。按性别划分旅游市场可分为男性旅游市场和女性旅游市场，女性旅游市场较男性旅游市场最大的特征是喜欢购物、旅游时愿意结伴，并且对价格也非常敏感，近年来，女性已成为旅游市场的重要客源目标。

表4-3　不同年龄段的旅游消费者群消费特征表

市场类型	旅游消费者消费特征
儿童市场	一般有家人陪伴，常选择教育性强、娱乐性强、安全性强的项目，注重食宿卫生与安全
青年市场	喜欢运动、刺激、新颖的旅游产品，消费水平较低，市场发展前景好、收入有限
中年市场	消费比较理智、人数多、潜力大，商务旅游居多，消费水平高，逗留时间较短
老年市场	注重养生休闲，喜欢怀旧，收入稳定，时间充裕，比较关心旅游服务质量

（3）心理因素

按心理因素细分旅游市场，就是按照旅游消费者的生活方式、态度、个性等心理因素来细分旅游市场。旅游消费者的欲望、需求及购买行为，不仅受地理因素和人口因素的影响，而且也受心理因素影响。即使在同一人文统计特征群体中的旅游消费者也可能会表现出差异极大的心理特征。旅游企业可据此将旅游市场细分为不同的子市场。如家庭观念强的旅游消费者外出旅行多选择家庭旅游，而事业心重的旅游消费者则多以修学旅游、商务旅游为主。旅游企业针对不同生活方式的旅游消费者群，不仅设计的旅游产品要不同，而且产品价格、营销方式、广告宣传等也要有所不同。不同个性的旅游消费者，其需求也存在差异，如个性孤僻的人一般不太喜欢团体旅游，更偏好于自驾旅游；情感丰富的人则更关注情感服务质量。随着旅游的个性化发展，现代旅游企业越来越重视个性化产品和服务。

（4）行为因素

行为因素是指按照旅游消费者对旅游产品的了解、态度、使用以及反应来细分市场，它是细分旅游市场的重要依据，特别是在消费者收入水平不断提高的条件下，行为因素越来越显示其重要程度。按消费者的行为因素进行旅游市场细分，具体见表4-4。

表4-4　旅游消费者市场行为因素细分变量

行为因素	具体分类
购买动机	观光、商务、会议、文化民俗、度假、其他
购买方式	团体、散客
偏好程度	极度偏好、中等程度偏好、摆动偏好、无偏好
购买时机	旅游淡季、旅游旺季、节假日
购买行为特征	理智型、冲动型、积极型、猎奇型、享受型
购买数量和频率	不常旅游者、一般旅游者、经常旅游者
追求的利益	质量、经济、服务
忠诚度	坚定的忠诚者、中度的忠诚者、转移型的忠诚者、多变者

5. 旅游市场细分的程序

（1）确定旅游企业面向的市场范围

旅游市场的需求是复杂多样的，任何企业都不可能满足所有的市场需求，做到人人满意，因此进行旅游市场细分时，旅游企业必须根据自身的资源条件与经营目标、任务，从整体市场需求中大致明确自己有能力提供旅游产品和服务的市场范围。旅游企业设计的旅游产品必须是根据市场需求加以改进、完善甚至改变，绝不是以自身设计的产品特征来选择市场范围。因此确定旅游市场范围的起点必须是市场需求状况。一旦需求发生了变化，整个细分市场也要做相应的调整。

（2）确定市场范围内旅游消费者的需求

确定了所研究的旅游市场范围后，旅游企业要对这一个市场范围内的需求进行细致深入的调查研究，以了解该市场范围内旅游消费者的现实需求和潜在需求。尤其是要了解该旅游市场哪些需求是还未被满足的，以及旅游消费者对市场上类似旅游产品有哪些不满意之处。

（3）分析可能存在的细分市场

旅游企业可通过抽样调查的方式，将列出的现实需求和潜在需求向不同类型的旅游消费者征求意见，从中挑选出他们最迫切的需求，初步确定细分市场的标准。在进行调查分析过程中企业要充分考虑旅游消费者的地区分布、人口特征和购买行为等因素。

（4）按照细分标准进行初步市场细分

企业通常根据不同旅游消费者需求的具体内容差异，按照一定的市场细分方式，初步确定将自己所选定的旅游产品市场范围划分为哪几种不同类型的顾客群。

（5）筛选出特征明显的需求因素作为细分标准

将初步划分的各细分市场的需求因素进行进一步验证，旅游企业要分析哪些需求因素是重要的，删除那些对各个细分市场都重要的因素，因为这些共同因素对于企业进行细分市场无关。旅游企业只保留那些具有鲜明特征的主要需求作为细分标准。

（6）为各细分市场命名

旅游企业应根据各个细分市场的不同消费需求与购买行为等主要特征，用最形象的方法为各个可能存在的细分市场确定名称。

（7）对各细分市场进行综合评价

旅游企业要对划定的各细分市场进行全面细致的分析，重点评价各旅游细分市场的规模、潜力、经济效益和发展前景等，为旅游企业正确选择目标市场打下良好的基础。

【拓展提高】

1. STP的含义及实施步骤

STP即目标市场营销，是指企业根据一定的标准对整体市场进行细分后，从中选择一个或者多个细分市场作为自身的目标市场，并针对目标市场进行市场定位。

STP中的S、T、P三个字母分别是Segmenting、Targeting、Positioning三个英文单词的首字母，即市场细分、目标市场选择和市场定位的意思。STP营销是现代市场营销战略的核心。市场细分（Segmenting）即指根据购买者对产品或营销组合的不同需要，将市场分为若干不同的顾客群体，并勾勒出细分市场的轮廓；确定目标市场（Targeting）就是选择要进入的一个或多个细分市场的过程；市场定位（Positioning）就是在目标市场顾客群中形成一个印象，这个印象即为定位，具体实施步骤如图4–1。

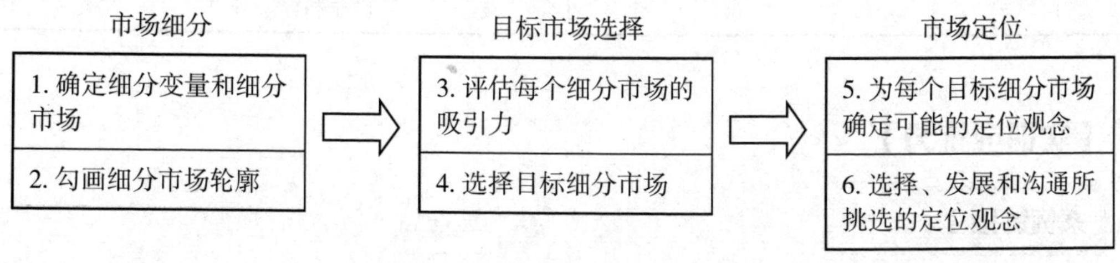

图4–1　目标市场营销实施步骤

2. 旅游市场细分的方法

（1）**一元法（单一因素法）**

根据市场调研的结果，只选用一个影响消费者需求的最主要因素对旅游市场进行细分的方法。一般情况下，采用单一变量进行市场细分不能对需求状况进行准确的描述，此方法只能作为对市场进行系列细分的起点。必要的情况下，旅游企业会对某些单项细分变量的细分程度加深，以适应市场竞争和消费者的需要。

（2）**多元法（综合因素法）**

选择并运用影响旅游消费者需求的两种及以上的因素，同时从多个角度对旅游市场进行细分的方法。如依据旅游消费者追求的旅游品质（高品质、经济型）及旅游动机（观光、文化、商务、度假）可将旅游市场细分为八个子市场即高品质的观光旅游、经济型的观光旅游、高品质的文化旅游、经济型的文化旅游、高品质的商务旅游、经济型的商务旅游、高品质的度假旅游和经济型的度假旅游。其特点是便于旅游企业更全面、更准确地将其划分为具有不同需求特点的消费群。

（3）**多元序列法（序列因素法）**

选择并运用影响旅游消费者需求的两种及以上的因素，将其按照由大到小、由粗到细的顺序对一定旅游产品市场依次进行系列细分的方法。其特点是市场细分更全面、清晰、准确。但需注意的是在各变量之间，要充分把握它们在内涵上的从属关系，进行合理排序。否则，会造成细分工作的混乱，从而增加成本。本方法也是较严格意义上的市场细分方法。

表 4–5 多元序列法市场细分表

年龄	性别	收入	教育程度	兴趣爱好	旅游动机
儿童			研究生	美术	休闲
青年	男	高	大学	文学	
		中	大专	运动	商务
中年				音乐	
	女	低	中学	摄影	
老年			小学	自然科学	观光

【实训或练习】

案例链接 1

高收入阶层市场分析

劳动和社会保障部的资料显示，目前占城市居民 20% 的高收入阶层占有全部城市财富的 63%。值得注意的一个动向是中国高收入阶层近年来在境外高消费的趋势增强，并在一定程度上造成了我国的内需外漏和服务消费挤出。据统计，2023年中国游客境外旅行消费1965亿美元，排名第一。

2023年2月，中国旅游研究院相关专家表示，通过调研发现，53%的富裕人群每年境外旅行次数达3次以上，每人次出境旅游消费超5万元的高达68%，其中28%的高端用户每人次出境旅游消费超10万元。而欧洲旅游仍然是富裕人群出境游的首选，有54%的人计划在未来一年内去欧洲旅游，其次是北美洲、南美洲和亚洲，分别占22%、19%和18%。法国位居购物目的地之首，香港、意大利、瑞士、美国、英国也是富裕人群比较喜欢的购物目的地。

高收入阶层市场分析：国内完全可以提供适合高收入阶层消费的高端旅游产品。高收入阶层一般追求彰显社会地位的活动，高端旅游能够做到个性化、特殊化安排；高收入阶层一般喜欢冒险和特色，高端旅游产品包括了狩猎、探险等高级旅游活动；高收入阶层一般追求闲暇时间内的最好休憩，高端休闲度假旅游可以提供满足个性需求与完美环境的一流组合。

要求：试模仿案例对国内某一细分的旅游市场进行阐述。

案例链接2

主题式夏令营

主题式夏令营的名字越来越“炫”，形式与内容也渐趋多样。每年夏季，以强化英语学习为卖点的修学旅游依然会适时出现在旅行社的菜单上，目标锁定澳大利亚和新西兰两国，半个月的“学费”大致在15000至20000元之间。此外，一系列形式新颖的夏令营也将投放暑期高端市场，如在北京某国旅推出的“酷夏德国行”足球夏令营中，小队员可在贝肯鲍尔的故乡接受国际专业教练的培训，并将造访慕尼黑1860俱乐部，观摩球队训练，并与效力于该队的中国球员邵佳一合影留念；此外，暑期市场上还将有德国音乐、韩流明星等主题鲜明的夏令营供孩子们选择。业内人士指出，随着我国旅游市场的不断细分，长达两个月的暑期旅游市场越来越被旅行社所重视；对于“利润第一”的旅行社而言，应该在加强特色产品开发的基础上，多替学生们准备些“精神食粮”，同时在主拼高端市场的前提下，也能适时开发一些利薄但社会效益显著的主题产品，进一步树立旅行社的品牌形象。

要求根据案例分析：主题式夏令营的内涵，并调查分析所在地区中小学生赴国外游学的市场情况。

假设你是家乡的一家旅游企业，试调查家乡所在地的旅游市场需求状况，并结合当前旅游业发展态势，对家乡旅游市场进行细分，完成市场细分方案。

任务4-2 定位目标市场

【任务引入】

据调查显示，我国在校大学生外出旅游人数逐年增长，旅游消费已逐渐成为大学生消费的热点。大学生作为旅游市场的特殊消费群体，目前也受到一些旅游企业的广泛关注。假设你是沈阳一家旅行社，试针对我国当前大学生消费群对旅游产品的需求，结合自身资源条件及当前旅游市场发展现状，进行大学生旅游市场定位分析，完成市场定位分析报告。

【任务分析】

旅游企业的一切营销活动都是围绕目标市场进行的，旅游企业在细分市场的基础上，会选择与企业自身资源条件和发展目标相一致的细分市场作为目标市场，制定实施相应的目标市场营销策略。旅游企业为了在目标市场上取得竞争优势，还需对本企业旅游产品进行市场定位，即旅游企业根据目标市场上同类产品竞争状况，针对旅游消费者对该产品某些特征或属性的重视程度，为本企业旅游产品塑造与众不同的鲜明特色，并将其传递给顾客以赢得顾客认同的活动过程。因此该旅行社进行大学生旅游市场定位时首先进行具体的目标市场选择，并确定目标市场营销模式及营销策略，然后根据市场竞争状况及旅游消费者对产品的需求进行市场定位。完成大学生旅游市场定位分析，需掌握目标市场营销模式及营销策略、市场定位的方法及市场定位的策略。

【任务实施】

教师布置任务后，学生首先对当前大学生旅游消费需求情况进行调查分析，并通过网络、报刊等渠道了解当前我国旅游业发展态势。其次进行课堂交流讨论分析，教师可根据学生特点，决定参与程度，可适当讲解相关知识及技能要点，讨论中以小组为单位进行交流分析、发言，提出思路，完成大学生旅游市场定位分析报告。最后教师进行评价总结。

我国大学生旅游市场定位分析要点如下：

1. 我国大学生旅游市场消费需求行为特征

（1）大学生旅游动机强，有强烈的求知欲，好奇心重，喜欢体验、冒险、挑战和刺激。旅游过程中重视心理感受和旅游经历，更看重旅游六要素中的“行、游、娱”，对“吃、住”物质条件要求不高，对“购”没有太多追求。

（2）大学生闲暇时间较多，主要集中在寒暑假、五一、十一小长假和双休日。寒暑假旅游周期较长，以省外国内游为主，个别有出国游，平时以短期、邻近地区为主要目的地。

（3）大学生可支配收入有限，多数大学生经济尚未独立，主要依赖父母，个别可通过勤工俭学、自主创业取得，旅游消费水平较低。大学生对旅游产品价格敏感，旅游中讲究经济实惠。

（4）大学生自我意识与独立意识较强，出游不喜约束，多会选择自组群体出游或独自出游，在高年级大学生中体现尤为明显。

（5）大学生从众心理显著，信息传递快。大学生一般都住校过着集体生活，因此市场集中，群体联系紧密，所以很容易受同伴影响。

（6）女性大学生更重视出游安全。

2. 对我国大学生旅游市场进行细分

（1）按区域划分：以沈阳、大连为主的辽宁省内高校大学生为一级市场；经济发达、消费能力较强的京、津、沪等城市大学生作为二级市场；其他城市大学生作为三级市场或机会市场。

（2）按旅游动机划分：以探险旅游、休闲旅游、观光旅游、修学旅游、运动旅游、文化旅游及专项旅游（包括摄影团、寻古团、就业考察团等）为主。

（3）按旅游组织方式：以自组群体旅游、自助游、散客游为主。

（4）按旅行距离和时间划分：双休日及小长假以一日、两日短程游为主，寒暑假以远程旅游（国内旅游线路）为主。

（5）按旅游消费水平划分：以经济型旅游为主。

（6）按计价方式：包价旅游、非包价旅游、小包价旅游多种形式。

（7）按旅行工具：主要选择铁路旅游、徒步旅游、骑车旅游为主。

注：进行市场细分的标准仅简单举例，学生可根据实际旅行社产品经营情况进行择优选择，市场细分时要考虑本企业资源条件和发展战略。该旅行社是一家经营规模较大、有丰富经验的旅行社，其位于沈阳高校聚居区，资金雄厚，运营良好。

3. 目标市场确定及目标市场营销模式选择

（1）目标市场选择：辽宁省内高校大学生作为主要的目标市场顾客群。

（2）目标市场营销模式：市场专门化，为辽宁省高校大学生旅游消费者提供不同类型的旅游产品。

（3）目标市场营销策略：无差异型营销策略。

该旅行社运营良好，与同类竞争者相比资金雄厚，资源条件有优势，该旅行社在全省地接业务属于领先地位，经营特色尤以国内游、短程旅游为主。未来企业发展战略是省内地接业务做全国知名，省内第一。占领大学生旅游市场，打造全国品牌是未来发展目标。因此需有满足不同层次、不同类型的旅游产品，故选择市场专门化营销模式 。

目标市场营销策略主要有三类，即无差异型、差异型和集中型营销策略，影响目标市场营销策略的因素主要有企业实力、产品同质性、市场同质性、产品生命周期及竞争者状况（见表 4–6）。根据分析，企业实力强，旅游产品虽有差异，但差异性不大，顾客的需求、爱好、消费特征同质性高，目前产品处于投入期，竞争对手力量不强，故企业可选择无差异型市场营销策略。

表 4–6　影响目标市场营销策略的因素

营销策略类型	企业实力	产品同质性	市场同质性	产品生命周期阶段	竞争者状况
无差异型	强	高	高	投入期、成长期	弱
差异型	强	低	低	成熟期	强
集中型	弱	低	低	衰退期	强

4. 市场定位

该旅行社竞争实力强，在产品、服务、价格方面有绝对的优势，目标是做该产品市场第一，故旅行社采取的市场主导者策略。通过挖掘整个市场的潜在需求，扩大市场占有率等方式实现自己的领先地位。具体实施策略如下：

（1）从产品属性方面定位，量体裁衣，设计开发符合大学生需求的旅游产品。

旅行社根据出游动机设计不同旅游产品。大学生外出旅游动机主要包括观光游览、开拓视野、体验参与、增进感情，在开发旅游产品时应针对性地开发集观光性、参与性、知识性于一体的大学生旅游产品，设计适合培养学生团队精神、竞技精神、增进友谊、益智健身的互动产品。

一是修学旅游。学习目的较强、可增进社会实践经验和开阔眼界，如英语学习的夏令营、革命根据地的考察游、少数民族地区的文化采风游等。

二是运动旅游。大学生精力充沛，活泼好动，多数酷爱体育运动，可开展具有健身和娱乐性的旅游活动，如登山健身游、滑雪、游泳、冲浪、沙滩排球等。

三是探险旅游。大学生追求个性化，喜欢进行探险或令人惊心动魄的旅游活动。旅游企业在安全有保障的前提下，可开展漂流、攀岩、探秘等探险旅游活动。

四是如生态旅游等专题旅游。大学生出游在很大程度上都是以班团、社团组织的形式进行。因此可针对团队游的主题需求进行旅游产品设计。在特殊节假日的主题旅游，如植树节、地球环保日等，开展乡村踏青游、七一红色旅游、摄影爱好者游，徒步旅游、自行车旅游等等。

（2）从产品结构方面，当前大学生思想活跃，旅游追求多元化、个性化，进行旅游产品设计时要机动灵活。

一是在旅游产品的组合上机动灵活。吃、住、行、游、娱、购项目分别列示，大学生可自由选择，自由组合，形成短、中、长线的包价旅游或小包价旅游，甚至零包价旅游。

二是旅游方式多样化。针对大学生不同的需求，设计多种可选择的旅游方式，如远足、自行车、火车等，也可将它们进行组合。

三是组团要机动灵活。大学生出游前大都需要找志同道合的出游者，尤其是女生。旅游企业完全可以根据各自的特点，推行自组旅游团。

四是推出多种单项服务项目。进行自助游需租赁骑行装备和露营装备，服务项目类如订车、订票、订酒店等。

五是根据出游时间设计专项旅游线路，如针对学生假期集中、时间固定、相对充裕的特点，可推出假期游、国庆游、五一游、周末一日游等专项线路。如在周末推出的自行车一日游，专为在校学生量身打造，该线路推出后在学生中取得了相当好的反响。

（3）从产品质量和价格方面，可根据大学生消费能力进行，做到物美价廉，性价比高。

大学生旅游市场集中、市场规模大，消费水平低，对价格敏感，这就决定了旅行社必须以低成本战略，实现价格优势，取得竞争优势，只有价格合理，才能激发潜在需求，扩大市场范围。因此在产品价格方面，一方面应该走低成本路线，餐饮、住宿等产品不讲究豪华，舒适即可，注重产品的性价比；另一方面可根据出游的不同时间和地点制定不同价格。这样既可利用淡旺季景区的优惠价格吸引大学生，又可充分合理利用旅游资源，调节旅游企业的经济收益结构。三是对可选择的旅游项目进行分别标价，既可降低旅游产品的直观价格，又可让大学生根据自身经济条件选择旅游项目，使其从心理上更能关注旅游产品。

（4）从市场营销策略方面旅行社要采用多种促销方式，快速高效地将产品特色传递给目标顾客群，并在目标顾客群心中形成不同于竞争对手的产品印象。

一是与校内社团、学生会等组织合作。目前我国高校内社团、学生会等组织十分活跃，在大学生中具有较强的影响力。旅游企业可以通过与这些社团、组织合作，通过活动赞助、冠名等方式，深入校园内部，开拓大学生旅游市场，将品牌逐步融入大学生群体当中。如通过赞助校园导游大赛、开办培训讲座等形式，一方面提高了自身的知名度，另一方面又节省了人力、财力，达到了良好的营销效果。

二是积极培养校园学生代理。大学校园充满了学术氛围，商业性强的广告宣传或人员推销很难走进学生的生活。为了消除大学生对企业的不信任感，旅游企业可聘用在校大学生尤其是旅游专业的大学生作为固定旅游直销人员，利用其拥有一定的专业基础、交际范围广、朋友多的优势，长期宣传、销售旅游产品，达到深入扎根高校大学生旅游市场的目的。

三是有效利用网络平台促销。大学生大多爱好上网，旅游企业可通过网络信息工具向目标客户直接传递相关信息。由于 QQ、微信等信息工具使用的普遍性以及学生群体对其的依赖性，可利用网络将你所要表达的信息无限制地传播。旅行社可建立一个代表团队形象的官方 QQ 及微博，发布营销软文，直接与用户面对面交流，迅速发现并解决问题，有利于在用户群中良好口碑的建立，让客户自主地去替你宣传，赢得广大的忠实客户。

四是在特定的时机、时段和地点，采用宣传单、报纸、海报等宣传形式，在食堂、娱乐场所等地进行促销，利用大学生旅游市场集中的特点，来取得良好的宣传效果。旅行社也可通过给校园广播站、校学生会宣传部提供赞助进行合作的方式，发挥校园广播及平面宣传栏等媒体的宣传作用，从而有效地进行促销。

【考核评价】

表 4–7　定位目标市场任务考核评价表

考核类型	评价项目	评价要点	得分	满分
成果考核	大学生旅游市场定位分析	全面准确分析大学生旅游市场消费者需求特征	10	70
		能正确进行有效的市场细分，确定目标市场	10	
		正确进行目标市场模式选择，并合理分析	15	
		合理进行大学生旅游市场定位分析	20	
		报告总体分析有理有据，逻辑关系清晰	5	
		文档内容完整，语言清晰、简洁，图表运用得当	5	
		文档排版格式整齐、美观，布局合理	5	
过程考核	个人课堂活动表现	积极主动发言，学习态度端正	3	10
		无迟到、早退、旷课现象，课堂出勤良好	3	
		积极参加讨论、认真完成各项任务训练，课堂参与度高	4	
	团队任务活动表现	任务分工明确、团队合作能力强	5	20
		任务实施中能及时处理问题、协调沟通顺畅	5	
		团队积极乐观、勇于挑战，能主动完成任务	5	
		思路设计新颖、方法多样，团队创新能力强	5	

【归纳总结】

通过对大学生旅游市场进行市场定位分析，明确了旅游企业市场定位的过程，即首先进行市场细分，其次选择与企业经营目标、资源条件相一致的细分市场作为目标市场，被选定作为目标市场的细分市场必须满足条件：即规模大、市场有吸引力、企业可以获利。选择目标市场时企业需确定目标市场营销模式及市场营销策略，在对目标市场需求进行充分分析的基础上，将符合目标市场的旅游产品进行定位。企业进行产品市场定位包括从产品属性方面、价格质量方面、使用者方面等等。最后根据竞争者的地位确定企业市场定位策略。通过本次任务要求进行目标市场选择及市场定位，掌握目标市场营销模式及策略，市场定位的方法和策略。

【相关知识】

1. 旅游目标市场选择概述

旅游目标市场即旅游企业的目标消费群，也就是旅游产品的销售对象，它是旅游企业在整体旅游市场上选定作为营销活动领域的某一个或某些细分市场。旅游企业目标市场选择，就是在旅游市场细分的基础上，选择少量细分市场作为自己营销活动对象的过程。旅游目标市场选择是旅游市场细分的目的，旅游市场细分是旅游目标市场选择的前提。

旅游企业选择的目标市场，一般需满足以下的条件：

（1）细分市场具有一定的规模和发展潜力

旅游企业选择某一个或某些细分市场作为旅游目标市场，其最终目的是期望旅游企业进入该领域后具有长期获利能力。因此，潜在细分市场要具有适度规模和适当的预期增长率，这样的目标市场才有一定的发展潜力，才能成为旅游企业进入的前提。测算目标市场的发展潜力一般可通过估算目标市场的需求容量来进行，目标市场的需求容量就是该市场旅游消费者人数、购买力和购买欲望三者乘积的结果。

（2）细分市场具有较强的吸引力和竞争力

分析细分市场的吸引力是旅游企业选择目标市场的基础和出发点。一般来讲，细分市场获利能力越高，其吸引力也越强。哈佛大学商学院波特教授指出，评价一个市场或细分市场的长期获利能力及竞争力需要从行业竞争、替代品、购买者、供应商及新加入者五个方面分析。如果未来目标市场处于竞争激烈、存在较多的替代品、旅游消费者及供应商具有较强的讨价还价能力，新加入者进入壁垒低的状况，这样的目标市场则没有吸引力。

（3）选择的目标市场要与旅游企业的发展战略与经营能力相统一

选择的目标市场必须与旅游企业的经营目标和发展战略相一致，旅游企业才能充分发挥自身优势，才能充分利用自身资源，扬长避短，突出特色，提高经营效益，增强竞争力。即使目标市场的吸引力再大，一旦与旅游企业的经营目标和发展战略相偏离，旅游企业只能放弃。

2. 旅游目标市场选择模式

旅游企业在确定目标市场时，必须考虑选择一定的模式，以确定旅游企业目标市场的范围与营销方式。可供旅游企业选择的目标市场模式有以下五种。

（1）密集单一市场

密集单一市场也称产品市场集中化，即旅游企业只选取一个细分市场，仅提供一类旅游产品对某一类目标顾客群进行集中营销（如图 4–2）。采用这一模式，有利于旅游企业集中有限资源满足某一类旅游消费者群的需求，保证旅游产品精细化、品牌化，有利于巩固旅游企业的市场地位，建立良好的声誉。不足之处是经营风险较大，如果市场容量小，一旦市场环境出现波动，旅游企业回旋余地小。

（2）产品专门化

产品专门化是指旅游企业提供一类旅游产品满足各类旅游消费者的需求（如图 4–3）。旅游企业可以根据不同的旅游消费者群提供不同档次和功能的旅游产品。采用这一模式，容易使旅游企业在该类旅游产品的经营领域形成竞争优势，创立品牌，树立较高的声誉，与密集单一市场相比，可以降低一定的风险。不足之处是旅游产品再好，都不可能得到所有旅游消费者的满意，特别是当竞争对手设计出质量更高的旅游产品时，旅游企业可能会失去一些产品追随者，另外一旦有新技术或替代品出现，企业面临的市场风险较大。

（3）市场专门化

市场专门化是指旅游企业只为某一类旅游消费者提供他们所需要的各类旅游产品（如图 4–4）。如某一旅行社以“大学生市场”为目标市场进行的各类旅游产品设计，包括探险旅游、修学旅游、运动旅游、寻古旅游、观光旅游、度假旅游等，同时依据追求的利益不同和旅游形式不同将这些旅游产品分为高、中、低档，自驾旅游和组团旅游等。为了适应当前出国热，还开发了大学生境外旅游。采用这一模式，确实可以充分满足某类旅游消费者的需求，可充分挖掘市场需求潜力，由于旅游产品多样化，可以有效降低经营风险。不足之处是，由于产品多样化，旅游企业有限的资源将分散到各个旅游产品中，因此很难把旅游产品做精、做出品牌。如果该类市场的旅游消费者需求下降，会直接影响旅游企业的收入。

（4）选择性专门化

选择性专门化是指旅游企业选择若干个细分市场作为自己的目标市场，并为这几类旅游消费者群提供不同类型的旅游产品（如图 4–5）。采用这一模式可以有效降低旅游企业的经营风险，不足之处是旅游企业需要具备一定的经营能力，有较强的经济实力，企业需保证各类旅游产品的竞争力。

（5）全面覆盖

全面覆盖是指旅游企业全方位进入旅游各个细分市场，为旅游消费者提供各类旅游产品（如图 4-6）。一般采用这种模式的旅游企业都属于经济实力雄厚，在旅游市场中占主导地位的大型旅游企业。

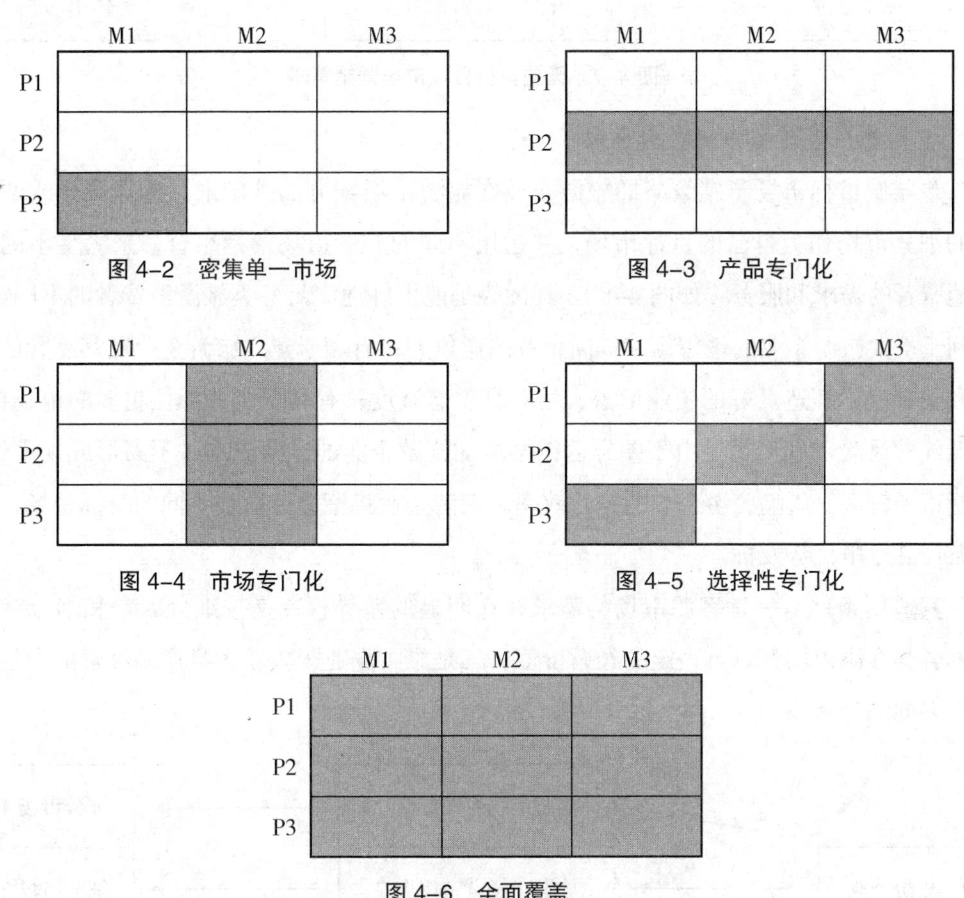

图 4-2　密集单一市场

图 4-3　产品专门化

图 4-4　市场专门化

图 4-5　选择性专门化

图 4-6　全面覆盖

3. 旅游目标市场营销策略

（1）无差异型目标市场营销策略

无差异型目标市场营销策略即旅游企业将整个旅游市场视为一个整体，只提供一种旅游产品组合，运用一种旅游市场营销组合，来满足所有旅游消费者共同的需求和服务（如图 4-7）。其优势是容易形成规模经济，可以大大降低旅游产品成本，容易形成名牌产品的声势和地位。其不足是忽略旅游消费者需求的差异性，市场适应能力弱，存在较大的经营风险。

其适用条件：一是其适用于整个客源市场的需求虽有差别，但需求的相似程度较大的市场，如一些垄断性资源如中国长城、埃及金字塔等；二是客源市场的需求虽有实质上的差别，但各个需求差别群体的经济规模较小，不足以使旅游企业通过某个细分市场的经营取得效益；三是企业内竞争程度较低，客源市场的需求量较高的市场，如供不应求的市场条件。

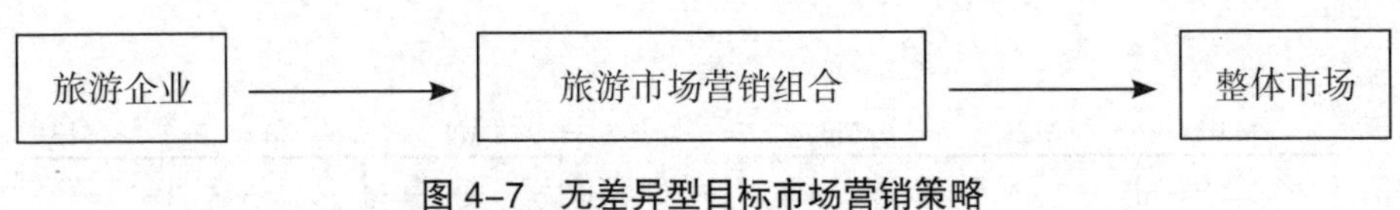

图 4-7　无差异型目标市场营销策略

（2）差异型目标市场营销策略

差异型目标市场营销策略即旅游企业在旅游市场细分的基础上，选择两个或两个以上的细分市场作为自己的目标市场，并运用不同的旅游市场营销组合，来满足不同类旅游消费者的需求和服务（如图 4-8）。其优势是能更好地满足各类旅游消费者的不同需求，有利于扩大旅游企业的销售额和提高企业的竞争力；有利于建立旅游企业及其品牌的知名度和美誉度，塑造良好的企业形象，培养品牌忠诚度；有利于企业抓住更多的市场机会，降低经营风险。其不足是由于差异营销会增加旅游企业的经营成本，不易形成规模经济；目标市场较多，影响旅游企业的经营效率。旅游企业将资源分散到不同的目标市场，影响旅游产品竞争优势发挥。

其适用条件：一是客源市场的需求存在明显的差异；二是按细分因素和细分标准划分的各类客源市场都具有一定的经营价值；三是旅游企业规模较大且产品经营能力足以占领更多的细分市场。

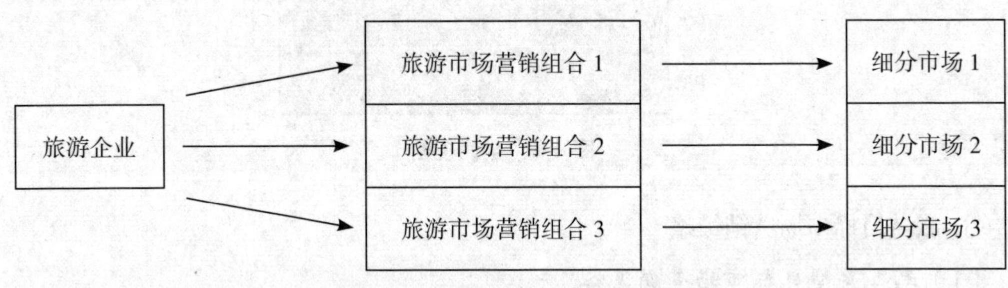

图 4-8　差异型目标市场营销策略

（3）集中型目标市场营销策略

集中型目标市场营销策略即旅游企业在市场细分的基础上，只选择其中一个或少量细分市场作为旅游目标市场，集中全部营销力量进行高度的专业化经营，来满足特定的旅游消费者的需求和服务（如图 4-9）。如某夕阳红旅行社专营老年人需要的旅游产品。其优势是在单一化、较小范围的市场范围内活动，占有资金相对较少，且资金周转相对较快，成本相对较低，可实现一定的规模经济效益；经营范围针对性强，容易形成产品的经营特色，满足旅游消费者需求的程度高，有利于促进和扩大企业和产品在特定细分市场上的知名度。其不足是旅游企业过分依赖小部分市场生存，经营风险大；如果旅游企业选择的目标市场是有利可图的较大细分市场，竞争者极易追随进入。

适用条件：一是旅游细分市场需具有明显的、实质的需求差异；二是旅游企业规模较小，且经营能力有限的条件下可采用。

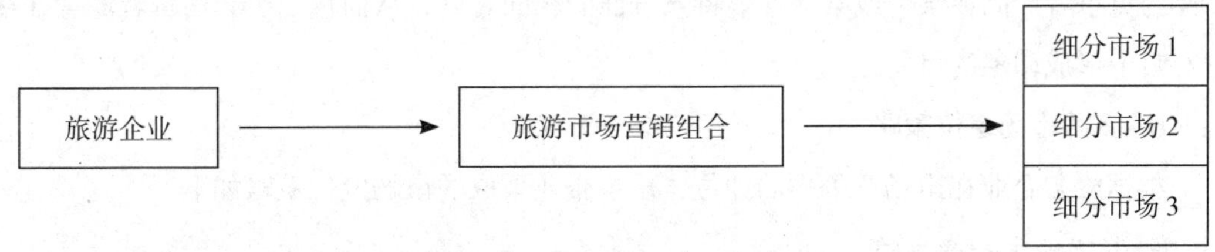

图 4-9　集中型目标市场策略

4. 旅游市场定位概述

旅游市场定位即指旅游企业根据目标市场上旅游消费者的偏好、竞争状况和自身优势，确定自身产品在目标市场上所处的竞争位置。其实质就是针对目标市场旅游消费者心目中某一特定需求，为本企业产品或服务设计鲜明、独特而深受欢迎的营销组合，以形成本企业产品或服务的竞争优势。

旅游企业进行旅游市场定位，有利于旅游企业有针对性地开展营销活动；有利于旅游企业造就和强化在旅游消费者心目中的持久形象；有利于旅游企业拓展目标市场潜力。

5. 旅游市场定位的方法

（1）根据旅游产品的特色定位

这是最常见的一种市场定位方法，即根据自己产品的某种或某些优点，或者根据目标顾客所看重的某种或某些利益进行市场定位。如人们常说的“九寨归来不看水，黄山归来不看山”就是对九寨、黄山的山水特色的最确切描述。

（2）根据旅游产品用途进行定位

该定位方法强调能满足旅游消费者什么样的利益诉求。产品本身的属性及由其衍生的利益，解决问题的方法都会给旅游消费者产生不同的印象，引起旅游消费者注意，从而形成自己的产品特色。

（3）根据产品的“质量—价格”定位

“质量—价格”反映了消费者对企业产品实际价值的认同程度，即对产品“性价比”的分析判断，人们常说的“优质优价”“劣质低价”正是反映这种产品定位思路。

（4）根据产品使用者进行定位

根据使用者的心理与行为特征及特定消费模式塑造出恰当的形象来展示其产品的定位。旅游企业通常会针对一些特定旅游顾客群进行促销活动，从而在顾客心目中建立起企业产品“专属性”特点，最终激发旅游顾客的购买欲望。

（5）借助竞争者进行定位

这种方法是指旅游企业通过将自己同市场声望较高的某一同行企业进行比较，借助竞争者的知名度来实现自己的形象定位。其通常做法是通过推出比较性广告来说明本企业产品与竞争者产品在某个或某些性能特点方面的相同之处，从而达到引起消费者注意并在其心目中形成印象的目的。

6. 旅游市场定位策略

根据旅游企业在市场竞争中的地位，旅游企业采取的市场定位策略如下：

（1）市场主导者策略

市场主导者策略也称领先定位，是指在相关的产品市场上具有最大市场占有率的旅游企业所采取的策略。采用该策略的旅游企业必须是竞争实力强，在产品质量、服务、价格等方面有绝对优势的旅游企业。一般通过拓展挖掘整个市场需求，保证现有市场占有率，扩大市场占有率等方式实现自己的领导者地位。

（2）市场挑战者策略

市场挑战者策略也称迎头定位，是指旅游企业把产品定在与竞争者相似的位置上，同竞争者争夺同一细分市场，通过竞争提高声誉和注意力的策略。采用该策略的旅游企业自身的资源和实力必须与竞争者相当，可谓是伯仲之间，其产品与竞争对手非常相似，产品质量和性能方面各有所长，实施该策略时需做到知己知彼，方可百战百胜。

（3）市场跟随者策略

市场跟随者策略也称避强定位，是指旅游企业为避免在市场竞争中损失增大而自觉维护与领先者共存局面的策略。采用该策略的旅游企业其产品服务须与最强或较强的竞争者有显著的区别。在竞争中，跟随者要确保自己不失去某些方面已存在的竞争优势，才能保住现有市场或进入新市场。跟随并不意味着单纯模仿，跟随者须设法给自己的目标市场提供特殊利益，培养自己的优势，降低成本，保持较高的产品和服务质量。

（4）市场补缺者策略

市场补缺者策略也称创新定位，是专门经营被大企业所忽略或放弃的一些细小市场，以弥补市场的“空缺”的小旅游企业。市场补缺者的主要制胜策略是专业化定位策略，即在市场、旅游者、旅游产品或营销组合等方面实现专业化。如旅游者规模专业化，专门为某一种规模（大、中、小）的客户服务；服务项目专业化，专门提供某一种或几种其他企业没有的服务项目；分销渠道专业化，专门服务于某一类分销渠道，如专门为航空公司的旅客提供食品。

【拓展提高】

1. CI战略与CS战略概述

随着市场经济走向成熟，旅游企业的竞争已不仅仅是单一生产经营层面上的竞争，而是在理念与价值取向、目标与企业精神、决策与经营哲学、人才与员工教育等多方面的全方位整体性竞争。CI战略与CS战略作为一种全新的经营战略，它们具有超前性、多维性和诱发性的特点。

（1）CI战略

CI是企业形象识别（Corporate Identity）的简称。CI组合即企业识别系统，它由三个子系统构成：理念识别（Mind Identity，MI）、行为识别（Behavior Identity，BI）以及视觉识别（Visual Identity, VI）。CI策划，就是运用CI方法对旅游区或旅游企业进行整体策划，帮助其创造富有个性和感染力的全新形象。

（2）CS战略

CS是顾客满意（Customer Satisfaction）的缩写，它是20世纪90年代国际上新兴的营销战略。CS战略是一种面对买方市场新形势的出现，强调从顾客需求出发，要求企业的整个经营活动要以顾客满意度为中心，要从顾客的观点而非企业本身的观点来定义消费者的需求，它通过运用CSI（顾客满意度）和CSM（顾客满意指数）对企业产品、服务、品牌不断定期定量、综合性测评与改进、优化服务品质使顾客满意度最大化，进而赢得顾客品牌忠实度。

2. CI战略与CS战略在旅游市场定位中的运用

CI战略在旅游市场定位中的运用，可体现在：一是对旅游企业进行形象定位；二是建立旅游企业的识别系统；三是开展旅游企业形象的传播、反馈和评价工作。

CS战略在旅游市场定位中的运用，可体现在：一是强化旅游消费者至上的经营观念；二是提高旅游从业人员的服务质量；三是广泛征询旅游者意见。

综上所述，综合考虑CI战略与CS战略，旅游企业在进行旅游市场定位时，一方面要强调旅游地或旅游企业的经营理念、行为和视听具有可识别性的个性创造，突出区域特色、企业特色和产品特色。另一方面要强调旅游者的满足感，注重建立健全反馈机制与满意评价机制。做到创造需求的同时适应需求，既留住目标旅游消费群又吸引潜在旅游消费者，从而真正实现经济效益、社会效益与文化效益的统一。

【实训或练习】

案例分析：依据市场定位理论对四川省旅游产品市场定位进行评价。

案例链接

哈尔滨旅游何以火爆出圈？

哈尔滨被誉为“冰城”，冰雪作为哈尔滨的城市IP，不仅是一种自然资源或一个标识，它更像是城市的“文化芯片”，让哈尔滨市更具辨识度、记忆点，也深深植入几代国人的记忆之中。尤其是我国成功举办北京冬奥会后，随着“北冰南展西扩东进”战略的实施，我国成功实现了“三亿人参与冰雪运动”，推动冰雪旅游和冰雪运动逐渐从小众走向大众，成为大家喜闻乐见、广泛参与的娱乐活动。正是在这种冰雪热的大背景下，2024年初，各大社交媒体上出现了众多关于哈尔滨宠爱“南方宝宝”的热门内容，一经发布纷纷登上热搜，推动哈尔滨成为“网红城市”，假日市场呈现井喷需求新景象。数据显示，2024年元旦假期3天，哈尔滨市累计接待游客304.79万人次，实现旅游总收入59.14亿元，游客接待量与旅游总收入达到历史峰值，成功打造了“冰天雪地也是金山银山”的生动实践。

要求：根据案例，并调研分析哈尔滨旅游火出圈的原因，并形成报告？

【项目小结】

市场细分是目标市场选择和市场定位的基础，是企业实施相关的营销组合的前提。旅游市场细分是指旅游企业根据旅游消费者的特点及其需求的差异性，将一个整体市场划分成若干个旅游消费者群体的活动过程。旅游市场细分是从旅游消费者的角度进行划分的，即旅游消费者的需求、动机、购买行为的多元性和差异性来划分的，而不是从产品品种、产品系列角度进行的，产品细分是市场细分的结果。旅游市场细分的原则包括可衡量原则、可盈利原则、可进入原则和相对稳定性原则。旅游企业要进行有效的旅游市场细分，就必须找到适当的科学合理的细分标准，通常情况包括地理因素、人口因素、心理因素和行为因素等四个变量。

旅游企业目标市场选择，就是在旅游市场细分的基础上，旅游企业选择少量细分市场作为自己营销活动对象的过程。旅游目标市场选择是旅游市场细分的目的，旅游市场细分是旅游目标市场选择的前提。被旅游企业确定为目标市场的细分市场须具备三个条件：一是细分市场具有一定的规模和发展潜力；二是细分市场具有较强的吸引力和竞争力；三是选择的目标市场要与旅游企业的发展战略与经营能力相统一。

旅游企业在确定目标市场时一般有五种模式即密集单一市场、产品专门化、市场专门化、选择性专门化和全面覆盖。目标市场营销策略有三种即无差异型目标市场营销策略、差异型目标市场营销策略及集中型目标市场营销策略。

旅游市场定位即指旅游企业根据目标市场上旅游消费者的偏好、竞争状况和自身优势，确定自身产品在目标市场上所处的竞争位置。旅游企业进行市场定位可根据旅游产品的特色定位、旅游产品的用途定位、产品使用者定位、产品的“质量—价格”定位及借助竞争者进行定位。旅游市场定位策略包括市场主导者策略、市场挑战者策略、市场跟随者策略及市场补缺者策略。

项目五　打造旅游产品

教学目标

※ 能力目标

1. 能够依据旅游产品不同生命周期阶段，开发不同的营销策略；
2. 能够依据旅游产品开发程序，开发不同的旅游产品；
3. 利用旅游产品品牌策略，合理使用品牌、传递品牌、创造品牌。

※ 知识目标

1. 了解旅游产品的概念；
2. 熟悉旅游产品的构成；
3. 熟悉旅游产品的类型；
4. 熟悉旅游产品的组合；
5. 掌握旅游产品生命周期；
6. 掌握旅游产品生命周期各阶段营销策略；
7. 了解旅游产品开发原则、要求、程序；
8. 掌握旅游产品品牌的开发；
9. 掌握旅游产品品牌的塑造；
10. 掌握旅游产品品牌的维护。

※ 素质目标

1. 具有热爱旅游事业的敬业乐业精神；
2. 运用专业知识进行业务规划，具有较强的语言表达能力；
3. 能够与业界同行、旅游服务供应商、客户进行良好的沟通协调；
4. 培养互相合作的团队意识。

任务5-1　认知旅游产品

旅游业是一个比较特殊的行业，我们常常把它划分到第三产业，即服务业，但是旅游业不仅具有第三产业的特点，也具备了第二产业的某些特性。这就决定了旅游产品所具有的特殊性，在4PS营销理论中，产品是支柱和基础，没有了产品，所有市场营销活动也就失去了意义。旅游产品策略的正确与否，直接影响旅游企业经营全局。

【任务引入】

海南省某摄影爱好者俱乐部在报纸上看到了辽宁林苑旅行社的旅游产品广告，广告内容为东北三省冰雪3日游，这些摄影爱好者非常有兴趣参与这一旅游项目，于是根据广告致电林苑旅行社，并表示除了常规的旅游项目，是否能增加与摄影相关联的内容。旅行社根据顾客需求，结合传统旅游项目，迅速推出新的旅游产品："冰雪风光摄影"游。除了滑雪、滑冰等传统项目，旅行社还增加了专门到吉林赏雾凇、到雪乡拍雪景等内容。这些新增项目主要以汽车为代步工具，一路走到哪拍到哪，以写生、休闲为主，让更多摄影爱好者品味到了北方千里冰封、万里雪飘的磅礴与壮丽。

任务5-1-1　根据案例分析旅游产品的构成，并形成分析报告。

任务5-1-2　根据案例归纳旅游产品具有哪些特点，并形成报告。

【任务分析】

旅游产品是旅游市场营销组合四大要素之一，不仅是旅游企业赖以生存和发展的基础，也是旅游企业开始其经济活动的出发点，从经济学角度看，只有旅游产品属于生产领域，其他的价格、渠道、促销均属于销售领域。换言之，开发合理、有效的旅游产品，直接决定着价格策略、销售渠道、产品促销等营销任务的成败。

在解决任务5-1-1前，我们需要厘清旅游产品的定义，即何谓旅游产品，进而分析旅游产品由哪些层次构成。

完成任务5-1-1后，我们可以看到，旅游产品与传统意义上的商品相比，既具有一般商品的基本属性，又有其自身的特殊性，我们可以归纳总结出旅游产品显著特点，从而完成任务 5–1–2。

【任务实施】

任务 5-1-1　根据案例分析旅游产品的构成

步骤一　阅读案例，总体认知

通过阅读案例，我们可以得出一个较为明显的结论，即任何一种旅游产品的消费都是一个整体系统，不但满足某种单一需求，如餐饮、游览、购物等，还能得到与此相关的附属利益，如具有针对性的"摄影"游。因此，相应的旅游企业所出售的旅游产品也应该是一个整体系统，在激烈竞争中，只有向游客提供更完善的服务，才能满足游客所需。

步骤二　分析案例，理论对照

旅游产品作为一种特殊的产品，包括以服务为主要内容的吃、住、行、游、购、娱以及其他辅助设施条件（如建筑、客房、景观等）。从这一角度出发，我们可以从核心层、形式层、延伸层三个层次来理解旅游产品，如图 5–1 所示。

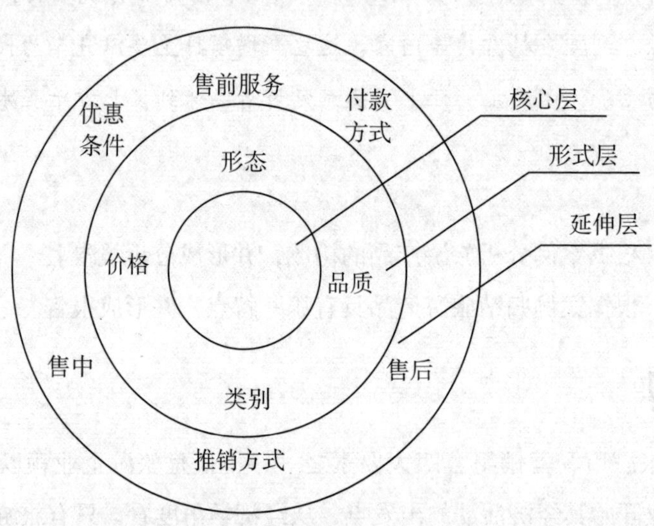

图 5–1　旅游产品的三个层次

1."冰雪风光摄影"游中吃、住、行、游、购、娱等基本旅游行程安排为核心层基本需求的实现。核心层是指旅游者购买旅游产品时所追求的利益，是旅游者真正想要的东西，因而在旅游产品整体概念中也是最基本、最主要的内在层次。旅游者购买旅游产品并不是为了占有旅游产品，而是为了满足他们的旅游欲望和需要。旅游者在旅游过程中所追求吃、住、行、游、购、娱是满足其旅游欲望和需要的表面形式，其内在追求是一种旅游经历、一种感受和体验。

2.“冰雪风光摄影”游其线路价格、线路进行过程中舒适与否等为形式层的需求实现。形式层是核心层借以实现的形式，即向市场提供的实体和服务的形象。包括旅游产品的质量、价格、特色、风格、形态、组合方式等内容。旅游产品的基本效用必须通过某些具体形式才得以实现。旅游企业应首先着眼于旅游者购买旅游产品时所追求的利益，以更完美地满足旅游者的欲望和需要，并从这一点出发去寻找利益得以实现的形式，进行旅游产品的开发和设计。

3. 旅行社在接到旅游者要求增加摄影内容的条件后，迅速调整旅游产品这一售中服务，即为附加层的延伸需求实现。延伸层是旅游者购买产品时所获得的全部附加利益，是旅游产品的附加价值。包括提供给旅游者的优惠条件、付款方式、推销方式、售前服务、售中服务、售后服务等内容。美国学者奥多·莱维特在《市场营销方式》一书中指出：“新的竞争不是发生在各个公司工厂生产什么产品，而是发生在其产品能提供何种附加利益。”延伸层为旅游者提供的附加利益，能形成对顾客的独特吸引因素，从而创造旅游者对旅游产品和企业的忠诚，有助于旅游企业保持和扩大市场。

步骤三　结合案例，归纳总结

通过案例分析，我们不难得出结论，任何一种旅游产品都是整体而不是单一的部分，都由核心层、形式层、延伸层三方面组成。这就要求旅游企业在注重基本服务质量的同时也要注重有形部分和延伸部分形成差异，给竞争带来优势。

任务 5-1-2　根据案例归纳旅游产品与传统商品相比，具有哪些特点

步骤一　阅读案例，总体认知

旅游产品是一种特殊产品，它更多时候不是以实物形态表现出来的一个个具体的有形产品，而是以多种服务表现出来的无形产品。

步骤二　分析案例，理论对照

1. 本案例中旅行社在产出旅游线路“东北三省冰雪 3 日游”后，接到了旅游者的建议，迅速调整旅游产品变成了“冰雪风光摄影”游，其旅游产品的产出与售前、售中、售后服务几乎同步进行，正体现了生产与消费的同步性。

2. 本案例中旅行社在接受旅游者意见后迅速调整了旅游产品，这种调整与旅游产品最终产出是没有实物展示的，他们是无形的服务，但是旅游者在实地进行旅游项目中，享受了旅游服务，就可以把无形的旅游产品有形化，它体现了旅游产品的无形性的特质。

3. 以冰雪旅游为例，任何景区的滑雪、滑冰等设施、场地若当天无人购买使用，则这一天的使用价值无法实现，也就不能称其为旅游产品，可见旅游产品具有无法存储的特殊性，这体现了旅游产品特殊的不可存储性。

4. 旅游产品不同于其他物质产品可以运输并在交换后发生所有权转移，案例中摄影爱好者们购买了“冰雪风光摄影”游这一旅游产品，得到的并不是冰雪资源本身或设施设备的所有权，而是“观赏”“拍摄”“游览”等权利，获得的是独特的旅游经历与摄影成果，其冰雪旅游资源本身是无法移动的，这就是旅游产品的不可转移性。

5. 旅游产品作为一种商品已经成为人们享受生活的一部分，但是它与日用品等工业化产品相比，更容易受到各方面因素影响。案例中的冰雪旅游项目依托于寒冷的天气，如果气温一直无法降到零下，则这些设施设备会无法运转，消费者自然将转移目的地，改为去别的地点进行旅游，旅游产品的替代性可见一斑。

6. 旅游产品是由多种多样的旅游对象资源与旅游设施以及其他旅游服务构成的，如冰雪旅游项目，既需要滑雪、滑冰的场地设施，又包含工作人员的指导与服务，同时还依托气象气候等外部环境，可见它是一种典型的综合性产品。

步骤三　结合案例，撰写报告

结合案例，我们能够看出，旅游产品与传统商品不同，有其自身的特殊性，我们可以对比旅游产品的六个特点来撰写分析报告。

报告概述如下：

1. 某苑旅行社的旅游产品“东北三省冰雪 3 日游”，在接到了旅游者的建议后，迅速调整产品构成变成了“冰雪风光摄影”游，其产品生产和消费在时间上和空间上同时出现。

2. 某苑旅行社在接受旅游者意见后迅速调整了旅游产品，其导游服务、线路设计、日程安排都经过改进，但这种改进不能以实物形式进行展示，当这些摄影爱好者实地去进行“冰雪风光摄影游”旅游项目后，享受到了这些服务，才可以把无形的旅游产品有形化。

3.“冰雪风光摄影”游所涉及到的冰雪景观、各类冰雪娱乐设施等当天无人购买使用，则这一天的使用价值无法实现，也就不能称其为旅游产品，只有这些旅游者到达目的地后实际享受到了这些旅游资源与旅游服务，这些旅游项目才真正成为旅游产品。

4. 摄影爱好者们购买了“冰雪风光摄影”游这一旅游产品后，获得了“观赏”“拍摄”“游览”等权利，得到了独特的旅游经历与摄影成果，但是这些行为和成果，需要旅游者前往旅游地进行，而旅游资源本身却不能因为获得这些权利而进行移动。

5.“冰雪风光摄影”游依托于寒冷的天气，如果气候温暖，则旅游产品无法实现，消费者自然将转移目的地，改为去别的地点进行旅游，其旅游产品就会被替代。

6.“冰雪风光摄影”游这一旅游产品，不是单纯的旅游线路，它包含滑雪、滑冰的场地设施，工作人员的指导与服务，依托气象气候等外部环境，是一种典型的综合性产品。

【考核评价】

教学过程中的考核标准如下：

表 5-1　认知旅游产品评价考核标准

<table>
<tr><th>考核类型</th><th>评价项目</th><th>评价要点</th><th>得分</th><th>满分</th></tr>
<tr><td rowspan="8">成果考核</td><td rowspan="4">案例分析报告</td><td>阅读案例，能够对案例有一个概括性描述</td><td>10</td><td rowspan="4">30</td></tr>
<tr><td>根据旅游产品三层次准确剖析案例涉及哪些层次，并形成报告，报告要全面、准确、延伸有条理</td><td>10</td></tr>
<tr><td>文档内容完整，语言清晰、简洁</td><td>5</td></tr>
<tr><td>文档排版格式整齐、美观，布局合理</td><td>5</td></tr>
<tr><td rowspan="4">旅游产品特点分析</td><td>能否结合案例</td><td>10</td><td rowspan="4">30</td></tr>
<tr><td>分析切入点是否准确</td><td>10</td></tr>
<tr><td>语言是否简洁流畅</td><td>5</td></tr>
<tr><td>报告格式整齐、美观，布局合理</td><td>5</td></tr>
<tr><td rowspan="7">过程考核</td><td rowspan="3">个人课堂活动表现</td><td>积极主动发言，学习态度端正</td><td>10</td><td rowspan="3">20</td></tr>
<tr><td>无迟到、早退、旷课现象，课堂出勤良好</td><td>5</td></tr>
<tr><td>积极参加讨论、认真完成各项任务训练，课堂参与度高</td><td>5</td></tr>
<tr><td rowspan="4">团队任务活动表现</td><td>任务分工明确、团队合作能力强</td><td>5</td><td rowspan="4">20</td></tr>
<tr><td>任务实施中能及时处理问题、协调沟通顺畅</td><td>5</td></tr>
<tr><td>团队积极乐观、勇于挑战，能主动完成任务</td><td>5</td></tr>
<tr><td>思路设计新颖、方法多样，团队创新能力强</td><td>5</td></tr>
</table>

【归纳总结】

通过案例分析，我们厘清了旅游产品的定义，即何谓旅游产品，进而分析旅游产品由核心层、形式层、延伸层三个层次构成。

旅游产品与传统意义上的商品相比，既具有一般商品的基本属性，又有其自身的特殊性，我们可以归纳总结出旅游产品的六个特点——生产与消费的同步性、无形性、不可存储性、不可转移性、替代性、综合性。

【相关知识】

1. 旅游产品的概念

旅游产品有广义和狭义之分。狭义的旅游产品是指旅游商品，即由物质生产部门所生产，由商业劳动者所销售的物品，它包括旅游期间购买的生活用品、纪念品等各种实物商品，仅仅满足旅游者外出旅游购物时的需求。广义的旅游产品是指旅游企业经营者在旅游市场上销售的物质产品和提供的各种服务的综合。它以旅游线路为主体，与各部门、各行业结合，从而满足旅游者伴随旅游所产生的吃、住、行、游、购、娱等六大基本需求，它既能满足旅游者的物质需求，又能满足旅游者精神方面的多种需求。本书采纳广义旅游产品的定义，并针对这一定义进行构成分析。

2. 旅游产品的特点

（1）生产与消费的同步性

其他产品的生产和消费在时间和空间上一般是分开的。而旅游服务往往是一种“面对面”服务，在旅游者到达以后，旅游服务人员和旅游者是在双方在场的情况下开始进行的，所以旅游产品的生产和消费在时间和空间上往往同时进行，这使得旅游产品具有生产和消费同步性的特点。

（2）无形性

虽然旅游产品构成中确有一部分物质产品供应，如客房、餐饮、景点设施等，但它们只是作为生产旅游服务的条件而存在。服务性的产品供应如导游、接待服务、旅游线路、日程、节目的设计编排等占有很大比重，属于构成旅游产品不可缺少的无形部分。而当旅游者在选择旅游目的地时，一般是见不到旅游产品形体的，在旅游者心目中只有一个通过媒介宣传和相关渠道介绍所得到的印象。只有当旅游者到达旅游目的地享受到旅游服务时，才能感受到旅游产品的使用价值。旅游产品的无形性要求旅游企业在推销其产品时，要把无形产品有形化，把旅游产品的特征和质量转化成旅游者能看得到或感觉到的信息，而传递给潜在目标市场。在大体相同的旅游基础设施条件下，旅游产品的生产及供应可能具有很大差异，因此旅游产品的深层开发和对市场需求的满足较多地依赖于“无形开发”，切实提高旅游服务质量和水平。

（3）不可存储性

旅游产品不存在独立于消费者之外的生产过程，生产的结果不表现为一个个具体的物品，而是通过服务直接满足旅游者的需求。因此，只有旅游者购买它并在现场消费时，旅游对象资源、旅游设施与旅游服务的结合才表现为旅游产品。如果没有旅游者的购买与消费，旅游对象资源、旅游设施与服务就不能实现这种结合，也就不称其为旅游产品。可见，旅游产品实现的时间性很强，如果它一天无人购买，那么它这一天的价值就丧失了。这就要求从事旅游业者切实树立“游客第一”的经营宗旨，努力开发旅游对象资源、改善旅游设施、充实服务内容、提高服务质量，树立企业品牌形象，争取更多客源。根据游客容量与接待能力，通过各种措施与途径平衡游客的时空分布，以提高旅游对象资源、设施的利用率，实现更多的旅游产品价值转移，获得尽可能多的经济收益。

（4）**不可转移性**

旅游产品实现交换后，旅游者得到的不是具体的物品，而只是一种感受或经历。旅游产品不同于物质产品可以运输并在交换后发生所有权转移，旅游者购买旅游产品，得到的并不是旅游对象资源或旅游设施本身的所有权，而是“观赏和享用”或“操作和表现”的权利，获得的是一种“接受服务”和“旅游经历”的满足感。在旅游活动中，发生空间转移的不是旅游产品，而是购买旅游产品的主体——旅游者。

（5）**旅游产品的替代性**

现代社会已经进入大众旅游时代，旅游度假正在成为人们现代生活的组成部分，但它毕竟不同于基本物质生活消费，而是要受到政治、经济、社会等各方面复杂因素的影响，表现出较强的需求弹性和替代性。旅游产品与其他商品之间存在互相替代的关系，旅游产品的价格同其他商品价格的不同变化，会引起旅游产品需求量的变化。旅游产品本身也具有很强的替代性。外出旅游是为了获得一种新鲜的体验，不同旅游目的地各有其特点，消费者选择的余地很大，且带有随机性，这就导致不同旅游目的和不同类型的旅游产品相互替代性很强。

（6）**综合性**

旅游产品的综合性表现为它是由多种多样的旅游对象资源与旅游设施以及其他旅游服务构成的，其中不仅包含了劳动产品，而且包含非劳动的自然创造物；既有物质成分，又有社会精神成分，是一种组合型产品。旅游产品的综合性是由旅游活动的性质与要求决定的。它是一种综合性的社会、经济、文化活动，其主体是旅游者，旅游者的需要是多方面的，不同旅游者的需求是有差异的，在市场经济条件下，旅游业者经营旅游产品，是为了通过满足旅游者的多种需要而获取利润，因此旅游产品包含的内容必然十分广泛。

3. 旅游产品的类型

（1）按照物理形态区分旅游产品包括实体产品和服务两大类，这方面与一般产品所不同的是作为实体产品的主要表现形式——旅游购物，在整个旅游产品中仅处于比较次要的地位；相反，旅游产品大量地表现为旅游服务。

服务有别于实体产品，它基本上是无形的。实际上，服务是一种活动，一种由生产者（服务者）提供，消费者（服务接受者）所享用的活动。并且，服务只存在于这个活动过程中，一旦活动过程结束，服务即不复存在。

（2）按功能作用区分可以分为交通、饮食、住宿、游览、娱乐、购物及其他服务。

①交通：是整个旅游活动中比较重要的一个环节，旅游者进出旅游地及在旅游地内各地点间的位移，一般都需要借助一定的交通工具，相应地支出交通费用。

②饮食与住宿：是为旅游者提供旅游活动中所必需的基本生活条件。饮食与住宿，是人类生活的两大基本需要，无论何时何地都不可缺少，旅游活动同样不例外，也必须包括这两项内容。

③游览和娱乐：一般是旅游活动的主要目的所在，因而无论是从费用支出上还是从时间分配上，它们都在整个旅游活动中占有较大比重，所以也在旅游产品中占有比较重要的地位。

④购物：一定意义上讲，是旅游活动的“副产品”。旅游者每到一个地方，每参加一次旅游活动，或多或少都会购买一些当地的旅游工艺品、纪念品、土特产品以及旅游中所需的各种生活用品。

⑤其他服务：是整个旅游活动的补充。由于人们的需求随社会的发展而日趋多样化，因而旅游者在旅游活动中除了上述一些活动外，还要进行一些其他的活动，如外出参观访问、储蓄、邮寄、洗衣、理发等。

（3）按旅游目的地区分，包括以下几种类型：

①观光游览型产品：是指为满足旅游者观光游览之目的而开发的旅游产品。我国地域辽阔，历史悠久，自然风光优美，名胜古迹享誉海外，在开发观光游览型旅游产品方面有得天独厚的优势。

②休养保健型产品：是指为满足人们休养保健的旅游需求而提供的旅游产品。选择这一产品以中老年游客居多。主要是因为他们无论身体素质还是健康状况都有所下降，其中一些人可能患有慢性疾病，因此更渴望到温泉、森林、海滩等空气清新、环境优美的地方旅游。这些旅游活动节奏慢、体力消耗小，比较适合中老年人的要求。结合健身疗养的项目，如气功、中医知识宣传，往往对他们更具吸引力。

③商务会议型产品：是指为满足公务旅游者的需求而提供的旅游产品。公务旅游者在外出进行贸易、访问及参加会议时，都需要当地提供一些特殊的设施和服务。他们希望参加一些当地的旅游活动，领略那里的风景名胜、风土人情，从而一举两得。从今后的发展趋势来看，这种旅游活动将不断增加，尤其是会议旅游，它是未来国际旅游业中最有前途的项目之一。会议旅游在我国起步较晚，虽然在不少城市也举办过一些国际会议，但同发展较快的国家和地区比，还有很大差距。

④文化知识型产品：是指为满足旅游者了解文化、增长知识的需求而开发的旅游产品。随着现代科学技术的日新月异，人们受教育程度的普遍提高，从而文化素质和思想观念也得到了不断提高和更新，旅游活动中旅游者已经不满足于一般的游山玩水，他们对文化和知识的兴趣越来越浓厚，希望通过一定的旅游活动增长自然、历史、地理、社会、文化、艺术、政治、经济及科技等方面的知识，以充实自己。

⑤主题节目型产品：旅游者往往还具有一些特定的旅游需求，这种旅游需求一般都有一个明确的主题，整个旅游活动都是围绕着这个主题来进行的。如新婚夫妇需要“蜜月旅游”；钓鱼爱好者热衷于“垂钓旅游”；笃信教规的信徒们会跋涉千里，去圣地朝拜等，这都属于主题节目型旅游活动。

4. 旅游产品的组合策略

旅游产品的生命周期理论告诉我们，任何旅游产品都有从投放市场到退出市场的过程。为了规避风险，旅游企业除了不断开发新产品外，还常常同时经营多个产品项目和产品组合，例如旅行社提供多种旅游路线产品。旅游产品组合的基本思路有二：一是向旅游产品组合的深度发展，二是向旅游产品的广度发展。具体实施产品组合时可采用以下几种策略。

（1）扩充产品组合策略

即开拓产品组合的广度，增加旅游线路的数量。一种途径是增加和扩充产品线，拓展企业的经营范围；另一途径是增加原有产品项目的品种。

（2）缩减产品组合策略

当市场繁荣时，较长、较宽的产品组合会为企业带来较多的盈利机会，但当市场不景气时，缩减产品组合反而可能会使总利润上升。这是因为从产品组合中剔除那些获利很小甚至无利的产品大类或产品项目，可使企业集中力量发展获利较多的产品大类与产品项目。

（3）完善产品组合策略

增加产品组合深度，提高产品质量，改变旅游方式，扩大旅游者的参与范围，使产品以新的形式出现在市场上。

（4）高低档产品策略

高档产品策略指在原有的旅游产品路线中增加高档产品项目，以提升同类旅游产品的知名度和企业形象，增加销量。低档产品策略则是在原有旅游产品路线中增加低档产品项目，使旅游产品日益大众化，利用原有产品的声誉吸引能力有限的低层次旅游消费者。

现实经济活动中，任何旅游产品的销售率、赢利能力、市场占有率都是动态变化的，因而不能强求任一旅游产品组合都能达到最优状态，即便达到这一状态也不是永久的。旅游产品组合的最优化是通过不断发展新的旅游产品和不断淘汰疲软产品来实现的，理论上最优状态是不可能出现的。

【拓展提高】

案例链接

在20世纪90年代末的法国，出现了一家名叫德格里夫的旅行社，它的知名度和营业额位居全法第二。然而，这个旅行社却有一个非常特别的地方——没有门市部，其成功在于利用电子媒体开展业务，在互联网上建立自己的旅游网页，使每个上网的潜在旅游者都能看到其商品。

与传统旅行社相比，没有门市部的旅行社具有其独特优势。

旅游产品营销不一定都采用门市部销售，关键是有自己的特色，从附加层角度与其他普通旅游产品区别开来，根据自身和市场情况而定。本案例中法国德格里夫旅行社虽然没有门市部，却利用互联网的高速，大范围普及宣传和销售自己的旅游产品，这样既可以节省门市部的大笔费用，又可以借助现代电子多媒体技术直接销售，使旅游消费者倍感亲切。我国上网人数年年以几何级数激增，利用网络进行产品销售，对中小旅行社意义非凡，对大体量的旅行社也具有重要的借鉴意义。

【实训或练习】

根据资料分析该旅游产品的三个层次构成并形成分析报告。

中国四大名著之一的《红楼梦》作者曹雪芹一生过半时间居住在江苏扬州，著作中贾府菜就是扬州菜。扬州宾馆巧妙打造文化特色牌，利用名人、名书，以“红楼梦”为主题，设计“红楼宴”，建造了充满古色古香的“红楼厅”。大厅门口“红”“楼”“梦”三个大红灯笼高悬，厅内镂花窗口上镶嵌金陵十二钗仕女图，宾客进入红楼厅，耳际飘荡着电影《红楼梦》的插曲，“贾府丫环”装扮的服务员引宾客入座。“红楼宴”设计匠心独具，如：“一品大观”由一个五彩拼盘拼为一个“品”字，以姜丝衬干丝的“金钗银丝”与“红楼梦”相映；洁白高雅的“雪底芹菜”；造型奇特的“宝钗借扇”“晴雯包”“如意饺”等令人赞不绝口。游扬州、逛瘦西湖、品“红楼宴”、饮茶于富春茶社等已成为扬州旅游的特色项目。

任务5–2 开发旅游产品

旅游产品开发是一个具体而微的过程，任何旅游产品都具有一定的生命周期，在其生命周期每个阶段的开发策略都各不相同，因此我们应当确认某一旅游产品处于其生命周期的哪一阶段，再研究不同的策略来进行开发。而随着旅游消费需求的不断变化和旅游企业之间竞争加剧，旅游产品的市场生命周期越来越短，使得新产品开发成为旅游企业生存和发展的重要途径，它不但可以满足消费者的需要，也体现了旅游企业的创新与活力。

【任务引入】

黄山作为我国知名的旅游景区，早在20世纪30—40年代就成立了建设委员会，政府作为主要力量参与开发，道路、水电、旅馆建设是开发的重点。20世纪70年代国家实行改革开放，黄山旅游人数激增，1979年—1987年旅游人数年均增长率为25.9%。旅游市场区域结构基本形成，旅游市场季节性明显，为了适应旅游迅速发展，黄山制定了风景区规划，加强了旅游基础设施建设。旅游人数迅速增长，对旅游环境产生的压力日益明显，旅游环境恶化现象已经出现。进入20世纪80年代中期，黄山旅游人数虽有增长，但增长率明显小于前期。1987年—1993年黄山旅游人数年均增长为3.7%，并且1987年以后旅游人数增长出现波动现象，有些年份呈现负增长。

任务5–2–1 如果你是景区规划人员，按照旅游产品生命周期规律，制定对应的营销策略，并形成报告。

任务5–2–2 根据旅游产品开发程序，如何在此基础上开发新的旅游产品。

【任务分析】

按照旅游产品生命周期理论，旅游产品生命周期通常可分为四个阶段，同一旅游产品在不同时期的销量和利润都会发生相应变化，为了解决任务5–2–1，我们需要先掌握旅游产品生命周期的规律是什么，相对应的营销策略有哪些，并形成报告。

旅游产品的开发有自己科学的程序，即创新构思→过滤筛选→概念发展与测试→营业分析→产品开发→产品试销→正式上市，通过分析我们知道黄山景区的旅游产品并不是完全的新产品，是在旧有产品基础上进行更新换代与改进，因此要解决任务 5-2-2，我们必须结合这一现实环境进行产品开发。

【任务实施】

任务 5-2-1　如果你是景区规划人员，按照旅游产品生命周期规律，制定对应的营销策略，并形成报告

步骤一　认知案例旅游产品生命周期阶段

旅游产品的生命周期是指旅游产品从投入市场，经过成长期、成熟期，到最后淘汰的整个市场过程。研究这一周期规律，主要从产品销售额的变化去分析研究旅游产品的市场需求量在时间上的变化，如图 5-2。

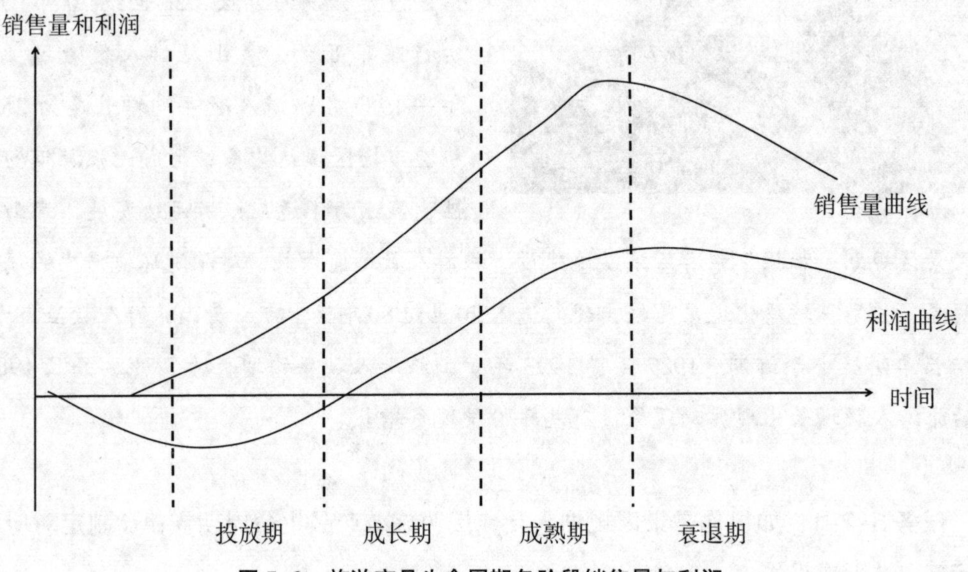

图 5-2　旅游产品生命周期各阶段销售量与利润

1. 投放期

投放期是旅游产品投入市场的初始阶段。此时旅游产品品种少，顾客对产品不了解，除少数追求新奇的顾客外，几乎无人实际购买该产品，旅游生产者为了扩大销路不得不投入大量促销费用，对旅游产品进行宣传推广。广告费用大，销售量有限，旅游企业通常不能获利反而可能亏损。

2. 成长期

产品通过试销效果良好，购买者逐渐接受该产品，旅游产品在市场上站住脚并且打

开了销路，需求量和销售额迅速上升。生产成本大幅度下降，利润迅速增长。与此同时，竞争者将纷纷进入市场参与竞争，使同类旅游产品供给量增加，价格随之下降，企业利润增长速度逐渐减慢。

3. 成熟期

经过成长期后，购买产品人数增多，市场趋于饱和。此时旅游产品达到普及并日趋标准化，成本低而产量大。销售增长缓慢直至转成下降，由于竞争加剧，同类产品经营企业之间不得不在旅游产品质量、服务、档次、包装等方面加大投入，一定程度上增加了成本。

4. 衰退期

随着科技发展以及消费习惯的改变等原因，旅游产品的销售量和利润持续下降，产品在市场上老化，不能适应市场需求，而市场上已经有其他性能更好、价格更低的新的旅游产品，足以满足消费者需求。企业将会由于无利可图而陆续停止生产，该类产品生命周期也陆续结束，直至最后完全撤出市场。

黄山旅游景区在 1987 年—1993 年后，其旅游产品销售增长缓慢甚至由于某些年份的负增长呈现波动，根据其外在特征我们能够判断出，其旅游产品已由成长期转入成熟期。

步骤二　针对案例制定对应营销策略

1. 旅游产品投放期的营销策略

在产品投放期，旅游企业所采取的营销策略通常都是新产品营销策略。有如下四种营销策略可供选择，如图 5-3：

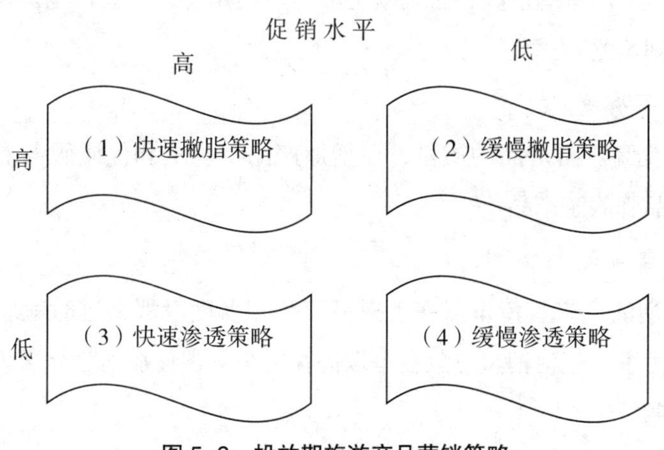

图 5-3　投放期旅游产品营销策略

（1）快速撇脂策略

即以高价格和高促销水平的方式推出新产品。采用高价格是为了在每单位销售中尽可能获取更多的毛利，同时，花费巨额促销费用向市场上说明虽然该产品定价水平高，但是物有所值。高水平促销活动加快了市场渗透率。采用这一策略的假设条件是：潜在市场在大部分人还没意识到该产品时；知道它的人渴望得到该产品并有能力高价付款；旅游企业面临潜在的竞争和建立品牌偏好。

（2）缓慢撇脂策略

即以高价格和低促销组合方式推出新产品。推行高价格是为了从每单位销售中获得尽可能多的毛利，而推行低水平促销是为了降低促销费用进而降低成本。采用这一策略的假设条件是：大多数市场已知晓这一产品；购买者愿出高价购买；不存在潜在竞争。

（3）快速渗透策略

即以低价格和高促销的方式推出新产品。这一策略期望能给企业带来最快速的市场渗透和最高的市场份额。采用这一策略的假设条件是：市场规模很大；市场对该产品不知晓；大多数购买者对价格敏感；潜在竞争很强烈；随着生产规模的扩大和制造经验的积累，旅游企业的单位生产成本下降。

（4）缓慢渗透策略

即以低价格和低促销的方式推出新产品。旅游企业可降低其促销成本以实现较多的净利润。确信市场需求对价格弹性很高，对促销弹性很小。采用这一策略的假设条件是：市场规模大；市场上该产品的知名度较高；市场对价格相当敏感；有一些潜在的竞争。

2. 旅游产品成长期的营销策略

旅游企业在成长期要及时抓住市场机会，迅速扩大接待能力。这时旅游企业的策略重点应放在一个“好”字上，即提高产品质量，增加产品特色。要防止一旦旅游产品打开了销路就不注重服务质量的情况，否则就会败坏产品声誉，失去市场。这个阶段，旅游企业可积极推行下列策略：

（1）提高产品质量

继续改进和提高旅游产品的质量，在增加产品特色上和优质服务上下狠功夫，力求创出声誉较高的品牌旅游产品。

（2）加强品牌宣传

如果说投入期的广告宣传重点在于提高产品知名度，那么这时就应加强企业形象及产品品牌的宣传力度，把促销重点放在争取潜在客户，促使旅游消费者增强对旅游产品和旅游企业的信任感。

（3）加强管理

加强对分销渠道的管理，搞好渠道成员间的协作，特别是对中间商进行选择，选择适宜的中间商并大力扶持，进一步争取潜在客源，以扩大市场占有率。

（4）分析市场

分析市场上同类产品的价格趋势和竞争产品的价格策略，考虑本企业的实际状况，做出保持原价或适当降价的定价决策。

3. 旅游产品成熟期的营销策略

成熟期的旅游产品已基本定型，其市场营销模式也日趋成熟，市场已趋于饱和状态，产品销售量已基本稳定，而同类产品的生产企业却开始增加，因此市场竞争异常激烈。旅游企业在产品成熟期的市场营销策略重点应突出一个“占”字，即放在提高市场占有率的基础上。为此可考虑市场修正策略、产品改良策略、营销组合策略等。

4. 旅游产品衰退期的营销策略

当旅游产品处于衰退期，已形成的大量生产能力与日益减少的销售之间矛盾突出，企业经营陷入困境，这时往往会出现两种不同的错误态度：第一种是仓促丢弃。这样往往使企业手忙脚乱，生产受损，市场上也抛弃了老顾客；第二种是不肯割爱，不顾实际情况继续投入，意欲挽回残局，结果得不偿失。正确的策略是抓住“转”字，有步骤、有计划地转换市场目标，或转到新产品，或设法延长现有产品生命周期。具体策略有：

（1）扩大产品用途和增加产品特色来寻找新市场。

（2）集中力量于最有利的细分市场和销售渠道上，力求保持或提高经济效益。

（3）设法降低成本，利用低廉价格争取更多顾客，可用折扣价、优惠价等方法。

（4）着手产品更新换代，老产品销售量和利润降到最低，应当机立断撤出市场。

案例中黄山景区旅游产品正处于成熟期，针对这一现状，黄山旅游景区可采取的营销策略有市场修正策略、产品改良策略、营销组合调整策略等。

（1）市场修正策略即通过开发新市场，来保持和扩大自己的商品市场份额。如通过宣传推广，使游客更频繁地到访以增加购买量，通过市场细分化努力打入新的市场区划，如过去对山岳类景观不感兴趣的人群等。

（2）产品改良策略即通过产品特征的改良来提高销量。品质改良，如修建旅游索道、改建高档宾馆；特性改良，增加新的游览项目，如山地攀岩、温泉美容等。

（3）营销组合调整策略即通过营销组合中的某一因素或多个因素刺激销售。如通过对黄山景区门票价格进行适当下调刺激消费；采用多种促销方式，如团购、多模式套票等；扩展销售渠道，如 on-line 销售模式等。

步骤三　检验营销策略，制作报告

经过一系列措施，黄山旅游人数不断增加，为了提高服务质量，黄山已有明确的功能区划分，虽然还受到周边景区开发环境弱、外围交通条件较差、旅游项目不够丰富等条件制约，但随着景区旅游服务管理水平的提高和旅游接待设施的改善，旅游人数明显增长。

分析报告概述如下：

黄山旅游景区作为旅游产品处于成熟期，市场已趋于饱和状态，产品销售量已基本稳定，同类产品开始增加，市场竞争异常激烈。黄山旅游景区在市场营销策略上重点应放在提高市场占有率上。

1. 黄山景区采取市场修正策略开发新市场，通过在各种媒体上做广告进行宣传推广，使游客更频繁地到访景区参观游览，同时通过市场细分化努力打入新的市场区划，使过去对黄山景区不感兴趣的人可以积极前往。

2. 黄山旅游景区通过产品改良策略来提高销量，通过修建旅游索道、改建高档宾馆来提升景区档次；通过增加新的游览项目，如山地攀岩、温泉美容等进行特性改良。

3. 黄山景区采取了营销组合调整策略，通过对黄山景区门票价格进行适当下调刺激消费；采用多种促销方式，如团购、多模式套票等进行优惠促销；采用线上销售等方式扩展销售渠道。

任务 5-2-2　根据旅游产品开发程序，如何在此基础上开发新的旅游产品?

开发新产品不意味着完全另起炉灶，而是与原有产品相对的概念。在旅游市场营销中，新产品的概念需要从产品整体概念角度理解。产品整体中的任何层次更新和变革，所引起产品在内容、质量、品种、特色、服务等某一方面或若干方面的变化，而与原有产品有一定差异的，都可以称为新产品。

黄山景区通过对市场表现进行长时间跟踪分析，认为此阶段推出新的旅游产品是十分必要的，下面我们就新产品开发程序进行简要分析，如图 5–4。

图 5–4　旅游产品开发流程

步骤一　创新构思

新产品的构思就是对准备开发的新产品进行设想或创意的过程，好的新产品构思是保障产品开发成功的关键。

黄山文化丰富厚重，现有楼阁、桥梁等古代建筑 100 多处，历代摩崖石刻近 300 处，流传至今的文学作品 2 万多篇，“黄山画派”源远流长、生机勃发。针对这一现状可开发“双谷文化游（云谷、松谷景区）”产品，高质量低密度地开发深度文化旅游项目。

黄山是世界文化与自然双重遗产，世界地质公园，国家 AAAAA 级旅游景区，生态环境优良，森林覆盖率 84.7%。植被覆盖率高达 93%，名花古木，珍禽异兽，种类繁多，空气和水质常年保持国家一级一类标准，空气负氧离子含量平均每立方厘米 2 万个以上，有“天然氧吧”之称。这种条件下可以开展“东西生态游”的规划，充分发挥景区生态旅游资源优势，在发展西海大峡谷生态游的基础上，积极开发东部景区生态游。

利用黄山复杂多变的地形地貌，大力开展徒步等参与性强的旅游项目，推出“自助登山游”这一产品，使之成为专业性和群众性相结合的高端体育活动，使黄山成为广大登山爱好者的圣地。

其他如“四季风光游”，即春光、夏瀑、秋色、冬雪四季主题观光旅游产品，“摄影书画写生游”“商务会议度假游”“红色旅游”“银发旅游”“婚庆旅游”等产品也都被列入了待开发项目。

步骤二　过滤筛选

有了各种各样的构思，并不是每个设想都能被使用，需要从中把最有希望的构思或设想过滤出来，做到由表及里，去伪存真，尽早发现和放弃错误的构思，以少走弯路。这一过程可以用表 5–2 进行简单量化。

表 5–2　旅游产品加权平均表

构思评价必要因素	相对权数 A	构思评分等级　B					得分 A × B
		很好 5	好 4	一般 3	差 2	很差 1	
旅游企业声誉	0.15						
消费者需求	0.15						
营销能力	0.10						
产品研发能力	0.10						
人力资源	0.15						
财务状况	0.05						
生产能力	0.05						
竞争对手	0.05						
未来消费环境	0.10						
不可控因素	0.10						
合计	1.00						
得分标准：1 ~ 2.90 为差；3.00 ~ 3.90 为好；4.00 ~ 5.00 为很好；以 3.50 为可接受标准							

以“双谷文化游”这一旅游产品为例，我们可以用旅游产品加权平均表（表 5–3）得出数据进行比较判断：

表 5-3 “双谷文化游”旅游产品加权平均表

构思评价必要因素	相对权数 A	构思评分等级 B					得分 A×B
		很好 5	好 4	一般 3	差 2	很差 1	
旅游企业声誉	0.15	√					0.75
消费者需求	0.15	√					0.75
营销能力	0.10		√				0.40
产品研发能力	0.10		√				0.40
人力资源	0.15			√			0.45
财务状况	0.05		√				0.20
生产能力	0.05	√					0.25
竞争对手	0.05		√				0.20
未来消费环境	0.10		√				0.40
不可控因素	0.10			√			0.30
合计	1.00						4.10
得分标准：1 ~ 2.90 为差；3.00 ~ 3.90 为好；4.00 ~ 5.00 为很好；以 3.50 为可接受标准							

可见“双谷文化游”这一旅游产品对于黄山旅游景区来说值得开发并进行投入。而其他旅游产品的创意与概念也可以通过这一表格进行判断。

最终根据每个产品构思的加权平均值，我们选取了“双谷文化游”“自助登山游”“商务会议度假游”“红色旅游”作为继续开发的旅游产品。

步骤三 概念发展

构思筛选出来，就为新产品开发指明了方向，旅游企业要将筛选的构思转换成设计人员和其他人员能够操作的形式将构思具体化，描述产品特点、质量、结构、品牌、价格等，来帮助企业确定最有吸引力的新产品概念。

以在黄山开展“商务会议度假游”产品为例，这一旅游项目主要针对来往黄山及黄山周边城市的商务人士。黄山地处安徽省南部，毗邻江苏、江西、浙江等行政区，与长三角经济圈有着千丝万缕的联系。在其周边的上海、杭州、南京、合肥等大中城市经常举办各种大型会议、会展及节庆活动。“商务会议度假游”这一产品，改进了“观光旅游”的单一性，并改善了其对接的各个部门，在原有旅游资源不做太大调整的前提下，其游览模式有了较大变化。传统游览黄山的项目多集中在黄山的四大特点，即“奇松、怪石、云海、温泉”，这种走马观花式游览较为适合第一次到黄山的游客；而商务人士则通常对于这种流于表面的旅游项目不感兴趣，他们追求深度与广度，在注重脑力活动的大型会议后，他们更需要的是身心的完全放松。黄山自古以来文人墨客流连其中，山川众多，宗教云集，且是徽商发源地之一。景区不妨选取这些特征中的一点进行深度挖掘，结合黄山优美的风景与舒适的温泉，推出商务休闲性质的旅游产品。

步骤四　商业分析

从经济效益角度分析新产品是否符合企业目标。

黄山景区的“商务会议度假游”从产品成本角度分析，其成本与过去已建设的旅游资源之间可以完全无缝对接。这种商务休闲性质的旅游产品既不需要额外修建新的旅游项目，也不需要投入大量人力，只需要在原有基础上加以提升即可符合产品特征。如在住宿环境方面，将过去更注重经济实用性的宾馆进行改造，室内装修可更多地使用较为高档的实木家具，同时增加更方便的消费与购物场所及更舒适的康乐中心等。这些措施是在原有资源基础上进行整合、提升，其成本能够得到最大程度的控制。

步骤五　产品开发

将构思与设计转化成现实的旅游产品的过程。新产品试制成功后，要请各方面专家、消费者对其进行测试、鉴定，提出意见建议据此改进。

黄山景区坚持“走下山、走出去”发展，努力构建“山上山下联动、文化旅游融合、多极多点支撑”的旅游发展格局。首先，拓展旅游新项目。北海云亼、狮林崖舍盛装迎客，北海宾馆改造蹄疾步稳，黄山东部开发克难而上，温泉休闲旅游度假区蓄势待发，太平湖水上运动时尚激情，花山夜游热度持续攀升，黄山旅游从“好看”到“好玩”转型发展。其次，开发文旅新业态。景区、索道、酒店、旅行社、地产开发、旅游交通等传统业务版块稳步扩张，徽菜、电商、茶旅、新零售、夜游等新业务版块加速拓展。组建徽商故里集团，在全国开设 26 家徽菜餐饮连锁门店，开发 300 余款文创产品，成功托管山西王莽岭等索道，业务布局辐射全国。

步骤六　产品试销

新产品在大规模上市前，还要将新产品投放到有代表性的市场，在小范围的目标市场内进行试销和全面检验，为新产品是否大规模生产提供系统决策依据，也为新产品的改进和市场营销策略的完善提供启示。

这些开发工作完成后，黄山景区开始在小范围内进行试销。景区制定了有针对性的营销策略，加大商务会议市场营销力度，主动对接上海、杭州、南京、合肥等大中城市的会议、会展及节庆活动，争取专业性、区域性的会议、会展来黄山举办或设立分会场。这些试销取得了较为满意的成绩，产品渠道得到了拓展，产品销量激增，产品利润相较过去单纯的“观光旅游”项目得到较大提升。

步骤七　正式上市

在分析市场试销信息基础上，企业可以做出是否推出新产品的决策。但企业何时推出、在何地推出，都要慎重考虑，如推出新产品的时机、新旧产品的衔接、产品需求的季节性等因素。与此同时，企业要对刚投放市场的新产品有应对危机的准备，如比预想的销售量大或小、各种费用支出过大、企业员工对产品熟悉度差、可能出现的意外事件等。

根据试销的优异表现，结合“商务会议休闲游”的产品特点，黄山旅游景区在黄山旅游的淡季即每年的12月份至来年2月份正式推出这一产品。在这个时间节点进行产品推介，主要考虑到该旅游产品针对性强，受外界环境变化影响较弱，自然景观的变化并不是决定该产品销售量的决定性因素；其次每年年初，长三角经济圈都会举行大量国际、国内会议，较为适合这一产品的集中宣传；同时淡季推出这一产品，也在最大程度上利用了有闲置可能的旅游资源，增加了利润的获取比率。

【考核评价】

教学过程中的考核标准如下：

表5-4　开发旅游产品评价考核标准

考核类型	评价项目	评价要点	得分	满分
成果考核	制定营销策略报告	根据旅游产品生命周期理论判断案例所处阶段	10	30
		根据案例所处的阶段有针对性地制定营销策略	10	
		报告语言简洁流畅，逻辑清晰	5	
		报告排版格式整齐、美观，布局合理	5	
	旅游产品开发	产品开发能切实根据景区现状进行设计，产品生产目标符合企业要求	10	30
		产品概念的发展能够具体化	10	
		产品商业分析选择合理，符合要求	5	
		产品上市的时间、地点合情合理，有根有据	5	
过程考核	个人课堂活动表现	积极主动发言，学习态度端正	5	20
		无迟到、早退、旷课现象，课堂出勤良好	5	
		积极参加讨论、认真完成各项任务训练，课堂参与度高	10	
	团队任务活动表现	任务分工明确、团队合作能力强	5	20
		任务实施中能及时处理问题、协调沟通顺畅	5	
		团队积极乐观、勇于挑战，能主动完成任务	5	
		思路设计新颖、方法多样，团队创新能力强	5	

【归纳总结】

旅游产品生命周期通常可分为四个阶段，即投放期、成长期、成熟期和衰退期，不同阶段会呈现出不同特点。当然实际上并不是所有旅游产品都会经历上述四个阶段。无论旅游产品生命周期长短如何，作为旅游生产者都必须认真研究产品处于生命周期的哪一阶段，以制定其市场营销策略。

旅游产品开发并不仅是针对新产品，实际上，新产品也是与原有产品相对的概念。产品开发有着科学开发程序，即创新构思→过滤筛选→概念发展→商业分析→产品开发→产品试销→正式上市。只有遵循科学的开发流程才能使旅游产品取得良好的经济效益与社会收益。

【相关知识】

1. 旅游产品生命周期的影响因素

旅游产品生命周期受多种因素影响，一般将其分为外部因素和内部因素。

外部因素包括：

（1）政治因素

旅游产生国或地区、旅游接待国或地区的旅游政策及其变化，国家或地区间的关系变动，都会对旅游产品的生命周期产生影响。以我国接待外国旅游者为例，这种因素的影响较为明显。20 世纪 70 年代初，我们向旅游者提供的产品组合中有许多产品带有强烈的政治因素，随着政治环境的变化以及旅游业的发展，某些旅游产品自然衰退下去被淘汰了。

（2）经济因素

随着经济的发展，人们的生活水平不断提高，兴趣范围不断扩大，人们热衷于参与性旅游活动，单纯的观光旅游需求不断减少。例如在经济发达的欧美国家，度假旅游被看作日常生活中不可或缺的部分，度假旅游产品作为一种必需品而存在，其生命周期一般较长。

（3）环境因素

工业发展带来的环境污染，直接地影响到旅游产品。在一些风景秀丽的旅游点，若不决心把一些污染严重的厂房搬迁，将影响这些景点的声誉。另外如某一地区发生了传染病，也会影响旅游者的到来。

（4）偶发因素

包括影响旅游产品生命周期的自然灾害、战争等因素。旅游接待国或某一旅游客源地发生诸如地震、水灾、火灾等自然灾害或恐怖活动，都会影响对旅游产品的需求，从而影响旅游产品生命周期的变化。

内部因素包括：

（1）服务与设施因素

服务水平的高低或旅游设施的完善程度都会影响旅游产品在市场中的发展，甚至影响生命周期。服务质量是作为无形产品的旅游产品质量的核心。服务质量高低，将在很大程度上影响顾客对旅游产品的评价，从而影响旅游产品的销售及其在市场上的位置。服务人员的态度冷淡，作风懒散，设备陈旧，或随意更换交通工具等都会给旅游者留下坏的印象，败坏旅游产品的声誉。一些名山古刹，本身具有极大吸引力，但因交通不便而使旅游者疲惫不堪，也会破坏游客的浓厚兴趣和旅游中的美好印象。

（2）管理因素

现代化的企业必须具备现代的企业经营、管理手段和策略。旅游产品的质量是旅游产品营销的基础。如果旅游企业经营管理不善，就会影响服务质量，影响旅游资源和旅游设施的完备，进而对旅游者产生不利影响，影响旅游产品的销售及旅游企业的声誉，导致旅游产品过早进入衰退期。因此企业应加强内部营销意识，强化经营管理，在人事、财务、销售等方面采取相应策略，尽量延长旅游产品生命周期。

2. 新产品开发的类型

一般来说，在旅游市场营销中，产品整体概念中任何层次的更新和变革，所引起产品在内容、质量、档次、品种、特色、结构、服务等某一方面或若干方面的变化，而与原有产品有一定的差异，并为顾客带来新的利益的产品都称为新产品。

（1）全新旅游产品

全新旅游产品，也称创新产品。指新技术、新材料及新工艺应用于生产过程而制造的过去从未有过的产品，常常代表科学技术发展史上的一个新的突破。这类产品一旦在市场打开局面，将会表现出强大生命力，能够为企业带来较长期的利润。诸如锦绣中华、民俗文化村的出现，在旅游产品的生产上带来一种新的革命；绿色旅游、森林旅游更使人们解脱了日常生活的压抑，使人们能完全、彻底地回归大自然。

（2）换代新产品

是指产品的性能有重大突破和改进的产品。开发换代新产品的难度要比创造全新产品小得多，也能使企业较快地获得收益。如我国在最初观光型旅游产品的基础上，将旅游城市西安、兰州、张掖、敦煌、哈密、乌鲁木齐、喀什等连接起来，推出大型专线旅游产品——丝绸之路，这是一种经过组合的主题观光产品，对于观光旅游来说，是一种换代产品。

（3）改进新产品

在原有产品基础上，将其材料、结构、性能、造型乃至包装等的一个或几个方面进行改进而制造出的适应新用途、满足新需求的产品。如三峡旅游，初期只有两艘豪华游轮，为适应市场需求，在游船的规模、等级、游线的安排上进行了改进、提高。

（4）仿制新产品

企业对自已尚未生产过的、市场上已有的产品进行仿造进而推出的新产品，亦称企业新产品。这种旅游新产品在旅游市场上极为普遍，如仿照锦绣中华、民俗村而建造的北京世界公园等一批人造景观即属此类。

3. 新产品开发的意义

旅游企业是旅游市场中独立核算的主体，面临市场瞬息万变、竞争日趋激烈、产品市场生命周期缩短等威胁。因此，旅游企业能否推陈出新，开发出更具生命力、更符合市场要求的新产品，是企业保持生存的关键，对企业的发展有重要意义。

（1）*有利于旅游企业占领和扩大市场份额*

旅游企业要生存和发展，需要多种产品的支撑，如果企业不能源源不断地开发新的产品，则当企业产品走向衰落时，企业自身也就走到了终点。因此，每一个旅游企业的壮大和发展，都伴随着新产品开发的成功，只有这样才能保证企业有可靠的市场和高市场占有率，确保企业利润来源。

（2）*可满足旅游消费者不断变化的需求*

社会在进步，旅游消费者的需求也在变化，旅游企业应不断寻求产品与消费者之间的契合点。那种抱着原有产品，不思进取的旅游企业，就会被广大消费者所抛弃。因此企业应适时地开发出那些与市场变化同步的产品，接受消费者的挑选和检验，可让旅游企业在竞争中不被淘汰。

（3）*旅游企业之间竞争的需要*

产品创新是企业取得竞争优势和打败对手的锐利武器，也是企业之间竞争的需要。如果一个企业没有很好的产品创新能力，就难以应对各种市场的挑战和变革，也不能维持旅游企业的繁荣和发展。

（4）*是科学技术进步的要求*

现代科学技术迅速发展，促进了产品的更新换代，也为旅游企业设计和开发新产品提供了强大技术支持。如果没有发达的现代化交通设施，就没有大规模旅游群体的出现；如果没有科学技术的保障，许多新兴的旅游项目如太空旅游、探险旅游、猎奇旅游等旅游产品的开发就无从谈起。

4. 新产品开发的原则与要求

从旅游市场营销的角度看，开发新的旅游产品应遵循四个原则：市场需求与经济效益原则、竞争与技术优势原则、连续性原则、时效性原则。

对新产品的开发主要有以下五点要求：

（1）能够采用新原理、新材料、新技术、新工艺，创造出并率先在市场投入的产品。

（2）拥有新产品线，能够创造出使旅游企业首次进入新市场的旅游产品。

（3）现有产品的改进和更新。在旅游企业现有产品的基础上增补的新产品，包括旅游产品质量、服务、规格方面的变化。

（4）重新进行市场定位，将现有产品打入新的细分市场，或改变原有市场定位，推出的新产品。

（5）能够以较低的成本推出同样性能的产品。

【拓展提高】

资料链接

某国际旅行社地处沿海城市，该地不少入境旅游线路“只赚吆喝不挣钱”。当地宗教文化旅游资源在东南亚、中东、北非地区有一定知名度，但客源市场尚未打开。这家旅行社认识到这是一种机遇，于是便聘请专家、宗教学者共同“踩线”，初步设计了别开生面的“新海上丝绸之路”的旅游线路。公司派得力的营销人员去东南亚、中东、北非等地区的旅行社接洽，邀请他们派代表前来考察，最终确定了这一旅游线路。新产品开发费用共花去了20余万元，接待第一批60名中东游客后，在旅游市场产生很大反响，客人十分满意，公司也获得了2万元左右的纯利润。同行竞争者看到有丰厚的利润，马上以更优惠的条件与外方旅游企业联系，一举夺走了该国际旅行社的全部客源。该公司千辛万苦、费时费力地开发新产品，却没能尝到收获的喜悦，最终不得不放弃这条精心设计的旅游线路，由新产品开发的“先驱”变成了“先烈”。

旅游产品开发是旅游企业永葆青春的发展之路，但旅游产品开发也有较大的风险性。新产品开发往往失败率很高，开发出来的旅游产品一旦不被市场接受，意味着开发费用的损失。又由于旅游新产品大多数不以实物形态存在，因而难以申请专利保护，旅游新产品投放市场获得成功后，众多的竞争者会蜂拥而至，由于跟进者省去了研发费用，往往会以更优惠的条件夺走客源。同时。旅游新产品投入市场后，不仅与竞争对手的现有旅游产品形成竞争，而且也会挤占本企业现有产品的部分市场，从而加快本企业现有产品的“老化”速度，有时新产品在旅游市场上尚未站稳脚跟，现有产品却被自己的新产品挤出市场。只有正确认识新产品开发的风险，方能防患于未然。防范风险的措施主要有：

1. 旅游新产品要适应旅游市场需求

这是取得成功的前提条件，也是避免研发费用浪费的前提条件。只有受旅游者欢迎的新产品，才能带来良好的经济效益。因此，旅游企业切忌闭门造车，以减少旅游产品开发的盲目性。如一些地方酒店已饱和而业主却热衷于再投资兴建新的酒店，往往新酒店开业之际就是亏损之时。不少旅游企业盲目跟风，对旅游市场发展趋势缺乏理性分析，往往在新产品上市时，旅游者兴趣却已发生转移。因此，在开发旅游新产品之前，做好市场调研与预测工作就显得十分重要。

2. 量力而行，量入为出

旅游企业既要充分考虑市场需要又要根据自身的资金、人才、经营管理等条件，扬长避短开发产品。中小旅游企业更不能遍地开花乱上项目，而宜集中优势开发那些成功率高、市场潜力大、经济效益好的新产品。在开发新产品时应进行必要的风险评估，测算投入产出，量力而行、量入为出；建立必要的内部风险控制机制，尽可能避免“开而不发、开而受损”的情况发生，即使发生这种情况也能把损失控制在可承受的范围内。

3. 倡导联合开发的新模式

这也是降低开发风险、增加开发成功机会的有效途径。一些旅游企业联合开发、推出新的旅游产品，或联合推出包机、包火车旅游线路，若失败每家企业损失不大，成功时每家企业收益颇丰。联合开发之所以取得成功的概率较高，是因为集众家研发能力、推销能力之优势，有利于形成一定的声势，与独家开发相比，客源市场也会更为广阔。

【实训或练习】

21 世纪饭店客房

当一位饭店客人结束一天的繁忙工作回到客房后，他能看到什么样的窗外景色？是千篇一律的停车场还是没有任何特色的城市街道？不，他看到的将是自家的小院、森林草地、在大海中航行的游船或其他任何能使他感到宁静舒适的风景。这听起来是科幻小说中的情节，但在美国休斯敦大学的希尔顿酒店和餐饮管理学院，旅游业的研究者们正在使之成为现实。

近年来，世界饭店业日益感到来自旅游者和新技术的双重压力——如何使饭店业更适应旅游者的需要和科技的发展，是新世纪饭店业最重要的课题之一。作为世界最负盛名的旅游院校之一，美国休斯敦大学希尔顿饭店和餐饮管理学院一直致力于研究符合饭店市场发展新趋势的产品。由于拥有一家提供全套服务的希尔顿饭店，该学院可以十分方便地试验与评估各种新的饭店技术，并随时了解真正的住店客人的感受和建议。现在，他们正在其饭店内设计安装三套“21 世纪饭店客房”，虚拟电视、生物测定、白色噪声等先进技术将赋予饭店客房传统的“舒适”“安全”等标准以全新的含义。著名饭店专家、希尔顿学院院长 Alan T Stutts 博士介绍说，持续的科技进步和饭店业日益普遍使用的“常住客计划”使 21 世纪的饭店客房更趋向于客人设计而不是饭店来设计。由于“常住客信息库”已经记录了每一位客人的喜好，新的客房程序将与该信息库配合运作，从而使以下产品和技术在“未来客房”中成为可能：

光线唤醒。由于许多人是根据光线而不是闹铃声来决定起床时间，新的唤醒系统将会在客人设定的唤醒时间前半个小时逐渐增强房间内的灯光，直到唤醒时刻使灯光亮得像白天一样；

无匙门锁系统。以指纹或视网膜鉴定客人身份；

虚拟现实的窗户。提供客人自己选择的窗外风景；

自动感应系统。光线、声音和温度都可以根据每个客人个人喜好来自动调节；

白色噪声。客人可选择能使自己感到最舒服的背景声音；

客房内虚拟娱乐中心。客人可在房间内参加高尔夫球、篮球等任何自己喜爱的娱乐活动；

客房内健身设备。以供喜爱单独锻炼的客人使用；

电子控制床垫。可使不同的客人都得到最舒服的躺卧体验。

营养学家根据客人身体状况专门设计的食谱。

针对未来的旅游者需求，特别是针对美国10年后将有一半以上的人口超过65岁这一新形式，客房将被设计得更适合老年人，如触摸式可调节灯光，更方便使用的把手，更安全的淋浴设备等。

总之，“21世纪客房”的目标是尽量满足所有客人的不同需求。Stutts博士指出，无论客房技术如何更新换代，饭店业所追求的永远都是：尽量给客人提供一个舒适的晚间睡眠和一处“远离家的家”。

案例分析：

1.“21世纪客房”这种旅游新产品的开发中体现了什么思想？

2. 试预测“21世纪客房”这种旅游产品的生命周期曲线走势。

任务5–3 建立旅游品牌

随着旅游市场的不断成熟，旅游消费者也会从价格敏感型变得逐渐成熟起来，例如他们在选择产品的时候会把品牌作为购买决策的一个重要依据，会认真理性地比较各个产品能够给自己带来的利益而不仅仅从价格上着眼。这时就应该重视通过旅游产品品牌来实现旅游企业目标。

【任务引入】

“万豪”是世界上著名的酒店管理集团，如今拥有31个著名酒店品牌，旗下拥有近8100家酒店，遍布138个国家和地区。坐在万豪集团任何一个富丽堂皇的酒店大堂里，你都难以相信它起家于只能容纳9张座椅的街边快餐店。

作为首屈一指的酒店管理集团，万豪集团拥有自己独特的企业文化，其中最为核心的内容就是以人为本——“关心员工，员工才会关心客户”，创始人J. Willard Marriott的经营理念一直指导着万豪的管理者。万豪的员工以实际行动为顾客所创造的服务体验，其宗旨在于服务于人。万豪酒店集团将“人”提高到了一个至关重要的高度。在这方面，万豪酒店采取的措施有：建立公平的竞争机制；尊重员工个人价值；重视感情投资；优厚的员工待遇。万豪国际集团曾经连续11年被《财富》杂志评为“100家最佳雇主”，在众多拥有超过10万名员工的企业中排名第二。

万豪集团采取典型的美式管理方法，即一切都强调程序化、标准化、制度化。厨师衣袋里放一本食品配方和菜式配方，一切要按照标准，按照程序，按照规章要求去做，不得随意更改；服务员做房间时，规定在不到半小时之内必须按照66个步骤去做等等。

对于酒店业而言资本投入需要5—7年就进行更新和升级。对拥有数十万间客房的万豪集团米说，实施全球标准一致在外界看来并不是容易的事情。集团每年会更换数十万套床上用品来保证客人一定能酣然入梦，无论是床单被罩，还是织物面料，乃至加工精度，万豪都要求不容许“一针一线”的马虎。为了解顾客对新床单的态度，集团甚至对新被褥的舒适程度做深入细致的顾客调研。

随着时代的进步，万豪集团已经不满足于在报纸杂志等传统媒体上进行宣传，他们在YouTube、Facebook、Instagram等新兴媒体上进行视频宣传，制作微电影与短篇动画，缩短了年轻人与传统豪华品牌的距离感。

如今万豪集团已拥有如The Ritz-Carlton、BVLGARI、JW.Marriott、Renaissance Inn、Courtyard by Marriott、SpringHill Suites、Fairfield Inn&Suites等19个品牌。

不同的品牌针对不同的细分市场，如The Ritz-Cralton（丽思卡尔顿酒店）是全球首屈一指的奢华酒店品牌；而Courtyard by Marriott（万怡酒店）则是典型的商务酒店品牌。

随着市场细分的不断变化，万豪集团推出了“弹性套房”，比“公平套房”的档次稍高了一点。当时《华尔街日报》这样描述“公平套房”：宽敞但缺乏装饰，厕所没有门，客厅里铺的是油毡。实际上，对于价格敏感型顾客来讲，这些套房是“公平旅馆”的样板。问题是一些顾客可能不喜欢油毡，并愿意为“装饰得好一点”的房间多花一点钱。于是，万豪集团通过增加烫衣板等东西来改变“公平套房”的形象，并通过铺设地毯、加装壁炉来改善客厅条件。通过这些方面的提升，万豪酒店吸引了一批新的目标顾客——注重性价比的购买者。通过测算，相对于价格敏感型顾客为万豪所带来的收入，那些注重价值的顾客可以为万豪带来每套套房至少多增加5美元的纯利润。为了获取较高的价格和收益，酒店使“公平套房”品牌逐步向“弹性套房”品牌转化。

任务 5-3　根据案例分析万豪酒店如何创立品牌并对品牌进行维护，形成报告。

【任务分析】

企业竞争一旦到了品牌竞争的高级阶段，品牌就将决定产品的竞争地位，进而决定市场的发展方向，只有拥有优质品牌的大型旅游企业才能在激烈的市场竞争中获得生存和发展。优质的旅游产品品牌既可以突出旅游产品特色，又能提高消费者购买效率，同时也是企业综合实力的体现。

通过案例，结合相关知识点，我们能够分析万豪集团是如何创立多品牌，并对企业品牌进行维护的，最终解决任务 5-3。

【任务实施】

步骤一　阅读案例，总体认知

随着旅游产业发展进入成熟阶段，旅游目的地、旅游企业之间的竞争不断升级，品牌日益成为旅游经济竞争力的重要构成因素。然而，创立旅游品牌是一项系统工程，旅游企业应根据市场需求和自身条件正确选择创立模式、准确进行品牌定位、合理设计旅游品牌，以及不断强化旅游品牌的内涵和价值。万豪正是通过多种途径打造了自己的品牌，又通过产品创新等方法对品牌进行再定位，维护了企业形象。

步骤二　分析案例，理论对照

通过阅读案例我们可以对比分析万豪酒店集团的品牌创立与维护的过程：

1. 万豪酒店集团创立品牌的基本途径

（1）用服务质量创品牌。万豪集团采取典型的美国式管理方法，即一切都强调程序化、标准化、制度化。如服务员做房间时，规定在不到半小时之内必须按照66个步骤去做等等。这种制度和质量标准管理既控制了成本费用消耗，又保证了服务质量，为万豪集团的质量盛誉奠定了基础。

（2）用经济规模创品牌。“万豪”是世界上著名的酒店管理集团，如今拥有 31 个著名酒店品牌，旗下拥有近 8100 家酒店，数十万间客房，酒店分布遍及 138 个国家和地区。这样雄厚的经济规模必然能够打造出具有竞争性的旅游品牌。

（3）用企业文化创品牌。万豪集团的企业文化，其中最为核心的内容就是以人为本：“关心员工，员工才会关心客户”。这种以人为本的企业文化促使万豪国际集团曾经连续 7 年被《财富》杂志评为“100 家最佳雇主”。这样的企业文化能够团结员工，取得社会公众支持，增强品牌价值。

2. 万豪酒店集团品牌的塑造

（1）品牌定位：万豪集团旗下的 The Ritz-Cralton（丽思卡尔顿酒店）作为全球首屈一指的奢华酒店品牌，从 19 世纪创建以来，一直遵从着经典的风格，成为名门、政要下榻的必选酒店。因为极度高贵奢华，它一向被称为“全世界的屋顶”，尤其是它的座右铭“我们以绅士淑女的态度为绅士淑女们忠诚服务”更是在业界被传为经典。不管在哪个城市，只要有丽思酒店，一定是国家政要和社会名流下榻的首选。

（2）品牌设计：以 The Ritz-Cralton 为例，其品牌 logo 以狮子头为创意，代表酒店业顶级的象征，配以皇冠的宝座上，体现酒店的奢华，简洁明了，表意精准，令人印象深刻。

（3）品牌传播：结合案例我们可以看到，万豪集团与时俱进，不再局限于传统方式，而是在 YouTube、Facebook、Instagram 等新兴媒体上进行视频宣传，通过制作微电影与短篇动画，缩短了年轻人与传统豪华品牌的距离感。

3. 万豪酒店集团品牌的维护

（1）旅游品牌内在化：案例显示，万豪酒店集团非常注重品牌内化，员工以实际行动为顾客所创造的服务体验，万豪酒店集团将“人”提高到了一个至关重要的高度：建立公平的竞争机制；尊重员工个人价值；重视感情投资；优厚的员工待遇等等。这些措施强效发挥员工工作积极性，无形中提高了品牌价值。

（2）旅游品牌强化：通过案例我们也能发现，只要是具有一定美誉度的旅游品牌，都十分注重对自身品牌的强化，例如万豪酒店每年会更换数十万套床上用品来保证客人一定能酣然入梦，为了了解顾客对新床单的态度，万豪甚至对新被褥的舒适程度做深入细致的顾客调研。万豪集团一直在竭力完善服务细节和内容，客人只要来过万豪旗下的品牌酒店，相关差异细节都会被有效记录，正是这些细节和服务保证了万豪品牌的保值甚至增值。

（3）旅游品牌再定位：在品牌再定位方面万豪集团也非常灵活，通过案例中“弹性套房”品牌自“公平套房”品牌转化而来可以看出，这是一种递进更新的品牌再定位行为。简单地增加一些烫衣板、地毯等设施，虽然资本投入并未大幅度增加，但是收到了远超预期的效益，可见品牌的再定位是对原有产品质量的完善。

步骤三　结合案例，归纳总结

通过案例分析，我们不难发现旅游品牌的重要性。旅游企业需要通过提升服务质量、增加企业经济规模、树立企业文化这三种途径创造旅游品牌；同时利用品牌定位、品牌设计、品牌传播等手段进行品牌塑造；最终用品牌内在化、品牌强化、品牌再定位等方法维护已创立的旅游品牌形象。我们可以结合这些要点来撰写分析报告。

案例分析报告概述如下：

1. 万豪集团创立旅游品牌的基本途径

万豪集团将一切都强调程序化、标准化、制度化。这种制度和质量标准管理既控制了成本费用消耗，又保证了服务质量。

“万豪”是世界上著名的酒店管理集团，如今拥有多个品牌，酒店分布世界各地，每年财报收入过百亿。这样雄厚的经济规模必然能够打造出具有竞争性的旅游品牌。

万豪集团的企业文化，其中最为核心的内容就是以人为本。这种以人为本的企业文化能够团结员工，取得社会公众支持，增强品牌价值。

2. 旅游品牌的塑造

例如万豪集团旗下的 The Ritz-Cralton（丽思卡尔顿酒店）从 19 世纪创建以来，一直遵从着经典的风格，成为名门、政要下榻的必选酒店。不管在哪个城市，只要有丽思酒店，一定是国家政要和社会名流下榻的首选。

The Ritz-Cralton（丽思卡尔顿酒店）的品牌 logo 以狮子头为创意，代表酒店业顶级的象征，配以皇冠的宝座，体现酒店的奢华。

此外万豪集团与时俱进，不再局限于传统方式，而是在新媒体上进行视频宣传，缩短距离感。

3. 旅游品牌的维护

万豪酒店集团非常注重品牌内化，建立公平的竞争机制；尊重员工个人价值；重视感情投资；优厚的员工待遇等等。这些措施强效发挥员工工作积极性，无形中提高了品牌价值。

万豪集团竭力完善服务细节和内容，客人只要来过万豪集团旗下的品牌酒店，相关差异细节都会被有效记录，正是这些细节和服务保证了万豪品牌的保值甚至增值。

在品牌再定位方面万豪集团也非常灵活，例如“弹性套房”品牌自“公平套房”品牌转化而来可以看出，这是一种递进更新的品牌再定位，是对原有产品质量的完善。

【考核评价】

表 5-5　建立旅游品牌评价考核标准

<table>
<tr><th>考核类型</th><th>评价项目</th><th>评价要点</th><th>得分</th><th>满分</th></tr>
<tr><td rowspan="4">成果考核</td><td rowspan="4">案例分析报告</td><td>阅读案例，能够对案例有一个概括性描述</td><td>20</td><td rowspan="4">60</td></tr>
<tr><td>根据创立与维护旅游品牌的标准剖析案例，并形成报告，报告要全面、准确、有条理</td><td>20</td></tr>
<tr><td>文档内容完整，语言清晰、简洁</td><td>10</td></tr>
<tr><td>文档排版格式整齐、美观，布局合理</td><td>10</td></tr>
<tr><td rowspan="7">过程考核</td><td rowspan="3">个人课堂活动表现</td><td>积极主动发言，学习态度端正</td><td>10</td><td rowspan="3">20</td></tr>
<tr><td>无迟到、早退、旷课现象，课堂出勤良好</td><td>5</td></tr>
<tr><td>积极参加讨论、认真完成各项任务训练，课堂参与度高</td><td>5</td></tr>
<tr><td rowspan="4">团队任务活动表现</td><td>任务分工明确、团队合作能力强</td><td>5</td><td rowspan="4">20</td></tr>
<tr><td>任务实施中能及时处理问题、协调沟通顺畅</td><td>5</td></tr>
<tr><td>团队积极乐观、勇于挑战，能主动完成任务</td><td>5</td></tr>
<tr><td>思路设计新颖、方法多样，团队创新能力强</td><td>5</td></tr>
</table>

【归纳总结】

任何一个旅游产品品牌的创立都是艰辛的，都需要品牌创造者通过高于一般从业者的服务质量、更雄厚的经济实力、更深厚的文化底蕴来打造品牌，并通过富有竞争性的营销手段来强化这一品牌。成功创立了产品品牌后不意味着经营者就可以放任不理，企业更需要通过品牌的内在化、强化与再定位来进行品牌维护，从而确保这一旅游产品经久不衰，富有竞争力，创造越来越大的品牌附加值。

【相关知识】

1. 旅游品牌的内涵与意义

（1）品牌与旅游品牌

品牌，顾名思义，即产品的名字。在一般意义上，品牌指的是产品的商标，尤其是经过注册，受法律制约和保护的商标。哈佛商学院对品牌这样界定：品牌是用来识别一个（或一群）卖主的商品或劳务的名称、术语、标记、符号或图案，或这些因素的组合，顾客可以用它来区别一个（或一群）卖主和竞争者。一个品牌不仅是某种产品的标志，而且代表着产品的质量、性能、满足消费者的程度，以及品牌所蕴藏的文化内涵和公众对品牌的认知程度。

所谓旅游品牌，即指用来识别一个（或一群）旅游企业的产品或服务的名称、术语、标记、符号、图案或组合，它是旅游产品或服务的质量、价值以及满足旅游者效用的可靠程度的综合体现。旅游品牌属于服务品牌的范畴，其首要任务是通过强调与众不同的、对顾客具有特殊价值的服务，来确定旅游目的地或旅游企业的市场优势。

对于旅游地和旅游企业来说，旅游品牌一般由名称、标记和广告标语构成。例如中国旅游业的标志是马踏飞燕的图案，由“中国旅游”的中、英、日、法等文字样组成，整个标志生动地刻画出古老的中国历史文化和旅游业发展的巨大潜力。

（2）**旅游企业实施品牌策略的意义**

企业竞争已进入品牌竞争的高级阶段，品牌决定产品的竞争地位，品牌代表市场的发展方向，只有拥有优质品牌的大型旅游企业才能在激烈的市场竞争中获得生存和发展。

①突出旅游产品或服务的特色。品牌的一项重要功能是创造事物差别，即让某个企业或某项产品与其他企业或产品区别开来，旅游品牌也是如此。旅游业的高回报率和低技术性使得提供同类产品的旅游企业大量存在。这客观上需要有一种标记来表现同类产品之间的差别，这种标记就是旅游品牌。对旅游企业而言，品牌是其产品质量的重要标志及产品特色的主要载体，顾客一看到这个品牌，就会联想到企业产品或服务的品质、价格甚至亲身消费后的感受。

②树立鲜明的旅游形象。品牌有利于旅游目的地或企业塑造鲜明的市场形象，主要表现在 3 个方面：其一，旅游品牌能突出旅游产品或服务的特色，从而在顾客心中形成独特的市场卖点；其二，品牌作为旅游目的地或旅游企业的标志，便于旅游者识别和认同；其三，在某个特定时期内旅游经营主体总是以统一的标志、口号进行市场营销，这将增强营销活动的震撼力和影响力，有助于旅游目的地或企业树立良好的市场营销形象。

③提高旅游者的购买效率。旅游品牌大都由文字或图案构成，其特点形式形象直观、易记，这便于顾客识别旅游企业所提供的产品。另一方面，有经验的旅游者对市场上的一些旅游品牌已有所了解，当决定出游时，就会选择能满足自己需要的品牌。成功的旅游品牌策略不仅能为旅游者的购买行为创造便利条件，甚至可以达到这样的效果：对于某个特定的目标群体，只要他们外出旅游，就会选择本品牌的企业或产品。

④反映旅游企业的综合竞争力。首先，旅游品牌具有很强的市场渗透力，一旦一个品牌得到了旅游者的认可，除其主导的产品外，同一品牌的系列产品或服务也将赢得旅游者的信赖，因而，拥有卓越品牌的旅游企业通常可以收到较高的市场回报。其次，品牌的树立和成长受产品质量、服务水平、技术创新、资本实力等诸多因素的影响，对于旅游企

业而言，品牌是企业综合接待能力及经济规模的反映。同时，品牌的塑造与维护需要企业全体员工共同长期的努力。因此，良好的品牌形象也能体现旅游企业的内部凝聚力。

2. 旅游品牌的特点与分类

（1）旅游品牌的特点

品牌能为经营主体带来利润，因而是富有价值的，只不过这种价值直接体现为企业无形资产和市场竞争力。旅游品牌代表着旅游产品或服务的市场形象，一个旅游企业一旦树立起良好的品牌形象，其知名度将以较高的市场占有率在竞争中立于不败之地，同时，由该企业所提供的一般品牌产品也会收到较高的市场回报。由此可见，具有价值是旅游品牌的首要特征。除此以外，旅游品牌还表现出 5 个主要特点：

①同步性：同步性是针对它与优质服务之间的关系而言的，服务质量是旅游品牌赖以存在的基础，是旅游品牌满足消费者对使用品质需要程度的标志。独具吸引力并能使旅游者获得最为满意的产品或服务，能不断提高品牌的知名度和美誉度，并使之逐渐成为品牌。另一方面，旅游品牌是旅游产品质量、性能以及企业文化的综合表现。良好的旅游品牌形象只能使优质的产品或服务更加优良，而不能弥补产品或服务存在的任何缺陷。

②综合性：旅游品牌的综合性体现在 3 个方面。首先，从品牌的构成要素来看，旅游品牌本身就是一个综合概念，它由企业或产品名称、标志、图案和经营口号等构成。其次，塑造一个良好的旅游品牌，仅凭旅游企业的力量远远不够，它需要旅游目的地政府、旅游企业、社区公众以及各相关行业的共同努力。最后，旅游品牌价值是旅游企业无形资产，是经营业绩、市场竞争力的综合体现。

③表征性：品牌是一个企业或其产品的象征，是该企业的经营观念，市场信誉及产品品质、性能的综合表现。它不是企业或产品的名称，而是一种把企业或产品与其竞争对手区别开来的标志。旅游品牌的表征性更为明显，因为其价值必须通过现实的硬件设施和无形服务来体现。

如果没有高档豪华的硬件设施和具有贵族风范的服务作为支撑，“丽思卡尔顿”一词将不具备任何价值和意义，而事实上它已成为一个巨大价值的知名度品牌，并且是豪华酒店的象征。

④稳定性：一旦某个旅游品牌被成功树立起来，它就不会轻易改变。一方面，变更品牌或进行品牌再定位将耗费大量人力和资金，而且塑造一个新品牌往往需要较长一段时间，因而一般情况下旅游企业不愿意变更品牌。另一方面，只要旅游目的地或企业不断开发高品质的旅游产品，不断提高旅游者的满意度，旅游品牌就会得到持续强化，并逐渐向知名度高品牌过渡。需要指出的是，旅游品牌的稳定性是相对的，例如一次旅游事故可能就会严重影响甚至断送一个品牌。

⑤可塑性：旅游品牌的可塑性与其相对稳定性是一致的，其一，旅游企业可以通过多种手段来强化和提升已有的品牌，如提高产品或服务质量、扩大企业规模、开展大型营销活动等；其二，当市场情况发生变化，原有品牌已不能适应新形势的需要时，旅游企业可以采取品牌再定位策略，以树立整个企业或某产品的新形象。旅游品牌重塑的重点是针对新市场需求，展示旅游的独特利益点，而使旅游者能够迅速识别和认同旅游业的产品或服务。

（2）旅游品牌的分类

根据品牌主体的性质，我们把旅游品牌分为旅游目的地品牌、旅游企业品牌、旅游产品品牌、旅游服务品牌等。

①旅游目的地品牌：旅游目的地品牌是游客对地区旅游业的总体感知，它更多地表现为目的地的主题旅游形象。独特的品牌能转化成巨大的旅游吸引力，进而推动整个地区旅游业的发展，香港旅游业的快速稳定发展与其“购物天堂”“动感之都”的美誉是分不开的，便是一个证明。当然，除了主题旅游形象，旅游目的地品牌还包括目的地生态环境状况、当地居民的好客程度等因素。

②旅游企业品牌：旅游企业品牌即旅游企业标志。它是标志旅游企业身份、传达企业整体形象的品牌。与一般商品品牌不同，企业品牌是独一无二的，每个旅游企业只能有一个企业品牌，否则旅游者将无法识别。可以这么说，旅游企业品牌是旅游经营主体的代表，在旅游业发展日益走向国际化的今天，旅游企业品牌往往是指旅游企业集团的牌号，这一点在酒店行业中表现得尤为突出。

③旅游产品品牌：旅游产品的品牌是旅游产品品质及满足顾客需求程度的综合体现，它反映旅游产品的质量，并往往突出产品能给旅游者带来的独特利益，因而是旅游者作出购买决策的重要依据。拥有卓越产品品牌是旅游企业生存和发展的关键，因为一个或多个知名产品就能提高旅游目的地或旅游企业吸引力和美誉度。而且旅游者的满意程度主要依赖于旅游产品或服务质量。因此旅游产品品牌是最重要的旅游品牌。

④旅游服务品牌：这里的旅游服务品牌包括两个方面的含义：一是标示旅游业务性质的品牌，如机场问讯处（Information Desk）和饭店宴会厅（Banquet hall）等，其主要功能是向旅游者说明在某处他们能享受什么服务。它是旅游企业服务的种类、品质以及满足顾客程度的表征。后者属于更广意义、更高角度上的旅游服务品牌，因为它强调了服务品质对旅游企业的重要性。例如假日、喜来登、希尔顿等著名饭店集团受到旅游者的青睐，在很大程度上要归功于他们拥有独具特色服务品牌，即分别是“温暖”“快捷”“物尽其值”。

3. 品牌的创立与维护

品牌的创立与维护需要做如下三方面工作：

（1）创立旅游品牌的基本途径

服务质量、经济规模、企业文化是创造旅游品牌的基本途径。

①服务质量创旅游品牌：旅游品牌的内涵相当广泛，但起决定作用的是产品质量，因为只有提供高品质的产品或服务，旅游品牌才能赢得顾客的长期购买与支持。而且，由于服务满意度的“水波纹效应”，如果一个旅游者对某个旅游品牌满意，他将对周围至少10个人介绍、推荐这个品牌，这无疑有利于良好品牌形象的传播。另外，在后工业化社会，越来越多的制造企业也将服务质量看作是品牌产品的重要部分，并通过提高服务品质来有效延伸品牌的价值，旅游企业作为服务性企业更应如此。因此，服务质量创造品牌是塑造旅游品牌的主要模式。

②经济规模创旅游品牌：一般来说，具有强大品牌竞争力的企业必须有一定的经济规模支撑。首先，品牌的发展需要企业不断提高产品质量，强化市场营销，并通过引进技术和人才进行各方面的创新，进而逐渐扩大经营规模，这些都要求企业具备足够的资本实力。其次，在激烈的现代市场竞争中，一个企业若不具有较大的规模，就很容易被更大规模的品牌兼并。由此可见，具有一定的经营规模是创立品牌的基本条件。

③企业文化创旅游品牌：旅游业是一项经济性的文化产业，所以旅游品牌的创立与文化是紧密相连的。对于旅游企业而言，品牌的创立离不开独具特色的企业文化，具体包括企业的经营理念、价值取向、员工精神等。一方面，企业团结向上的奋斗精神和为社区服务的价值观，会赢得旅游者和社区公众的认同与支持，这有利于提高企业品牌的知名度和美誉度。另一方面，旅游企业将优秀的民族文化、地方文化与企业实际相结合，为旅游者提供有文化内涵的产品或服务，不仅顺应现代旅游消费的潮流，而且将增强旅游产品的吸引力，提高旅游品牌的价值。

（2）旅游品牌的塑造

旅游企业可以通过品牌定位、品牌设计、品牌传播进行品牌塑造。

①品牌定位：品牌定位是品牌塑造的基础，是品牌形象独特性的主要标志。旅游品牌定位由3个要素构成，即主体个性、传达方式、受众认知，三者相辅相成，缺一不可。主体个性是指旅游企业或其产品在品质和满足旅游者需求方式上的独特风格。传达方式是指旅游企业把旅游企业产品或服务个性准确、有效地传递给目标受众的措施和途径，如广告宣传、公共关系等。受众认知指旅游企业或其产品品牌得到了目标市场及社区公众的普遍认同，是旅游品牌定位完成的标志。旅游企业必须根据市场需要和自身优势，选择合适的定位策略，对产品品牌进行准确定位。

②品牌设计：旅游品牌设计需要为旅游企业设计鲜明、简洁的标志和经营口号，并通过指导企业行动来体现旅游企业的经营理念和价值取向。

③品牌传播：即使是一个设计几乎完美的品牌，如果不进行有效传播，也难以树立鲜明的形象。而且创立一个优秀的品牌通常需要企业付出长时间、持续的努力，但成功的品牌推广策略能大大缩短这个过程所需要的时间。因此旅游企业必须采用多种方式和渠道，尽力向社会宣传、推广企业或产品的品牌形象。

（3）旅游品牌的维护

俗话说“创业难守业更难”，良好的品牌形象树立起来后，更需要精心的管理与维护。旅游品牌维护的基本目标是：当品牌适应旅游市场需要时，企业要通过提升服务品质、加大宣传促销等手段，不断强化品牌形象；当品牌不能适应新的市场竞争形势时，企业应通过产品创新、服务创新、形象更新等方法，改善原有品牌形象或对旅游品牌进行重新定位。

①旅游品牌内在化：旅游品牌内在化主要是指企业经营理念和员工精神在品牌中的充分体现，一方面，旅游企业向顾客提供优质服务尤其是超常服务，并积极向他们征询意见和建议，让客人觉得企业时刻为他们着想，以逐步建立起顾客对企业的品牌忠诚。另一方面，旅游企业要充分发挥员工的工作积极性和创造性，使他们带着饱满的情绪投入到每一天的工作中，在整个企业中树立一种强有力的合作精神，从而为品牌质量的提高打下坚实基础。

②旅游品牌强化：旅游品牌强化可以通过三种途径来实现：第一，根据旅游市场需求及满足效用程度，切实改进产品或服务中的缺陷，并精心设计新的旅游产品，不断提高顾客对企业或产品的满意度；第二，根据市场竞争状况和企业自身实力，大力宣传本企业区别于其他企业的个性，不断强化企业原有的品牌形象；第三，组织一系列规模大、影响力强的促销活动，并有效利用广播、电视、报刊、杂志等大众传媒，不断提高旅游企业的知名度和美誉度。

③旅游品牌再定位：旅游企业根据新的市场形势，对原有的企业标志、名称、经营理念或产品的内容、表现形式等进行修正和完善的一种经营战略。根据修正程度的大小，我们将旅游品牌再定位分为完全更新和递进更新两大类。完全更新风险过高，一般企业不会施行这种再定位策略。

【拓展提高】

面对目前旅游行业越来越激烈的竞争，各旅游产品生产者在硬件和服务上的差别正变得越来越小，旅游企业之间最大的差别就是品牌所带来的差别。品牌培育与提升已成为旅游企业生存与发展的重中之重，是旅游生产者核心竞争力的外在体现和来源。旅游产品品牌策略主要有四种，如图 5-5：

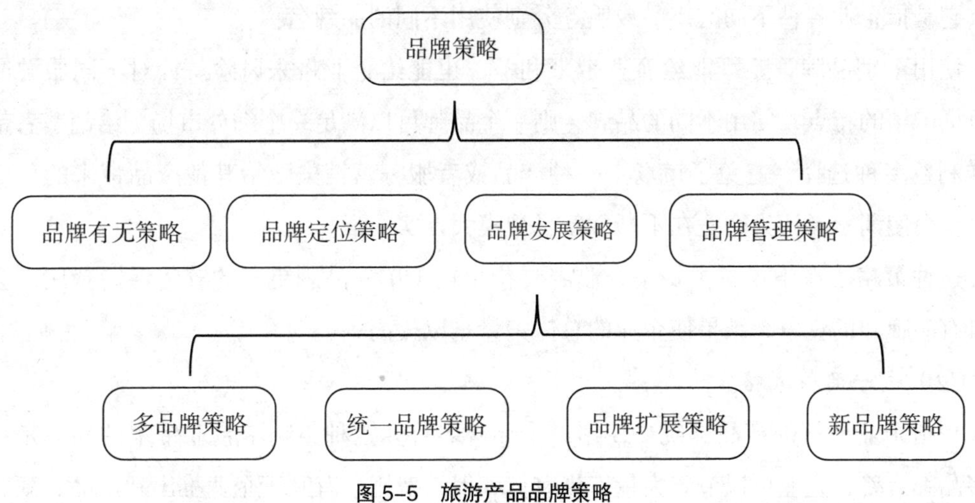

图 5-5　旅游产品品牌策略

1. 品牌有无策略

使用品牌和商标有助于对旅游产品的宣传，帮助消费者识别本企业的产品，但也会增加企业相应的成本费用。企业是否采取品牌策略，主要根据产品性质、消费者购买习惯及权衡使用品牌的得失来决定。有些商品可采用无品牌决策，如农、牧、矿业初级产品、电力、煤炭；消费者习惯上不辨认品牌和商标的产品，如盐、糖一类品种繁多、技术含量不高的小商品。

品牌可以给厂商带来的好处有：增进市场份额、增强产品价格刚性、扩展产品组合。

购买者也可以从品牌中得到好处：可以提高购买效率、促进产品质量提高、方便维护自身权益。

而品牌化需要付出的成本是：包装费、标签费、商标注册登记费、广告宣传费、打假费用等。

2. 品牌定位策略

所谓定位并不是要对产品做什么，而是基于企业对市场的发现。品牌定位的关键是确定产品在消费者心目中与众不同的位置，使品牌获得最大的竞争优势。旅游品牌定位的作用主要是赋予品牌以竞争对手所不具备的优势，树立品牌在消费者心目中与众不同的位置，帮助品牌占据一个有利的地位，从而为品牌赢得特定且稳定的消费者。品牌定位策略内容包括：分析产品优势与不足；分析竞争对手的定位策略；确定本品牌的市场定位等。

3. 品牌发展策略

任何一个企业在建立品牌之初，就应当制定明确的品牌发展策略，这是品牌的发展保持鲜活生命力的重要保证。对于不同企业而言，品牌的发展策略是多种多样的，主要有多品牌策略、统一品牌策略、品牌扩展策略、新品牌策略。

（1）多品牌策略

它是指企业各种不同的产品或服务分别使用不同的品牌名称。

使用个别品牌策略既能给企业带来利益，也能给企业带来风险。针对不同旅游产品和目标市场的特点，使用不同的品牌，则一个品牌可以满足一个细分市场，给消费者带来多样利益多种选择，避免了市场上一种产品或者服务营销失败给其他产品带来的负面影响；也会使消费者认为企业在不断创新且规模大、实力强。

这种策略也有不足：主要是企业需要花相较于单一品牌更多的宣传促销费用；会导致自有品牌间的竞争，结果使企业的总体销量难以提高。

（2）统一品牌策略

是指企业所有的产品都统一使用一个品牌名称。这种策略给企业带来的利益是：相较多品牌策略，企业可以节省大量广告宣传和促销费用；有利于企业推出新产品，新产品可利用原有品牌的提携顺利进入市场并得到消费者认可；企业可集中宣传这一个品牌，因而更容易提高品牌知名度。

不足之处是：如果各产品与服务的质量水平参差不齐，会影响整个品牌的声誉；会限制企业的多元化发展。

（3）品牌扩展策略

品牌扩展策略是指以现有品牌名称推出新产品。这种策略具有一定优势：著名的品牌名称的使用可以使新产品迅速得到市场的承认与接受，从而有助于企业经营新的产品类型。并且，品牌扩展可节省用于促销新品牌所需要的大量费用，使人们能迅速了解新产品。正因为此，品牌扩展策略成为品牌发展决策的惯用手段。

与此同时，品牌扩展也有一定风险。假如其中一种产品不能令人满意，就有可能影响消费者对同一品牌名称的其他产品的态度。

（4）新品牌策略

即为某一新增产品类别设立一个新的品牌名称。企业在推出新的产品类别时，很有可能发现现有品牌名称都不能应用于新产品上，这种情况下就需要为每一种产品分别确立一个品牌名称。企业采取新品牌策略的另一个原因可能是认为现有品牌名称的威力正在衰退，急需推出新的品牌。

4. 品牌管理策略

品牌管理策略是一项复杂的工程，它贯穿于品牌发展过程的始终，涉及对产品质量、技术、包装、财务、员工、顾客等众多因素。

（1）注重整体观念

从整体出发，旅游产品应包括核心层、形式层、延伸层。对于旅游产品而言，旅游服务贯穿旅游产品交易的全过程。因此，在实施旅游产品品牌策略时，应充分注重贯穿全部层次。

（2）注重旅游企业形象

旅游企业形象是社会公众包括旅游员工心目中对旅游企业整体的评价，它是公众对旅游企业的发展史、创始人、主管、员工、行为准则、物质条件、服务、企业名称等的总体认知，反映了公众对旅游企业的整体特点和情感倾向。

【实训或练习】

“森林人家”是由福建省林业厅与福建省旅游局共同打造的旅游品牌。它以良好的森林资源环境为背景，以有游憩价值的景观、景点为依托，为城市游客提供物美价廉的食、住、行、游、购、娱等服务的生态友好型旅游产品。目前，“森林人家”这种旅游方式在全国尚属首创。

据了解，截止2023年底，福建全省森林覆盖率65.12%，连续45年居全国首位。已建立森林公园156处，省级以上自然保护区111个，这些得天独厚的自然条件为福建“森林人家”休闲健康游赢得了天时。为了充分利用这个“天时”，赴浙江、江苏、四川等地考察“农家乐”的经营模式和经营状况，同时对省内民间自发形成的“森林人家”进行调研。

调研发现，以闽侯南屿双峰村为例，有近百人从事餐饮、住宿、导游等旅游相关行业。“森林人家”在运行过程中存在一些问题，如档次偏低、管理无序、恶性竞争等。为此，福建省林业厅制定了《森林人家管理暂行办法》《森林人家指导性意见》等规范。

在福建省旅游局的配合下，建省林业厅酝酿已久的“森林人家”健康休闲游在福州旗山公园正式开启，标志着福建“森林人家”旅游品牌建设开始进入实质性阶段。

自驾游催生了生态旅游热，大部分森林公园游客盈门，森林人家的推出加速了生态旅游热的升温，走进森林人家，品特色土菜，享林间野趣已成为旅游时尚。

森林人家的推出受到各主流媒体广泛关注。《福建日报》以《“森林人家”打造生态旅游新品牌》为题发布了长篇通讯；《福州日报》图文并茂地报道了《“森林人家”挂牌营业》；《海峡都市报》报道了《有车族走进“森林人家”》；《中国旅游报》、中国旅游网、新华网等都对森林人家进行了报道。森林人家的宣传初见成效，引起了社会各界的认同。

福建省林业厅和福建省旅游局组织了福建省“森林人家”商标征集评选活动，最后征集设计的中标奖被来自上海的设计师摘得。品牌设计既有融入自然的神韵，又富含中国传统特色，充分体现了中国古代“天人合一”的思想，给人以温暖、亲切、清新淡雅的视觉享受。

为了更规范、更科学地进行“森林人家”旅游品牌建设，福建省林业厅和相关部门共同努力进行了品牌建设的系列工作安排和实践，包括出台《省级“森林人家”示范点扶持资金使用管理办法》《森林人家准入条件（试行）》《森林人家建设指导意见》等条例、办法。

根据以上资料，分析该品牌是如何创立、塑造、维护，并形成分析报告。

【项目小结】

旅游产品是旅游市场营销组合四大要素之一，不仅是旅游企业赖以生存和发展的基础，也是旅游企业开始其经济活动的出发点，从经济学角度看，只有旅游产品属于生产领域，其他的价格、渠道、促销均属于销售领域。换言之，开发合理、有效的旅游产品，直接决定着价格策略、销售渠道、产品促销等营销任务的成败。

通过了解旅游产品的定义，即何谓旅游产品，我们可以掌握旅游产品由核心层、形式层、延伸层三个层次构成。而旅游产品与传统意义上的商品相比，既具有一般商品的基本属性，又有其自身的特殊性，旅游产品具有与其他产品不同的特点——生产与消费的同步性、无形性、不可存储性、不可转移性、替代性、综合性。

任何旅游产品都具有一定的生命周期，在其生命周期每个阶段的开发策略都各不相同。旅游产品生命周期通常可分为四个阶段，即投放期、成长期、成熟期和衰退期，不同阶段会呈现出不同特点。无论旅游产品生命周期长短，作为旅游生产者都必须认真研究产品处于生命周期的哪一阶段，以制定其市场营销策略。旅游产品开发有着科学开发程序，即创新构思→过滤筛选→概念发展→商业分析→产品开发→产品试销→正式上市，只有遵循科学的开发流程才能使旅游产品取得良好的经济效益与社会收益。

旅游企业竞争一旦到了品牌竞争的高级阶段，品牌就将决定产品的竞争地位，进而决定市场的发展方向，只有拥有优质品牌的大型旅游企业才能在激烈的市场竞争中获得生存和发展。优质的旅游产品品牌既可以突出旅游产品特色，又能提高消费者购买效率，同时也是企业综合实力的体现。

任何一个旅游产品品牌的创立都是艰辛的，都需要品牌创造者通过高于一般从业者的服务质量、更雄厚的经济实力、更深厚的文化底蕴来打造品牌，并通过富有竞争性的营销手段来强化这一品牌。成功创立了产品品牌后，并不意味着经营者就可以放任不理，而是更需要通过品牌的内在化、强化与再定位来进行品牌维护，从而确保这一旅游产品经久不衰，富有竞争力，创造越来越大的品牌附加值。

项目六　制定旅游产品价格

教学目标

※ 知识目标：

1. 了解旅游产品价格特点、构成及作用；
2. 理解影响旅游产品价格的因素；
3. 掌握旅游产品定价的工作流程。

※ 能力目标：

1. 能够根据定价目标选择合适的定价策略；
2. 能够用定价方法和策略为旅游产品进行初步定价。

※ 素质目标：

1. 培养学生具有与同事、客户进行良好沟通协调的素质；
2. 使学生具备良好的团队合作意识。

任务6-1　构建旅游产品价格

【任务引入】

葫芦岛：市物价局制定旅游市场价格行为规范

夏季是我市的旅游旺季，为促进我市旅游行业健康发展，维护旅游者和经营者的合法权益，近日，市物价局依法制定并发布了《葫芦岛市旅游市场价格行为规范》。《葫芦岛市旅游市场价格行为规范》在维护旅游者、消费者利益方面做了详细的规范。要求全市各旅游景区、宾馆、饭店、停车场，各从事旅游服务的公司、旅行社及相关商品经营服务网点，应当遵循公开、公平、公正和诚实守信的原则，遵守价格法律、法规和政策；全市各旅游服务行业经营者必须按照相关价格法律、法规、规定对出售的商品及提供的服务实行明码标价。明码标价应做到价目齐全、内容真实、公示清晰。采用价目簿、价目表或电子显示屏等形式，在收费地点或经营场所的醒目位置公开标示，并注明12358价格举报电话；各旅游景区（点）要标示当季门票价格，公示淡、旺季时段；半票价格及适合半票人群的条件；适合免票人群的条件等限制性事项。周边所辖停车场必须有价格主管部门统一监制的停车收费公示牌，收费人员必须佩戴收费员标志，出具统一发票。景区（点）所辖商业网点、游乐项目、服务价格、商品价格、导游服务，必须按照明码标价的规定予以公示。实行政府定价或政府指导价的游览参观景区（点）要将门票价格及相关服务性收费在其售票窗口的醒目位置进行全面公示的同时，还必须在“园中园”、停车场、各类运载工具等处进行单项服务收费公示；旅游服务行业不得有“经营者不按规定明码标价的、只收费不服务的、高于政府定价制定价格或超出政府指导价浮动幅度制定价格的”等12项不正当价格行为。

【任务分析】

旅游产品价格是旅游者为满足旅游活动的需求而购买单位旅游产品所支付的货币量，旅游产品价格制定的合适与否既直接牵动着旅游消费者的利益，又密切关系着旅游企业市场营销的成功与否和经济利益。一方面旅游者食、住、行、游、购、娱等需求必须通过交换活动，通过支付一定的货币才能够满足。另一方面，旅游经营者在向旅游者提供旅游产品时，必然要得到相应的价值补偿，于是在旅游者与经营者之间围绕着旅游产品交换而产生了一定的货币收支，这就是旅游价格。因此，对旅游产品进行科学、合理、灵活的定价在旅游市场营销组合策略中占有特殊的位置，必须引起旅游企业的高度重视。

【任务实施】

旅游产品价格的制定包括以下步骤：

选择定价目标→确定需求价格弹性→估算成本→分析竞争对手→选择定价方法和策略→确定最终价格

步骤一　选择定价目标

一个企业对其目标越清楚，制定价格就越容易。生存、最大当期利润、最高当期收入、最高销售增长、最大化市场长期撇脂、产品质量领先是企业通过定价来追求的目标。

步骤二　确定需求价格弹性

首先，分析影响价格敏感度的因素。其次，估计需求线的方法。最后，分析产品需求的弹性。需求受价格和收入变动的影响，因价格与收入等因素而引起需求的相应变动率，称为需求弹性。需求价格弹性反映需求量对价格的敏感程度，以需求变动的百分比与价格变动的百分比之比值来计算。

步骤三 估算成本

了解旅游产品的大众购买力以外，企业本身也要考虑盈利以及投入再生产的需要。因此，企业也要估计旅游产品的成本。只有在旅游产品成本之上和顾客接受价格之间的价格，才能使企业与顾客同时获得满足，而实现交易。

步骤四 分析竞争对手

市场需求和成本所决定的可能价格范围内，竞争者的成本、价格和可能对价格的反应也在帮助企业制定价格。通过比较，若旅游企业的产品优于对手，则价格可以稍高；如果产品类似，则价格也要大致相当；如果产品不如对手，则价格要稍低一些，并且需要对自身产品进行改善。

步骤五 选择定价方法和策略

按照客观规律的要求来确定旅游产品的价格，在全面、准确地调查和预测的基础上，运用科学的方法来确定价格。但是由于竞争者的存在和消费者的需求有着千差万别，因此在定价过程中一定要注意定价策略。

步骤六 确定最终价格

旅游企业在综合考虑产品的市场竞争力、旅游者的心理及供应商、销售人员的服务态度、竞争对手的反应、政府的相关法律法规限制，就可运用适当的价格策略确定旅游产品的最终价格。

【考核评价】

教学过程中的考核标准如下：

表 6-1 构建旅游产品价格任务考核评价表

考核类型	评价项目	评价要点	得分	满分
成果考核	构建旅游产品价格	确定定价目标	5	70
		确定需求价格弹性	10	
		正确估算成本	10	
		对竞争对手进行合理分析	15	
		选择合理的定价方法和策略	15	
		确定最终价格	10	
		做好团队的结束工作	5	
过程考核	个人课堂活动表现	积极主动发言，学习态度端正	3	10
		无迟到、早退、旷课现象，课堂出勤良好	3	
		积极参加讨论、认真完成各项任务训练，课堂参与度高	4	

续表

考核类型	评价项目	评价要点	得分	满分
过程考核	团队任务活动表现	任务分工明确、团队合作能力强	5	20
		任务实施中能及时处理问题、协调沟通顺畅	5	
		团队积极乐观、勇于挑战，能主动完成任务	5	
		思路设计新颖、方法多样，团队创新能力强	5	

【归纳总结】

旅游产品的价格涉及旅游者在旅游活动中的住宿、交通、餐饮、娱乐、购物等多个环节，其价格都是由成本和盈利两部分构成的。运用适当的价格策略确定旅游产品最终的价格。

【相关知识】

1. 旅游产品价格的概念

旅游价格是旅游者为满足旅游活动的需求而购买单位旅游产品所支付的货币量。旅游经营者在向旅游者提供旅游产品时，必然要求得到相应的价值补偿，于是在旅游者与旅游经营者之间围绕着旅游产品的交换而产生了一定货币量的收支，这就是旅游价格。从旅游经营者的角度看，旅游价格又表现为向旅游者提供各种服务的收费标准。

2. 旅游价格的构成

从旅游产品经营者的角度看，旅游价格是由成本和盈利两部分构成。成本是指生产费用，它包括生产旅游产品时用于建筑物、交通运输工具、各种设备等物质的耗费和旅游从业人员旅游服务的劳动补偿。盈利是指旅游从业人员新创造的价值部分，它包括向政府缴纳的税金、保险费用和旅游商品经营的盈利等。

从旅游者的角度看，旅游价格的构成分为基本构成和自由选择两部分。基本构成是旅游者在出游前对旅游产品的感性认识和粗略理解基础上所预算的旅游支出构成；自由选择是旅游者在旅游过程中，通过对旅游产品的亲身体验和主观预测而对基本构成的调整，它包括对基本构成总量的增减和对基本构成的结构改变，以及调整下次旅游的预算。

3. 旅游产品定价目标

（1）以利润为定价目标

①以实现某一既定水准的目标利润为定价目标

②以追求利润最大化为定价目标

（2）以销售量为定价目标

以提高或维持市场占有率为定价目标所关心的重点是本企业的产品销量或市场占有率，而不是利润。对于旅游企业来说，以此作为定价目标时，具体目的一般在于：

①用于使自己的产品销量最大化；

②用于使自己的产品销量增大至某一既定的目标水准；

③用于增大本企业产品的市场占有率，争取达到某一目标水准。

既可用作长期性的定价目标，也可用作短期性的定价目标。

（3）以应对竞争为定价目标

目的在于应对竞争，避免产品销量剧烈起伏，维持本企业在市场中的地位，随时了解并参照主要竞争对手同类产品的价格，去制定或调整本企业产品的售价。

4. 影响旅游产品定价的因素

（1）企业形象和定位

在市场经济中，价格应该与该公司的总体形象和定位相一致。企业希望在市场中取得何种位置、扮演什么样的角色、给消费者留下什么样的印象、企业的产品定位如何，这些问题都是影响旅游企业为产品定价的重要因素。

（2）旅游产品的成本因素

旅游企业单件产品在一般情况下定价不会低于单件产品的成本，否则企业亏本经营，理性的投资者不会这样做的，当然，旅游企业低于成本定价有其特殊的目的，如新旅游产品低于成本价销售是为了先期占领市场。还有投资者把预期利润看得较高，当然旅游产品的定价就较高；看得较低的话，旅游产品的定价就较低。因此，旅游产品的成本和利润预期在很大程度上影响了旅游产品的定价。

（3）旅游产品的价格弹性

所谓价格弹性，是指价格变动引起的需求量的变化程度，即需求的灵敏度。如果某种旅游产品的价格弹性大，那么旅游企业就有可能通过价格的提高或降低进行销售。反之，某种旅游产品的价格缺少价格弹性，那么旅游产品的价格就相对来说，比较少变动。

（4）旅游企业营销目标

即定价所要达到的目的。旅游企业定价的主要目标有：追求最大的利润，保持或者扩大市场占有率，稳定价格水平，适应或者防止竞争，创名牌等。定价目标不同必然会影响价格的选择。

（5）政府及法律因素

旅游产品定价的影响表现在许多方面。例如国家的价格政策、金融政策、税收政策、产业政策等都会直接影响旅游企业的定价。

（6）竞争因素

现代市场竞争中，价格手段成为一种有效直接的竞争手段，旅游同行的定价策略、方法直接影响了你的旅游企业的定价。

（7）旅游产品的差异性

如果某旅游产品与别的旅游产品差异性较大，别的旅游景区不能提供，那么你的旅游产品就可以定较高的价钱，因为，游客缺少了选择旅游产品的替代品，并且缺少了该旅游产品价格的比较性。

【实训或练习】

案例链接

材料 1：某城市两旅行社推出同一条北京硬卧 4 日游的线路，同样住三星级酒店、同样是空调车、景点也相同，一个旅行社报价是 1190 元，另一个报价为 1690 元。

材料 2：暑假旅游黄金月一到，沉寂一时的沪上旅游市场顿时硝烟四起。铺天盖地的旅游广告上是五花八门的报价。旅行社同业之间似乎都在憋足一口气："你低，我比你更低！"沪上一家知名旅行社的老总无奈地告诉记者："旅行社之间的低价竞争已到了微利都难保的局面。我们面前只有两条路：要么放弃品牌，以低质换取低价；要么维持'身价'，流失客源……"

思考分析：

1. 是什么原因导致相同旅游产品的价格有差别？

2. 旅游产品价格战，会产生哪些不利影响？

3. 旅游产品价格的结构是什么样的？由哪些因素决定？

任务 6–2　设计旅游产品价格表

【任务引入】

案例链接

某苑旅行社接到了旅游团队计划，一行 20 人。他们选择的产品是"大连两日游"，其具体行程如下：

行程安排：

第一天：上午：乘车从沈阳至大连。

　　午餐：安排大连传统老菜馆用餐。

　　下午：游览大连发现王国。

　　晚餐：天山海鲜自助

　　住宿：七天快捷酒店

第二天：早餐：酒店一楼用早餐

　　上午：大连圣亚海洋世界

　　午餐：大连渔庄饭店

　　下午：星海广场、星海公园乘车返回沈阳

报价包含：往返空调旅游车，旅行社责任险，旅游人身意外伤害险 5 元 / 人。

报价不含：客人自愿选择参加的额外旅游消费和私人消费。

结合上面具体旅游团队及行程情况完成旅游产品价格表，并根据这一行程安排进行报价。

【任务分析】

由于旅游产品价格相对于其他因素来说灵活性最大，因而旅游产品价格制定得合适与否及其策略运用得恰当与否，既直接牵动着消费者的切身利益，又密切关系着旅游企业的经济利益。

【任务实施】

根据所给出的任务内容完成旅游产品价格表。

表 6–2　旅游产品价格表

项目	名称	备注	名称	备注
门票报价	参观人数		参观时间	
	参观地点		门票单价	
	结算价格			
交通报价	天数		车座数目	
	发团时间		发团地点	
	结算价格			

续表

项目	名称	备注	名称	备注
餐饮报价	就餐地点		就餐标准	
	就餐次数		就餐类型	
	结算价格			
住宿报价	房间数量		团队人数	
	房间类型		入住时间	
	是否含早餐		住宿天数	
	结算价格			
导游服务报价	导服费单价		团队人数	
	天数		减免费用	
	结算价格			
保险服务报价	保险费单价		团队人数	
	结算价格			
备注				

步骤一　门票报价

1. 大连发现王国

门市价：260 元

散客价：260 元

团队价：150 元（成人、老人、儿童）

2. 大连圣亚海洋世界

门市价：235 元

散客价：235 元

团队价：120 元（成人、老人、儿童）

星海广场

票价：免费

星海公园

票价：免费

步骤二　交通服务报价

以 ×× 客运有限公司为报价对象，车辆选用 25 座空调旅游车，全程随团队旅游。用车天数为两日，车费总价 5000 元。

步骤三 餐饮服务报价

包含 1 次早餐，2 次正餐，1 次自助餐；用餐标准早餐 10 元 / 人，正餐 25 元 / 人，海鲜自助餐 98 元 / 人。

步骤四 住宿报价

房间价格会随着旅游淡旺季发生变化，房间数量 10+1 间。

步骤五 导游服务报价

按照每人每天 20 元计算。

步骤六 保险服务报价

旅游人身意外伤害保险，金额 6 元 / 人。

综合以上所有报价，“大连二日游”20 人团队填写旅游产品报价表为：

表 6–3 旅游产品价格表

<table>
<tr><th>项目</th><th>名称</th><th>备注</th><th>名称</th><th>备注</th></tr>
<tr><td rowspan="3">门票报价</td><td>参观人数</td><td>20+1</td><td>参观时间</td><td>××××年×月×日</td></tr>
<tr><td>参观地点</td><td>大连发现王国、大连圣亚海洋世界、星海广场、星海公园</td><td>门票单价</td><td>260 元、235 元、免费、免费</td></tr>
<tr><td>结算价格</td><td colspan="3">5985 元</td></tr>
<tr><td rowspan="3">交通报价</td><td>天数</td><td>2 天</td><td>车座数目</td><td>25 座</td></tr>
<tr><td>发团时间</td><td>上午 7：00</td><td>发团地点</td><td>沈阳市政府广场</td></tr>
<tr><td>结算价格</td><td colspan="3">5000 元</td></tr>
<tr><td rowspan="3">餐饮报价</td><td>就餐地点</td><td>大连传统菜馆、大连渔庄饭店天山海鲜自助、七天连锁酒店</td><td>就餐标准</td><td>早餐 10 元 / 人、正餐 25 元 / 人、海鲜自助 98 元 / 人</td></tr>
<tr><td>就餐次数</td><td>1 早、2 正、1 自助</td><td>就餐类型</td><td>团队桌餐</td></tr>
<tr><td>结算价格</td><td colspan="3">3160 元</td></tr>
<tr><td rowspan="4">住宿报价</td><td>房间数量</td><td>10+1</td><td>团队人数</td><td>20+1</td></tr>
<tr><td>房间类型</td><td>双床标准间</td><td>入住时间</td><td>××××年×月×日</td></tr>
<tr><td>单间价格</td><td>258</td><td>住宿天数</td><td>1 天</td></tr>
<tr><td>结算价格</td><td colspan="3">1738 元</td></tr>
<tr><td rowspan="3">导游服务报价</td><td>导服费单价</td><td>20 元 / 天 / 人</td><td>团队人数</td><td>20</td></tr>
<tr><td>天数</td><td>2 天</td><td>减免费用</td><td></td></tr>
<tr><td>结算价格</td><td colspan="3">760 元</td></tr>
<tr><td rowspan="2">保险服务报价</td><td>保险费单价</td><td>5 元 / 人</td><td>团队人数</td><td>20</td></tr>
<tr><td>结算价格</td><td colspan="3">100 元</td></tr>
<tr><td>备注</td><td colspan="4"></td></tr>
</table>

【考核评价】

教学过程中的考核标准如下：

表 6-4　设计旅游产品价格任务考核评价表

考核类型	评价项目	评价要点	得分	满分
成果考核	旅游产品报价	门票计报价　一项 2 分	26	70
		住宿计报价　一项 2 分	24	
		交通计报价　一项 2 分	10	
		餐饮计报价　一项 2 分	10	
过程考核	个人课堂活动表现	积极主动发言，学习态度端正	3	10
		无迟到、早退、旷课现象，课堂出勤良好	3	
		积极参加讨论、认真完成各项任务训练，课堂参与度高	4	
	团队任务活动表现	任务分工明确、团队合作能力强	5	20
		任务实施中能及时处理问题、协调沟通顺畅	5	
		团队积极乐观、勇于挑战，能主动完成任务	5	
		思路设计新颖、方法多样，团队创新能力强	5	

【归纳总结】

通过完成本次任务，能够使我们正确地运用旅游产品价格表。同时更好地帮助旅行社完成线路报价等一系列任务。

【相关知识】

1. 旅游产品价格的特点

由于旅游产品不同于一般产品，它是一种组合型产品。它决定了旅游价格具有不同于一般产品价格的特点，主要表现在以下几方面：

（1）**综合性与协调性**

旅游产品要满足旅游者食、住、行、游、购、娱等多方面需求，旅游价格必然是旅游活动中食、住、行、游、购、娱价格的综合表现。同时，由于旅游产品的供给方分属于不同行业与部门，因而必须经过科学的协调，使之相互补充、有机搭配。

（2）**垄断性与市场性**

旅游产品的基础是旅游资源，而独特个性是旅游资源开发建设的核心，这就决定了旅游价格具有一定的垄断性，它表现为在特定时间和特定空间范围内旅游产品的价格远远高于其价值。旅游产品又必须接受旅游者的检验，旅游产品的垄断价格又必须作相应的调整，从而使旅游价格具有市场性，即随着市场供求变化而变化。

（3）一次性与多次性

旅游产品中，餐厅的食品、旅游纪念品等商品，是使用权与所有权都出售，其价格是一次性的；此外，诸如旅游景点、旅游交通和客房等均只出售使用权而不出售所有权，从而造成不同时间的价格有所不同，因而又存在多次性价格。因此，旅游产品价格实质上是一次性与多次性相统一的价格。

2. 旅游价格的分类

旅游价格可按照不同标准进行不同的分类。常见的旅游价格分类主要有以下几种：

（1）基本旅游价格和非基本旅游价格

按照旅游者在旅游活动中对旅游产品需求程度的差异而分类的。基本旅游价格是旅游活动中必不可少的旅游需求部分的价格，包括食宿价格、交通价格、游览价格等。非基本旅游价格是指旅游活动中对每个旅游者来说可发生也可不发生的旅游产品价格，如纪念品价格、通信服务价格、医疗服务价格、娱乐服务价格等。

（2）一般旅游价格和特种旅游价格

按照旅游产品构成内容的不同而分类的。一般旅游价格是指以旅游产品价值为基础来确定的旅游产品价格，如餐饮价格、住宿价格、交通价格、日用生活品价格等。特种旅游价格是价格与价值背离较大的旅游产品价格，如旅游购物品中的古玩、名画的价格，名人住过或游览过的旅游景点的价格。

（3）国际旅游价格和国内旅游价格

按照旅游者的国籍不同而分类的。国际旅游价格是向海外游客标明的价格，国内旅游价格是向本国旅游者标明的价格。由于不同国家的经济发展水平不一样，不同国籍的旅游者的购买力客观上有差异，因此，区分国际旅游价格与国内旅游价格不仅符合旅游经济活动的实际，而且有助于经济相对落后的国家或地区吸收更多的外汇。通常的表现是，发展中国家的国际旅游价格比国内旅游价格要高得多。因此区分和确定国际旅游价格和国内旅游价格的差异，必须以世界经济的发展，尤其是世界服务贸易的发展状况为依据，才能制定出既符合实际，又科学合理的旅游价格。

（4）包价、部分包价和单项价格

按照旅游者购买旅游产品的方式划分的。旅游报价是旅行社为满足旅游者的需要所提供的旅游产品基本部分和旅行社服务费的价格。它由三部分组成：一是旅游出发地与旅游目的地之间的往返交通费；二是旅游目的地向旅游者提供的旅游产品的价格；三是旅行社的管理费用和盈利。旅游包价是旅游者一次性支付的价格。单项价格是旅游者按零星购买方式所购买的旅游产品的价格，亦即是在一定时期内不同旅游经营者所规定的各种单项旅游产品的价格，如客房价格、餐饮价格、交通价格、门票价格等。部分包价是介于包价与单项价格之间的旅游价格，指旅游者一次性购买部分旅游产品的组合，同时又以零星购买方式而购买另外的单项旅游产品，如参加某次运动会、某项球赛、某种娱乐的价格，或以某个特殊地方为目标的参观游览所提供特殊产品和服务的价格。随着旅游客源由团队向散客方向的发展，部分包价和单项价格将逐渐增多。

3. 旅游差价

旅游差价是指同种旅游产品由于时间、地点或其他原因而引起的不同价格。一般情况下，旅游差价主要有：地区差价、季节差价、质量差价和批零差价。

（1）旅游地区差价

指同种旅游产品在不同地区销售所形成的价格差额。

地区经济差别：

北京西郊宾馆标准间门市价：¥660

成都全兴大厦酒店标准间门市价：¥398

（2）旅游季节差价

指同种旅游产品在不同季节所形成的价格差额。

表 6–5　资料：泰山门票收费标准

进山门票	收费标准
天外村路（旺季）	100 元 / 人
天外村路（淡季）	80 元 / 人
桃花峪（旺季）	100 元 / 人
桃花峪（淡季）	80 元 / 人
红门（旺季）	80 元 / 人
红门（淡季）	65 元 / 人
现役军人	免费
中天门索道	45 元 / 人

（3）旅游质量差价

指同类旅游产品由于质量不同而产生的价格差额。

表 6-6 资料：青岛 2 日游报价

青岛 2 日游行程安排		
日期	D1	青岛接团市内：栈桥，信号山，豪华游艇海上观光，八大关，五四广场，东海路雕塑街（住青岛）
	D2	游崂山，石老人度假区，青蛙石，八水河，龙潭瀑布，太清宫（自理），品崂山茶，送团
接待标准	豪华	16 人成团 330/ 人
	标准	20 人成团 275/ 人
	经济	30 人成团 235/ 人

（4）旅游批零差价

指同一种旅游产品批发价格与零售价格之间的差额。这一差额一般发生在旅游批发商和旅游零售商之间。

【实训或练习】

根据所给资料，对“关门山、本溪水洞三日游”这一旅游产品制作旅游产品报价表。

行程安排：

第一天：乘火车赴沈阳，中午出发，赴关门山。抵达后，品尝当地风味晚餐。晚上自由活动。

宿本溪。

第二天：早餐后，游览国家 AAAA 级风景旅游区关门山景区：小黄山景区、月台子景区、龙门峡景区、夹砬子景区。晚餐后，自由活动，宿本溪。

第三天：早餐后，乘车抵达本溪水洞，乘船游览地下暗河国家 AAAAA 级风景名胜区——本溪水洞，由旱洞（蟠龙洞）开始游览融知识性、趣味性、娱乐性于一体的旱洞（蟠龙洞）约 20 分钟后进入水洞，乘船观看洞中景观千姿百态，泛舟游览七宫、三峡、二门、九曲等百余处自然景观。午餐后，返回沈阳。

宿沈阳。

第四天：乘火车返回大连

报价包含：往返空调旅游车，景区第一门票，四正三早（十人一桌、十菜一汤、不含酒水），三晚住宿，优秀导游服务，旅行社责任险，旅游人身意外伤害险 5 元 / 人。

报价不含：客人自愿选择参加的额外旅游消费和私人消费。

任务6-3　旅游产品报价

【任务引入】

结合下面旅游团队及具体行程情况完成计调报价。

某苑旅行社接到了旅游团队计划，一行30人。他们选择的产品是“沈阳一日游”，其具体行程如下：

行程安排：

上午：乘车至张氏帅府，后游览沈阳故宫。

午餐：安排老边饺子馆用午餐。

下午：游览世博园，棋盘山动物园。

报价包含：往返空调旅游车，旅行社责任险，旅游人身意外伤害险5元/人。

报价不含：客人自愿选择参加的额外旅游消费和私人消费。

根据这一行程安排进行报价。

【任务分析】

旅游企业在激烈的市场竞争中无时无刻不关注对手的价格。由于旅游产品价格相对于其他因素来说灵活性最大，因而旅游产品价格制定得合适与否及其策略运用得恰当与否，既直接牵动着消费者的切身利益，又密切关系着旅游企业的经济利益。

进入地接社的计价程序，旅行社应在2—4小时内报出价格。

（1）景区游览门票价格，主要包含张氏帅府、沈阳故宫、世博园、棋盘山动物园这几处游览景点。

（2）市内交通空调旅游车价格（根据车辆座位数，车辆状况决定），以××客运有限公司为报价对象。

（3）委派导游（导游的服务费以每人固定费用计算价格）。

对外报价，将旅游团队上述计价总数加以旅行社的税金，报价给旅游团队。

【任务实施】

步骤一　景区景点报价

1. 张氏帅府

门市价：48元

散客价：48元

团队价：24 元（成人、老人、儿童）

2. 沈阳故宫

成人票：50 元、儿童票：25 元　团队价：50 元

全票对象：1.5 以上儿童及成人

儿童票对象：1.2 米至 1.5 米儿童

长者票对象：65 岁以上的长者（凭身份证验票入园）

免票对象：身高 1.2 米以下儿童（儿童须有成人带领）

3. 沈阳世博园

门市价：50 元

团队价：35 元

通票：140 元

4. 棋盘山动物园

门市价：80 元

团队价：68 元

学生票：40 元（全日制本科及以下学历学生；6 ~ 18 周岁未成年人持本人有效证件）

老年票：每人次 40 元（60—69 周岁持本人有效证件）

免费群体：身高 1.3 米（含 1.3 米）以下的儿童（每名儿童至少一名监护人陪同）；70 周岁以上的高龄游客；离休干部；残疾人；中国人民解放军现役军人。

步骤二　交通服务报价

以 ×× 客运有限公司为报价对象，车辆选用 33 座空调旅游车，全程随团队旅游。

车费总价 2100 元，车费平均每人价格：70 元 / 人。

步骤三　餐饮服务报价

包含 1 次正餐，20 元 / 人

步骤四　导游服务报价

按照每人每天 20 元计算。

综合以上所有报价，“沈阳一日游”30 人团队具体报价将根据 303 元 / 人 +（303 元 / 人 ×10%）=303+30=333 元。根据旅游产品报价规则，报价为 333 元 / 人。

根据国际惯例，旅行社的收费是 16 人免收 1 人费用，因此，该 30 人的旅游团队实际收费是 333 元 / 人 ×29 人 =9960 元。

【考核评价】

教学过程中的考核标准如下：

表 6-7　旅游产品报价任务考核评价表

考核类型	评价项目	评价要点	得分	满分
成果考核	旅游产品报价	门票计报价　一项 2 分	10	70
		住宿计报价　一项 5 分	25	
		交通计报价　一项 5 分	25	
		餐饮计报价　一项 2 分	10	
过程考核	个人课堂活动表现	积极主动发言，学习态度端正	3	10
		无迟到、早退、旷课现象，课堂出勤良好	3	
		积极参加讨论、认真完成各项任务训练，课堂参与度高	4	
	团队任务活动表现	任务分工明确、团队合作能力强	5	20
		任务实施中能及时处理问题、协调沟通顺畅	5	
		团队积极乐观、勇于挑战，能主动完成任务	5	
		思路设计新颖、方法多样，团队创新能力强	5	

【归纳总结】

通过完成本次任务，能够使我们正确地运用旅游产品价格策略，灵活确定最佳的产品价格。同时掌握线路报价的依据、进行定价的方法以及报价策略等基本知识和技能。

【相关知识】

1. 旅游产品价格制定的原理

（1）旅游产品的价值决定供给价格

旅游产品的价格是由产品的价值决定的，是由生产旅游产品的社会必要劳动时间决定的。合理的旅游价格反映旅游资源对旅游者的吸引程度，吸引力强、观赏价值高的旅游资源，蕴含有大量的物化劳动，应当收取较高的价格。旅游价格的制定还体现旅游设施的数量和质量，如豪华级宾馆与一般宾馆虽然都是宾馆，但其设施的配套与完善程度、舒适与先进程度差距很大，所花费的社会必要劳动时间差异明显，因而其价格有较大的差别。此外，旅游价格的水平还体现着旅游服务人员所提供的服务劳动的质量水平，包括客房、餐饮、翻译、导游等等，热情周到高质量的服务反映着服务人员的业务素质较高，付出了更多更复杂的劳动，理应得到较高的报酬。

旅游产品的价值决定旅游产品的供给价格，这是旅游价格的下限，低于这一下限，旅游经营者所付出的社会必要劳动就得不到合理的补偿，旅游产品的再生产就难以继续。

（2）旅游业与其他行业的比较决定需求价格

需求价格是指在一定时期内旅游者对一定量的旅游产品愿意和能够支付的价格，它表现为旅游者的需求程度和支付能力。旅游需求价格是旅游价格的上限，超过上限即超过旅游者的意愿和支付能力，旅游者的旅游活动就不能成行或者减少，再有特色的旅游产品，再有吸引力的旅游资源都会成为空谈。

（3）旅游市场竞争决定市场成交价格

旅游市场竞争通过旅游产品的供给者之间、需求者之间和供给者与需求者之间的竞争决定市场成交价格。供给者之间竞争的结果使市场成交价格在较低的价位上实现；需求者之间竞争的结果，使市场成交价格在较高的价位上实现。因此，当旅游产品供过于求时，旅游价格只能体现旅游经营者的生存目标即较低的供给价格；当旅游产品供不应求时，旅游价格可以体现旅游经营者的利润最大化目标，从而体现了较高的交易价格，但不能超过旅游需求的价格。

2. 旅游产品价格制定的目标

价格制定的目标，是指企业在对其生产或经营的产品定价之前，预先设定的、有意识地要求达到的目的和标准。旅游企业在制定旅游价格时，必须首先确定旅游价格制定的目标，因为它是旅游价格决策的依据，直接关系到价格策略和定价方法的选择。旅游定价目标是由旅游企业生产经营目的决定的，它是生产经营目标的具体化。定价目标必须与旅游企业生产经营的总目标相适应，为总目标服务。旅游企业作为市场经济的主体，其生产经营的根本目的是价值的增值，是追求收益的最大化。因此，判断旅游定价目标制定得正确与否，取决于一个较长时期内最终是否给企业带来尽可能多的利润总量。

旅游定价目标也是多种多样的。通常围绕收益最大化而展开的旅游定价目标，概括起来主要有三大类。

（1）以反映提高产品质量为目标

产品质量是产品价值的表现，是产品价格的基础。旅游产品价格必须反映旅游产品质量，做到质价相符，才能吸引游客，增大销量，实现收益的最大化。旅游定价选择这种定价目标具体又可分为以下三种类型：

①反映旅游产品特色的目标。旅游产品特色指产品的造型、质量、功能、服务、品牌、文化氛围的全部或部分，它反映了旅游产品对旅游者的吸引力。旅游产品有特色，旅游者不仅对该产品满意，而且还会期望通过消费这种旅游产品来炫耀与众不同，显示其经济上的富有或地位上的优越，以获取精神上的满足。因此，这种旅游产品在定价时具有有利地位，其价格也相应要比同类旅游产品高。

②反映旅游产品垄断的目标。旅游资源是旅游产品形成的基础，一定的时空环境里旅游资源科学开发和组合而形成的旅游产品具有稀缺性，其价格也更具有垄断性。如深圳锦绣中华、西安兵马俑和云南石林等这类产品的稀缺性使之与同行业竞争对手相比具有很

强的竞争能力，旅游者的边际需求评价较高，因此其定价可以取较高的价位，高于其他同类旅游产品的价格。

③提高旅游者满意度的目标。旅游者通过旅游获得精神上的体验，留下长久的回忆，旅游服务对旅游者的心理感受和满意度影响很大。由于旅游者的文化背景，个人素养不同，阅历各异。因此，相同的旅游服务（即使是标准化的、规范化的服务）对不同的旅游者来说会有不同的感受，从而形成不同的评价。旅游企业针对不同旅游者的需求提供有针对性的服务，得到旅游者的较高评价，提高旅游者的满意度，可以确定较高的旅游价格。

（2）以保持和扩大市场占有率为目标

市场占有率，又称市场份额，指某旅游企业产品销售量或旅游收入在同类产品的市场销售总量或旅游总收入中所占的比重。市场占有率是企业发展的基础，代表着潜在的利润率。具体又分为以下三种类型：

①以稳定价格为目标。旅游企业采取稳定价格的目标，实质是想通过本企业产品的定价或少数几家旅游大企业产品的定价左右整个市场价格水平。选择这种定价目标的应当是那些实力雄厚、市场占有率较高的大企业。

②以有助于市场推销为目标。旅游价格与旅游产品配置，促进销售和分销渠道结合，共同构成旅游目的地或旅游企业的营销组合，推动旅游产品的顺利销售。

③以符合市场行情为目标。旅游业是一个市场导向型产业，市场占有率的形成和变化是旅游市场竞争的结果。旅游企业要保持和提高自己的市场占有率，其价格制定必须符合市场行情。

（3）以稳定和增强企业竞争力为目标

稳定和增强旅游企业的市场竞争力，使其在市场竞争中不断谋求有利地位，较好地实现旅游产品的价值，取得尽可能多的收益。具体又可分为以下三种：

①以增加当前利润为目标。这一目标是指旅游企业通过价格手段在短期内获取最大限度的利润。它适用于旅游产品的技术含量和质量指标在短期内居于市场领先地位，旅游者认同感明显，短期内供不应求的企业。

②以一定的均衡收益为目标。当旅游企业在同行业中占据主导地位，能够掌握市场需求情况，并基本能控制本企业的市场份额时，旅游企业可以选择一个保持长期稳定收益的定价水平，以一个固定的收益额作为定价目标，以使本企业在市场竞争中稳步发展。

③以平均利润为目标。当旅游企业的经营管理水平处于同行业中的中等地位时，企业往往以获取平均利润作为定价目标。

综上所述，旅游价格制定的目标是多种多样的，不同的企业可能有不同的定价目标，同一旅游企业在不同时期也可能有不同的定价目标。

3. 旅行社产品的定价方法

（1）成本加成定价法

指在单位旅游产品成本的基础上加上预期利润而制定的旅游产品价格。

旅游产品价格 = 平均总成本（1+ 期望利润）

=（固定成本 / 预计销售量）（1+ 成本加成率）/（1– 营业税率）

成本加成定价法是旅行社常用的一种定价方法，然而这种方法是以成本为中心的定价方法，它只是从保证旅行社本身利益的角度制定产品价格，忽视了市场需求多变的现实，利用这种方法制定出来的产品价格有时不能被广大的旅游消费者普遍接受。

（2）目标收益率定价法

目标收益率定价法指旅游企业根据估算的总成本和预计的总销售量，确定应达到的目标利润，从而制定相应的旅游产品价格。

产品价格 = 总成本 + 目标利润 × 预期销售量

目标收益率定价法优点是可以保证在一定销售的条件下收回全部成本，实现既定目标利润，但目标收益率定价法忽略了价格对销售量的决定和影响作用，这样制定出来的价格不能为消费者所接受，从而不一定能保证销售量达到预期的目标，这种方法在旅行社定价中用得很少。

（3）理解价值定价法

理解价值是指旅游消费者对旅行产品的主观评价，而不是产品的实际价值。

理解价值定价法认为，顾客对某一种产品或服务进行购买之前，基于对产品的广告、宣传信息以及自身想象，对产品价值有一个自己的认知，只有产品的价格符合顾客的想象他们才能接受这一价格。

采用理解价值定价法的时候，应当配合宣传促销活动，根据顾客对产品形象以及价值的理解去确定价格。理解价值定价法的关键在于正确测定理解价值。

（4）竞争导向定价方法

竞争导向定价方法指以旅游市场竞争为中心，结合旅游企业的自身实力、发展战略等因素的要求来制定价格。

以竞争为中心的定价方法是指旅行社参照行业平均价格或主要竞争对手的平均价格来确定自己的价格。一种是本行业完全自由竞争，各个企业以本行业的平均价格或者习惯作为自己的定价依据。另一种形式是本行业中有少数企业处于垄断地位，这种地位也起到了领袖价格的作用，各个中小企业为了应对竞争就尾随其后，依据领袖价格来确定自己的价格。

这种定价方法充分考虑了市场竞争的因素和旅游者的反应，所制定出的产品价格被旅行者接受，并能够使旅行社在市场竞争中获得优势地位。

4. 旅行社产品的定价策略

（1）撇脂定价策略

即在新产品进入市场初期，以高价投放政策，以便在短期内获取高额的利润。一般来说，具备以下条件之一的新产品方可考虑采用撇脂定价策略。

①接待能力有限

②垄断性经营

③需求缺乏弹性

（2）低价渗透定价策略

采用相对低廉的价格，以便在最短的时间内增加销售量，开拓市场，实行渗透定价策略，风险比较大，投资回收期比较长，若旅行社销售数量达不到一定水平，则无法补偿开发费用和初期较高的成本。具备以下条件之一的产品可以考虑采用渗透定价策略。

①具有大批量接待的能力

②非垄断性经营

③需求富有弹性

（3）有针对性地采用优惠价格和差价

优惠价格包括数量折扣和现金折扣等。差价包括季节差价、地区差价、年龄差价等。旅行社无论采用什么定价策略和定价方法，都必须考虑以下因素：

①价格必须反映产品质量

②对不同的市场，价格应该具有灵活性

③合理安排各项服务之间的比价关系

④价格应该有连续性和稳定性

⑤应该特别注意和竞争对手同类产品的比价关系

⑥产品价格应该服从国家政策的需求

【实训或练习】

案例链接

“南下避寒”是人们春节出游的重要选择之一，三亚十分“受宠”。

每年春节期间，三亚酒店的高房价常常登上新闻“热搜榜”。2024 年 1 月 22 日，通过携程 APP 搜索发现，春节假期期间，三亚的五星级 / 豪华酒店中仅有两家定价低于千元，其余均超千元，有些甚至过万。以其中一家五星级度假酒店为例，春节期间每晚房价网络预订价为 2905 元，而 1 月 22 日当晚房价为 1058 元，相差 1800 多元。对于春节期间三亚酒店房价的暴涨，人们看法不一，有些认为这是市场自主调节的结果；有人则认为“天价房”贵得离谱，应该加以打压。

要求：根据所给资料，用产品定价策略分析三亚出现高房价的原因。

【项目小结】

旅游产品价格是旅游者为满足旅游活动的需求而购买的单位旅游产品所支付的货币量，它是旅游产品价值、旅游市场的供求关系和货币币值三者的综合反映结果。在市场经济中，旅游活动的商品化，旅游者食、住、行、游、购、娱等需求必须通过交换活动，通过支付一定的货币量才能够满足。旅游产品的定价策略是旅游市场营销组合策略重要组成部分，作为供求双方利益的调节者，旅游产品价格对供求双方都是最客观的数量指标。旅游产品价格制定得是否合理及其策略运用得恰当与否，直接关系到企业市场营销组合的科学性、合理性，进而影响到旅游企业市场营销的成败，旅游产品定价策略在市场营销组合策略中占有重要的地位。

项目七　建立销售渠道

教学目标

※ 能力目标

1. 能运用相关原理评价与调整旅游企业营销渠道；
2. 能够根据旅游中间商的评价标准选择、管理中间商。

※ 知识目标

1. 掌握旅游销售渠道的概念和类型；
2. 掌握旅游中间商的地位与作用；
3. 掌握影响旅游销售渠道选择与调整的因素；
4. 掌握旅游营销渠道选择的原则与方法；
5. 理解旅游销售渠道的发展方向。

※ 素质目标

1. 具有热爱旅游事业的敬业乐业精神；
2. 与业务部门之间具有强烈的团队协作合作意识。

任务7–1　旅游销售渠道体系的建立

【任务引入】

沈阳某运旅行社有限公司位于南三马路65号，公司凭借产品优越的性能价格比和完善的售后服务在同行业中脱颖而出。严格的质量管理是企业在激烈的市场竞争条件下生存立足与发展壮大的决定因素，依托战略国际全球领先的专业技术和营运经验，坚守“诚信、务实、创新”的经营理念。目前某运旅行社在沈阳地区的销售渠道主要有三种：

第一种主要的销售渠道是门店直销，某运旅行社在沈阳许多大型商场、超市设有专营门店，地理位置一般位于商业圈附近或者大型居民社区附近，以接收散客为主。

第二种主要销售渠道为同业销售渠道，即某运旅行社的旅游线路产品面向其他旅行社同业批发销售，请其他旅行社在销售旅游产品时把某运旅行社产品一起销售，某运旅行社也会同样销售其他旅行社的旅游产品。

第三种销售渠道是同网络销售平台合作，将旅游产品委托其进行网上销售。

任务 7-1　根据案例撰写一份针对目前某运旅行社销售渠道现状的报告，具体指出每个渠道的优点和缺点，阐明其作为优点或缺点的具体原因。

【任务分析】

要想了解一个旅行社的销售渠道，首先要从旅行社的具体销售手段着手，某运旅行社之所以被选为本节案例，主要因为其在沈阳地区旅游市场具有强大的影响力，沈阳市区主要的中高端商场均能看到其直营门店的身影，主要在集中住宅社区附近的家乐福超市商场以及靠近商圈的大悦城等大众消费集中的商场，可以从消费者主要购买旅游商品类型及消费者特点着手分析直营门店的主要顾客源和畅销商品。其次，某运旅行社与其他沈阳旅行社有着密切合作，同业销售这一方面可以从其他品牌的直营门店进行侧面了解，通过与直营门店对比，总结出这两种渠道在销售方面的类似与区别。最后，某运旅行社在网上销售平台销售的主要是以沈阳出发的出国游旅游团以及以沈阳为目的地的旅游团，可以通过网上调查咨询网上销售平台得出这一渠道的主要消费群体及畅销旅游产品。完成任务 7-1 前，我们还需要了解旅游销售渠道的定义，即何谓旅游销售渠道，进而分析旅游销售渠道由哪些层次构成。

【任务实施】

步骤一　阅读案例，总体认知

通过阅读案例，我们了解到，一家旅行社的销售渠道是一个整体的系统，旅行社营业收入多少，很大程度上依赖于销售渠道是否顺畅，是否适合市场需求。销售的旅游产品与销售渠道互相配合，才能给旅游企业带来最大收益。与销售合作方互相配合，沟通顺畅，互通有无，才能在竞争激烈的旅游市场争夺一席之地。

步骤二　分析案例，理论对照

为了更好地完成本节任务，还要先了解本节涉及的知识点，根据下面介绍的基础内容，对某运旅行社首先进行公司结构的了解，收集主要客户来源的方式，根据客户来源分析某运旅行社的主要销售渠道有哪些。

1. 什么是旅游销售渠道?

当一名消费者走进旅行社门店，想选择一个旅游团进行报名参加时，购买的其实是一种契约，是时间、地点都有限制和预期的旅游经历及体验，只有使用权没有所有权。很少有旅游企业将旅游产品直接卖给其最终消费者。相反，大多数旅游企业要想通过旅行社门店或者其他机构将旅游产品销售给消费者，需要通过旅游销售渠道来完成。

通过销售渠道将企业自身旅游产品投放到旅游市场上。这些旅游企业努力建立销售渠道（marketing channel）或者可以称为分销渠道（distribution channel）——由一系列独立的商业组织组成，通过这些商业组织的协助，将旅游产品或服务最终传递到消费者的手中。这些销售渠道中的商业组织为销售渠道中的成员，即旅游销售中间商。

旅游销售渠道中的成员承担着发布信息、促销、谈判、订单、付款等职能，并在执行销售渠道任务过程中承担着相关风险。

旅游销售渠道的概念宽泛，主要有以下几方面内容：

（1）一般认为旅游销售渠道的起点是旅游企业，即旅游产品生产商和供应商，终点是消费者，旅游销售渠道即从起点到终点的各个流通环节组成的系统。

（2）旅游销售渠道是相关经营组织和个人的组合，除了起点和终点外，还包括各种类型的旅游中间商，如批发商、代理商、零售商等。旅行社很大程度上就是一种旅游中间商。

（3）在旅游销售渠道中，旅游产品和服务被转移的是其一段时间使用权，而非永久使用权，也不是所有权。

（4）旅游销售渠道包括旅游企业在生产现场直接向消费者销售其产品和服务，也包括旅游企业依靠自身的力量在生产地点以外的其他地方销售其旅游产品的直接销售方式，还包括旅游企业借助中间商向消费者出售其产品和服务的间接销售方式等多种形式。

科特勒认为，销售渠道（Marketing channel）和分销渠道（Distribution channel）是两个类似的概念。他说："一条市场销售渠道是指那些配合起来生产、分销和消费某一生产者的某些货物或劳务的一整套所有企业和个人。"这就是说，一条市场销售渠道包括旅游产品的供产销过程中所有的企业和个人，如供应商（Suppliers）、生产者（Producer）、中间商（Merchant middleman）、代理商（Agent middleman）、零售商（Retailers）以及最后消费者或用户（Ultimate consumer or users）等。

2. 销售渠道的类型

一般来说，旅游产品的销售渠道有直接渠道和间接渠道、短渠道和长渠道、宽渠道和窄渠道等多种类型。

（1）**直接销售渠道**

又叫零级渠，是指旅游企业在其营销活动中，不经过任何中介机构而直接把旅游产品销售给消费者的销售渠道，如图 7–1。

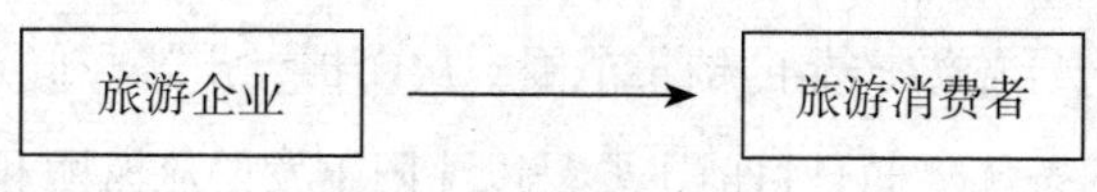

图 7-1 直接销售渠道

从旅游企业的营销实践中可以看出，直接销售渠道主要有三种形式：

①在旅游产品生产现场直接向消费者销售其产品。如酒店、旅游景点等旅游企业等客上门，依靠自身特色招揽游客的销售方式都属于直接销售方式。

②消费者通过网络、电话等方式向旅游企业直接预订和购买旅游产品的销售方式。许多旅游企业开始借助网络，开设旅游景点、酒店预订等业务，大大方便了游客的出行，提高了旅游企业的效益。

③旅游企业还通过自设的营业网点直接向消费者销售其产品的销售方式。许多连锁品牌的旅游企业可以通过自己的专门店或营销网点，向消费者直接销售产品。

本节案例中某运旅行社的直营门店就属于直接销售渠道。

某运旅行社的直营门店是通过公司直接开设或者特许经营而成立的门店。门店最大的好处在于可以直接面对终端消费者，而消费者因为门店就开在住宅附近的大型超市以及经常光顾的商场，易于找到，有固定的经营场所而感到有安全感及信任感，顾客通常在购买过程中及售后服务上更易于同旅行社沟通，及时解决问题。但是这样的顾客往往以家庭为单位，家庭出游是主要诉求，所以大众的旅游团线路更容易受到追捧，而且价位还要适中，不能过高，消费者追求性价比。总体来说，某运旅行社直营门店的销售渠道以薄利多销为主，销量大，单笔利润低。

（2）**间接销售渠道**

间接销售渠道指旅游企业通过不少于一个的中介机构将旅游产品销售给顾客，是旅游产品的生产者或供应商借助于中间商的力量将产品转移到消费者手中的途径，它是目前旅游产品的主要销售方式。按中间环节的多少，间接销售渠道又可分为一级分销渠道、二级分销渠道、三级分销渠道等类型，其中有两个或两个以上中介机构的营销渠道统称为多级分销渠道。

①一级分销渠道：一级分销渠道的模式为：旅游企业→旅游代理商→消费者，即旅游企业向旅游代理商支付佣金，由旅游代理商把旅游产品销售给消费者。这种分销渠道仅适用于销量批发不大、旅游市场狭窄或旅游产品单一的旅游企业，它有利于旅游企业降低成本、减少开支，从而提高经济效益。

某运旅行社利用途牛网及驴妈妈网进行销售的类型就属于这种一级分销渠道。

通过与途牛网进行洽谈合作，由途牛网来进行某运旅行社相关旅游产品的销售。这样做最大的好处在于降低了销售成本，虽然要部分让利给途牛网，但是借助途牛网的平台可以大大提高某运旅行社旅游产品的销售范围，从而扩大市场。但是因为与途牛网合作，要遵守许多对方提出的条款，而且目前主要是以沈阳出发的旅游团和以沈阳为目的地的旅游团为主，在价格上要同许多其他类似线路的旅游产品在同一平台进行价格战，竞争压力很大。

②多级多层分销渠道

结构如图 7-2 所示：

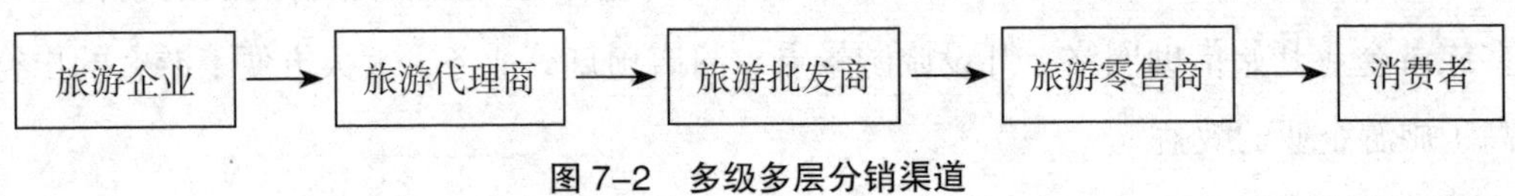

图 7-2　多级多层分销渠道

选择利用这种旅游产品分销渠道，必须注意旅游市场大小及结构分析，最好选用一种或若干种分销渠道组合使用，同时还要注意调整并充实现有的分销渠道，根据需要慎重地选用新的旅游中间商。

某运旅行社的同业销售就属于这一种销售渠道。

某运旅行社既是旅游企业又是旅游代理商，与其他同行一起彼此互相代理销售对方的旅游产品，互通有无，尽量做到彼此利益最大化。但是因为客户群体类似，要想同业销售中企业自身的旅游产品销售得更多，很大程度上要有具备自身特色的产品，同别的旅游产品区别开来。同业销售量最多的旅游产品就是这种具有一定特点，能同其他类似产品区别开的。

步骤三　结合案例，归纳总结

根据上面的知识介绍，首先我们了解到某运旅行社主要是直接销售渠道和间接销售渠道并行的，既有直接销售给顾客的门店直销，又有同业销售和网络代理商销售。那么一个销售渠道是否适合企业，能否给企业带来丰厚的利润，除了渠道本身是否影响力广泛，还要考虑旅行社产品是否与销售渠道适合。

某运旅行社目前主要的旅游产品有三类，第一种是广泛面向大众的旅游团线路，旅游产品线路多为热门景点，价位适中，适合广大的消费者。在报告中需要体现出具体哪些类型销售地点的门店这种旅游产品销量多，结合上面案例介绍，具体指出门店的销售优势及劣势。

第二种是比较小众的高端商务游，可以根据顾客需要制定旅行线路，而且价位费用高昂，对于成团的人数有着一定的限制。在报告中需要指出该类商品在主要三种销售渠道里面估计销量的多少、具体原因以及这种类型的产品更加适合的销售渠道。

第三种是自由行，只负责预订机票和酒店，不出导游，费用比商务游便宜但是高于大众旅游团的产品。这一类型的旅游产品通过网络平台销售较多，可以在报告中说明成为主要网络销售的原因，以及相关的优劣势分析。

在完成本次任务报告时，可以着重调查门店直销、同业销售和网络代理商销售这三种销售渠道中某运旅行社哪一类旅游产品销量最好，哪一种销量逊色，结合渠道主要面对目标消费群体，进行渠道优缺点的总结会更加有成效。

【考核评价】

教学过程中的考核标准如下：

表 7–1　了解旅游企业销售渠道任务考核评价表

考核类型	评价项目	评价要点	得分	满分
成果考核	制定销售渠道报告	报告中对旅游企业现有销售渠道描述清晰、具体	15	60
		根据案例针对旅游企业目前销售渠道优缺点分析合理	15	
		报告语言简洁流畅，逻辑清晰	10	
		报告排版格式整齐、美观，布局合理	10	
		对于销售渠道提出切实可行的优化目标	10	
过程考核	个人课堂活动表现	积极主动发言，学习态度端正	5	20
		无迟到、早退、旷课现象，课堂出勤良好	5	
		积极参加讨论、认真完成各项任务训练，课堂参与度高	10	
	团队任务活动表现	任务分工明确、团队合作能力强	5	20
		任务实施中能及时处理问题、协调沟通顺畅	5	
		团队积极乐观、勇于挑战，能主动完成任务	5	
		思路设计新颖、方法多样，团队创新能力强	5	

【归纳总结】

卓越的渠道分销战略不仅为消费者价值作出了很大的贡献，还为旅游企业及其渠道伙伴创造了竞争优势。旅游企业无法独自传递消费者价值，必须与更大的价值递送网络中的其他旅游企业紧密合作。旅游企业生产产品或服务，并将其提供给消费者，这一过程需要与消费者建立关系，还要利用供应链将关键的供应商和分销商联系起来。

那么旅游企业如何来建立旅游销售渠道呢？就是本节要进行讲述的内容。

【相关知识】

1. 建立旅游销售渠道

（1）分析消费者需求

像许多市场营销决策一样，设计旅游销售渠道也是从消费者开始的。设计旅游销售渠道的第一步是要找出目标消费者希望从旅游销售渠道中获得什么样的商品。消费者希望就近购买旅游产品还是更愿意前往更远但是销售旅游产品更密集更全的中心城区？喜欢人员销售、电话订购还是网上在线购买？喜欢多样化还是专业化、线路单一但是更加深入体验的旅游产品？消费者是否需要大量的附加服务（咨询、售后），还是愿意从别的渠道获得这些服务（比如网上咨询）？一般来说，旅游产品类型越丰富，提供的附加服务越全面，旅游销售渠道的服务水平就越高，消费者的满意度就越高，成交量就更高。所以找准消费者的需求对设计旅游销售渠道非常重要。

然而，提供最丰富的旅游产品类型和非常全面的服务对旅游企业来说，也许是不现实的。旅游企业及销售渠道的中间商可能不具备提供所有理想服务所需的技术和资源，同时这样做也会增加渠道销售成本，从而导致消费者支付更高的价格。最合适的做法是发现旅游企业自身产品的特点，寻找喜欢接受这个产品特点的特定的消费人群，进行相应的销售渠道构建。另外打造旅游企业多家集中销售平台，让消费者可以在同一个平台，发现多种类型的旅游产品，这样既丰富了旅游销售渠道中的产品类型，同时由多家旅游企业共同承担销售成本，降低了产品价格，给予了消费者更多选择空间，进而提高销量。例如途牛网，就是目前很符合这一特点的案例。

（2）制定旅游销售渠道目标

旅游企业应当根据上一步确定的目标消费者需求来制定旅游销售渠道目标。通常，旅游企业会发现不同细分市场对旅游商品及服务水平的需求是不同的，旅游企业应当确定服务于哪些细分旅游市场以及不同旅游市场中最佳的销售渠道设计。针对每个细分市场，旅游企业应当在满足消费者服务需求的前提下，做到销售渠道成本最小化。

旅游企业的销售渠道目标常常受到旅游企业性质、产品、销售中介、竞争者及环境的影响。例如，旅游企业的规模和财务状况决定了其自身可以完成哪些营销职能或者有哪些局限，哪些是必须交给旅游销售中介来完成的。

旅游销售渠道里的中介机构的特点也会影响旅游销售渠道设计。旅游企业必须找到愿意并且能够承担必要工作的旅游销售中介机构。一般情况下，在促销、联系消费者、储存和提供信用这些活动中，旅游销售中介机构的能力不同。例如，旅游生产商的销售代表由不同企业雇佣，在与客户进行联系时，由于消费者分摊了总成本，联系一个客户所花的成本平均起来就低一些，但是，比起旅游企业自己的销售部门进行销售，旅游产品销售方面的力量确实是分散了。

在某些情况下，旅游企业可能需要与竞争者在同一旅游中间商销售渠道中展开竞争，在其他情况下，旅游企业可能会避开竞争者采用的渠道，转而用自己的旅行社专门店。最后，当前的经济形势、法律约束等环境因素也可能会影响旅游销售渠道的目标和设计。经济繁荣时，旅游产品销售更旺盛，旅游销售渠道更多。

（3）确认主要的旅游销售渠道选择

当旅游企业确定了销售渠道的目标后，它应该进一步确认主要销售渠道的选择，包括中介机构的种类、中间商的数量及各个渠道成员的责任。

2. 旅游中间商

（1）旅游中间商的概念

在旅游销售渠道中，旅游中间商是指介于旅游企业与消费者之间，协作旅游企业推广、销售旅游产品给最终消费者，专门从事旅游产品市场营销活动的商业组织或个人，其类型主要有旅游批发商、旅游经销商、旅游零售商、旅游代理商等。这些销售渠道中的商业组织即为旅游销售中间商，是销售渠道的重要组成部分。其中，旅游批发商是指从事旅游产品批发业务的旅行社或旅游企业，通过大量订购旅游交通运输企业、酒店、旅游景点等产品，然后组合成包价旅游产品向旅游零售商批发出售，再由零售商销售给消费者。旅游零售商是指直接面向广大消费者从事旅游产品零售业务的旅游中间商。他们要帮助消费者选择合适的产品，与各类旅游企业保持良好的关系，根据市场情况和消费者需求及时调整服务。

旅游中间商是旅游企业和消费者之间重要的纽带和桥梁，也是销售渠道的重要组成部分，除去两边终端的生产商旅游企业和最终消费者，剩下销售渠道的组成部分都是旅游中间商。旅游中间商承担着组合旅游产品并直接向旅游消费者推介和销售的职能，同时又担负着向生产旅游产品的旅游企业及时反馈旅游市场需求的功能。旅游中间商这一中介地位决定了其收集信息、传递信息、综合利用信息的重要性。

互联网所引发的商业革命正在对旅游中间商产生巨大的冲击：一方面，旅游中间商可以从网上轻而易举地获得大量信息，能加强其与旅游供应商和消费者之间的联系，也可使传统经营运作方式信息化、简单化，从而促使旅游企业经营者为了跟上市场潮流而努力实现管理现代化；另一方面，互联网也会把旅游供应商和消费者聚集在一起，互通信息，甚至抛开以经营传统业务为主的旅游中间商，不必依靠其所提供的信息，就可以直接进行销售活动，传统旅游市场开始被其他类型的竞争者分割，例携程等这一类以往主要做票务及住宿的网络经销商，现在也开始涉及旅游产品的销售，还有途牛这一类专门做旅游产品在线销售的网络经销商。

互联网的运用，既可以给旅游中间商带来更多的业务发展机会，也迫使旅游中间商改变经营机制，转换服务功能，积极开拓新的业务。例如建立完善的旅游信息库：根据目前旅游的热点，选择相应的旅游目的地信息，集中在一起，设计成专门的网页，供有意旅游者查询。途牛网、携程等网站，现在提供旅游咨询、在线行程预订和支付服务，一定程度上很好地整合了旅游市场资源和互联网技术服务资源，为更多的散客消费者提供了更加个性化的旅游产品和服务。

旅游中间商批发销售旅游产品的目的在于通过转卖过程获得利润。在旅游界，旅游中间商是不可或缺的组成部分，他们大多受过专业训练，懂业务、有经验、了解市场，也能掌握消费者心理。能够提供给消费者最有价值的信息，帮助消费者选择最理想的旅游产品。这些特点决定了中间商对旅游产品的挑剔性，所以，旅游企业要根据自身要求来选择可以控制的、综合实力较强的中间商作为自己企业的合作伙伴。

（2）**旅游中间商的重要性**

制造商即旅游企业之所以使用中间商，是因为它们在为目标市场提供产品方面具有更高的效率。凭借中间商的关系、经验、专业知识和经营规模，中间商常常可以做到很多制造商自己无法达成的事情。图 7-3 表示 3 家制造商通过一家联系 3 个客户群的分销商进行销售活动，这一系列只需要 6 次不同的交易。通过这种方式，中间商承担了以往由制造商和消费者完成的大部分工作，通过中间商让消费者可以比以往更加便利地获得商品。

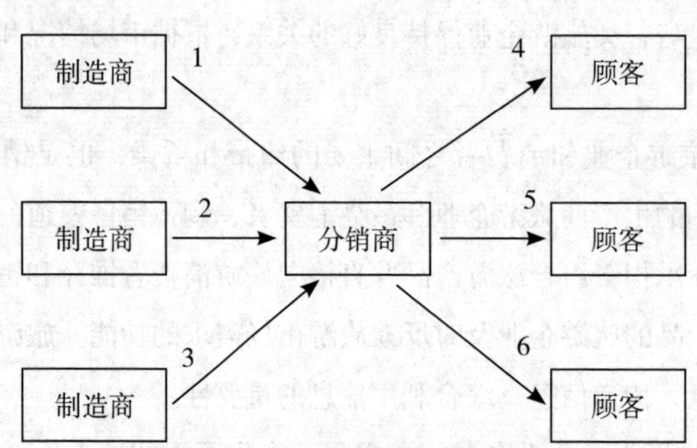

图 7-3　有分销商时的联系数量制造商 + 消费者 =6

中间商承担了许多关键职能，帮助完成交易。主要职能有：

—— 信息：收集和发布各单位市场研究和情报方面的信息，这些信息对适应环境、进行计划和调整很有必要。

—— 促销：开发和发布有关广告信息。

—— 联系：寻找并与潜在消费者进行交流。

——调整：为适应消费者进行调整，包括制造、定级、组装和包装。

——谈判：达成有关价格、产品、服务的协议，完成所有权或使用权的转换。

其他有助于达成交易的职能有：

——实体分销：运输和储存货物。

——财务业务：获得和使用资金，补偿销售渠道的成本。

——承担风险：承担销售渠道工作的风险。

如果由制造商来承担这些职能，那么其销售成本就会增加，产品价格也会随之上升。当这些职能中的一部分转由中间商来承担时，制造商的成本和价格就会下降。同时中间商赚取相应利润。

3. 旅游销售渠道类型

（1）销售渠道层级数量

中间商的层级数量表示销售渠道的长度，图 7–4 展示了几种不同长度的消费者销售渠道。渠道 1 被称为直接销售渠道（direct marketing channel），没有中间商层级，制造商直接将产品出售给消费者。图 7–4 中的其余渠道是间接销售渠道（indirect marketing channel），包含一家或多家销售中介。

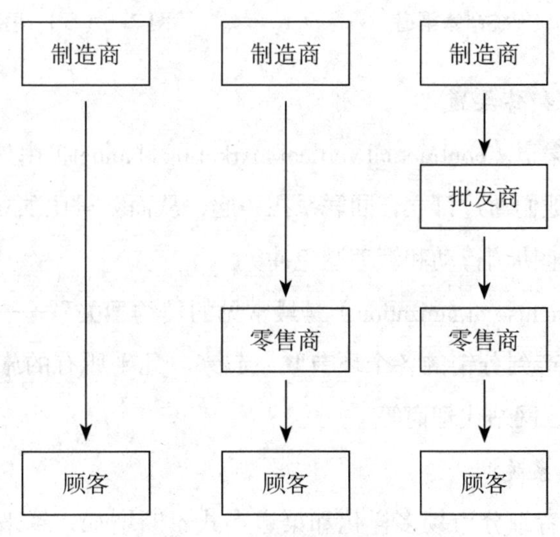

图 7–4　销售渠道层级

（2）垂直销售渠道

传统销售渠道（conventional distribution channel）图 7–5（A），由一个或多个独立的制造商、批发商和零售商构成。每个成员都经营独立的业务，寻求自身利润最大化，为此甚至不惜牺牲整个渠道的利益。渠道中没有一个成员可以对其他成员进行控制，也不存在划分职能和解决渠道冲突的解决方式。

相比之下，垂直销售渠道（vertical marketing channel，VMS）图 7–5（B）中的制造商、批发商和零售商作为一个统一的系统采取行动，其中一个渠道成员通过订立合同的方式控股其他成员，或者拥有一定的权利以至于其他成员必须配合。垂直销售渠道可以由制造商、批发商或者零售商任何一方来主导。

这里重点讨论主要的垂直销售渠道：契约型垂直销售系统。

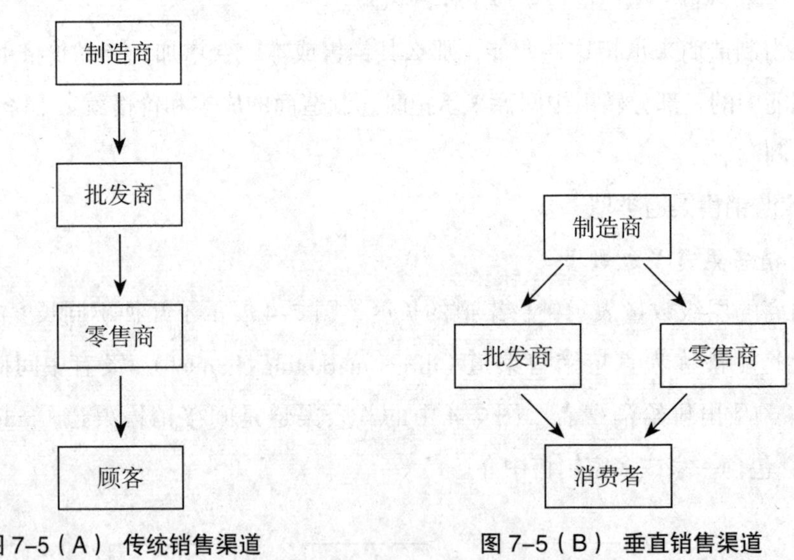

图 7–5（A） 传统销售渠道　　图 7–5（B） 垂直销售渠道

（3）**契约型垂直销售渠道**

契约型垂直销售渠道（contractual vertical marketing channel）由处在不同生产和分销层次的旅游企业组成，他们通过订立合同联系在一起，从而获得比独立经营更大的销量。渠道成员通过订立契约来协调行动和管理避免冲突。

特许权组织（franchise organization）是最常见的契约型关系——被称为特许经营授权商的渠道成员把从生产到分销的各个环节联系起来。几乎所有的旅游行业都涉及特许经营，例如旅行社门店、网站代理商等。

（4）**多渠道分销系统**

如今，随着消费者细分市场多样化和渠道形式不断增加，越来越多的企业已经开始采用多渠道策略——常被称为多渠道分销系统（multichannel distribution systems）。当一个企业为到达多个不同消费者细分市场而建立两个以上营销渠道时，就产生了多渠道销售。

图 7–6 展示了多渠道分销系统。在图中，生产者通过直邮目录、电话营销和互联网直接将产品出售给消费者细分市场 1；通过零售商出售给消费者细分市场 2；通过分销商和经销商出售给企业细分市场 1；通过自己的销售人员出售给企业细分市场 2。

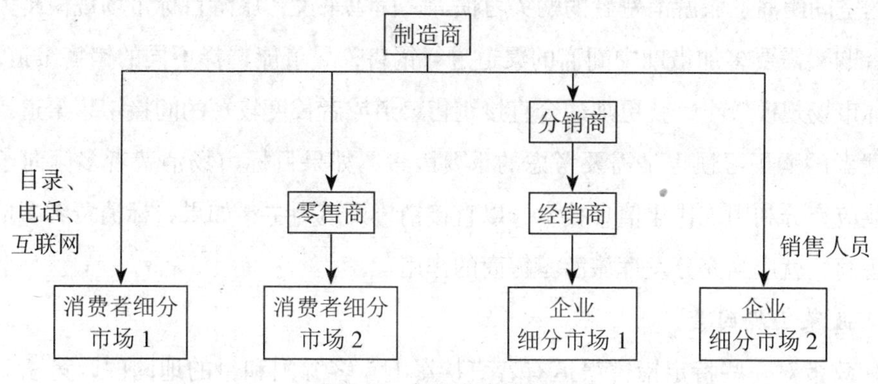

图 7–6　多渠道分销系统

现在的旅游市场，几乎所有大型旅游企业和多数小型旅游企业都通过多渠道进行分销。多渠道分销系统为那些面临大规模而且复杂的旅游市场的相关企业带来很多好处。旅游企业可以利用新渠道来提高销量、市场占有率，并且获得机会来调整自身的旅游产品以满足不同细分市场的特定需求。

4. 渠道成员的责任

制造商即旅游企业和代理自己企业的中间商需要就合作条款和每个渠道成员的责任达成一致，包括各方遵守的价格政策、销售条件、区域特权和具体服务。旅游企业应当为中间商提供价格清单和符合市场的折扣政策。另外，旅游企业还必须划定每个渠道成员的经营区域。在安排新的经销商时，特别需要注意这一点，避免和已有的经销商经营范围发生冲突。

渠道成员的义务和责任应当仔细地以合同的形式明确下来，特别是特许经营和独家分销渠道。

5. 影响旅游销售渠道选择的因素

（1）产品因素

旅游销售渠道是专为旅游产品流通而设置的销售通道，所以要根据旅游产品的特点来选择销售渠道模式。主要考虑两方面，一是旅游产品的性质和种类，例如旅游景点这类的旅游企业大多数以直接销售为主；而大型旅行社多以间接销售渠道为主。二是旅游产品的档次，面对的目标消费者，高价格高档次的旅游产品由于市场范围相对较小，购买对象对于服务质量要求较高，此类产品应以高消费群体和回头客为主要目标市场，应该多采用直接销售渠道。而大众化、低价格的旅游产品，由于购买者多、市场覆盖面广、产品标准化程度高，可以多采用间接销售渠道为主，这样更加适合较大范围内招揽广大客源。

（2）市场因素

影响旅游产品销售渠道选择的市场因素主要有旅游市场规模、旅游产品生产者与目标市场的空间距离、旅游消费者的购买习惯等。简单来说，旅游目标市场规模越大，为方便消费者购买需要多加借助中间商的渠道进行销售，尽可能选择不同的销售渠道。反之，如果目标市场规模较小，就更加适合直接销售渠道或者长度较短的间接销售渠道。

消费者的购买习惯也是需要考虑的重要因素，如果目标市场消费者多倾向于直接购买，企业应充分利用现代化信息技术，以直接销售渠道为主；如果目标消费者多信赖当地旅游零售商，就应当充分发挥旅游零售商的作用。

（3）政策法规因素

国际政策对一些特定销售渠道有着直接影响。客源国和目的地国的政策法规，特别是有关旅游的政策法规是旅游企业选择其产品销售渠道时必须考虑的因素。例如根据我国《旅行社管理条例》的规定，境外旅行社不能在我国设立经营性分支机构（从事宣传、联络功能的办事处除外），从事招揽、组织我国公民赴境外旅游业务只有经过审批的国内出国旅行社，才能有权组织公民自费出国旅游。因此，现阶段境外旅游批发商无法在我国建立直接的销售渠道，即使要建立间接销售渠道，也必须从有资格的出国旅行社中选择合作者。但将来随着旅游业与国际接轨步伐的加快，这些限制政策也许会逐步取消。

【拓展提高】

1. 如何评价旅游企业主要的渠道方案

如果旅游企业已经明确了几个可行的旅游销售渠道方案，希望从中选出一个能最适合企业自身特点，满足企业长期目标的方案，那么应当按照经济性、可控性和适应性标准对每一种旅游销售渠道方案进行评估。

在使用经济性标准的时候，旅游企业需要比较各个渠道方案的潜在销量、成本和盈利性。每种渠道方案需要多少投资，会得到多少回报？旅游企业还要考虑到渠道的可控性。使用中间商通常意味着旅游企业要将一些产品营销方面的控制权让渡给对方，甚至有的中间商还会要求更多的产品营销方面的自主权利。在条件允许的情况下，企业既要放权给中间商进行营销宣传，又要保障中间商对企业的产品不会过度宣传，避免引起消费者误解。最后旅游企业还要考虑符合实际市场情况的合作标准。销售渠道成员之间通常会达成长期的合作，但是旅游企业也要根据环境的变化灵活调整渠道策略，所以，若要建立长期的销售渠道合作关系，那么这一渠道最重要的就是在经济性及可控性上都具有长期优势。

2. 如何设计国际分销渠道

国际市场营销人员可能会面对更为复杂的分销渠道设计问题。每个国家都有适合自己情况的分销渠道，它们是长时间发展而来的，变化缓慢。这些分销渠道在各个国家差别都很大，因此，国际市场营销人员必须调整他们的渠道策略，以适应当地的情况。在一些市场，分销渠道十分复杂，难以进入，渠道层次很多，中间商数量也很大。国际市场营销人员面对很大范围的分销渠道选择。在不同国家间设计有效率和有效果的分销渠道，是个很大的挑战。各个国家的销售渠道系统由于国情的不同，差别很大。因此，旅游企业进行全球营销的人员，必须调整自己的营销策略，使其渠道策略既能保持自身的先进性和优点，同时兼顾当地市场国情，使这种渠道策略能与各国已有的销售渠道结构相融合。

3. 了解旅游同业销售渠道（旅游行业特殊销售渠道）

旅游同业销售渠道是旅游行业特有的销售渠道，具体表现为旅行社之间彼此销售对方旅游产品，根据事先谈好的利润分成获得利益。旅游企业是彼此的旅游中间商或零售商，成为彼此旅游销售渠道的一部分。当旅游企业有新的旅游产品问世时，会向同业召开新品发布会，向同业推广旅游产品及说明具体操作和利润分成，其他旅游企业与该企业就这款旅游产品签订合作协议，利用自己的销售渠道面向消费者推广这款旅游产品。每个旅游企业都不可能把所有的旅游产品覆盖，只有利用同业间的互相销售，才能弥补产品的多样性，带来更多的客源。

4. 旅游销售渠道的发展方向

技术革命的影响和互联网的日渐普及使得旅游电子商务成为旅游业的热点。根据资料统计，1999 年度全球电子商务销售额突破 1400 亿美元，其中，旅游业电子商务销售额突破 270 亿美元，占全球电子商务销售总额的 20%以上；全球约有超过 17 万家的旅游企业在网上开展综合、专业、特色的旅游服务；全球约 8500 万人次以上享受过旅游网站的服务；全球旅游电子商务连续 5 年以 350%以上的速度发展。在高速发展的互联网时代，旅游电子商务的前景可以说是乐观的。

在我国，拥有真正优势资源的旅游企业“国旅”“中旅”“青旅”仍垄断着传统旅游市场，没有真正实现互联网与旅游的结合，使得旅游电子商务的发展受到了一定的限制。但是，面对着市场竞争和中国入世后的挑战，保守封闭的传统旅游市场也正在逐步导入以互联网技术为核心服务手段的旅游电子商务。

旅游电子商务将改变旅游消费方式和行业竞争格局。比如当旅游网站组织自己的旅游产品时，网站就扮演了旅游批发商的角色；当网站将旅游产品直接推向市场与消费者见面时，它又成为具有价格优势的旅游零售商。这样，网上旅游便缩短了销售渠道，减少销售环节，降低了产品成本，提高了工作效率，可以为消费者提供物美价廉的旅游产品。所以，网络旅游的逐渐成熟将给传统的旅游中间商带来较大的冲击。

传统的旅游产品的购买是一个复杂的过程，旅游消费者在作出购买决策之前需要查阅大量旅游产品的信息，以确定旅游产品的价格和购买渠道，并向旅游中间商咨询。由于旅游中间商素质参差不齐，即使消费者决定购买旅游产品，也还是要到旅游中间商那里办理相关手续。旅游电子商务克服这一缺点，可以为旅游消费者提供全面的服务，包括为消费者的旅游提供参考信息和建议，解决信誉问题，并且不受时空限制，还可用银行卡实现线上支付，对消费者购买旅游产品极为方便。而且，旅游电子商务提供的旅游产品往往具有比较优惠的价格，更能吸引消费者。

传统的旅游中间商在业务操作上要经历产品设计、订购、促销、借贷等诸多环节，效率低下，成本高昂。旅游电子商务的出现可以让旅游中间商在电子商务平台上轻松完成旅游产品的业务运作过程，同时进行宣传推广和在线销售，还可进行内部业务交流与合作，保持旅游业务高效顺畅的运营。

旅游产品的销售实质上只是传递旅游产品信息，没有实物形态进行配送。消费者必须到旅游产品供应企业那里去消费，而旅游电子商务可以更多地履行旅游批发商的功能，即使需要传送一些交通票据也可集中办理。在国外已经开始尝试使用电子机票，这也是旅游业发展的方向。

【实训或练习】

现如今手机已经成为个人消费的市场零售终端，任何一个行业都在面临着销售渠道的变革，以往传统的旅行社销售渠道再也不能满足现在旅游市场的需求，跟上时代步伐，得潮流者得天下，如何在固守原有销售渠道的同时，开拓更多的线上销售渠道，在全民旅游的时代，占领更多的市场是旅游行业每个从业者都在努力的目标。请根据以下内容，思考如何更好地根据现在科技的发展，建设更好的旅游销售渠道。

案例链接

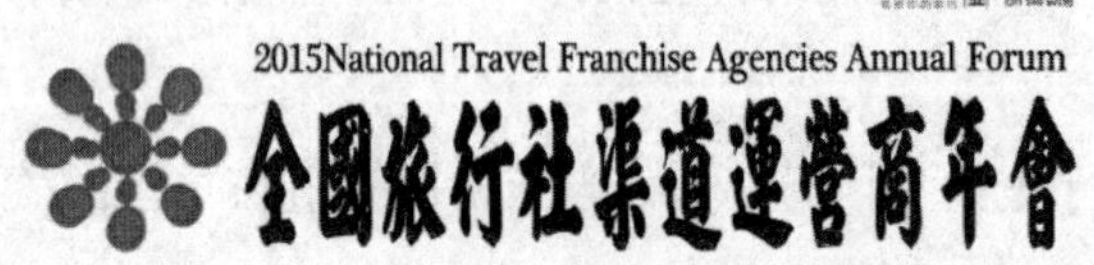

2015 年旅行社资讯网站举办了全国旅行社渠道运营商年会，以下为年会宣传介绍内容：

在路上特约之——旅行社全渠道营销与客户管理 2015 全国旅行社渠道运营商年会将于 8 月 26 日盛大召开。

截至 2015 年 3 月，同程旅游线下体验门店有 23 家；

在路上旅行社杂志将于 8 月 26 日在北京丽都皇冠假日酒店举办“2015 全国旅行社渠道运营商年会”，大会主题为“旅行社全渠道营销与客户管理”。会议邀请了海内外旅行社连锁经营模式的领军业者等实战专家与会分享，在加强品牌建设、拓宽产品营销渠道、加强内部管理、降低运营成本、发挥群体优势、实现规模效益等方面为广大旅行社企业提供连锁经营的思路，为旅行社企业的发展提供有益的借鉴。

本次大会，我们将一同与您探讨：

移动互联强攻之下，旅行社门店的出路

领先的零售商都在做什么？

消费者的创造与争夺

零售渠道获得增长点的“救命稻草”在哪儿？

渠道变革过程中，企业应该“草船借箭”还是“自力更生”？

移动互联时代多元化营销盲目套用 B2B、B2C、C2C、O2O、O2M，如汪洋撒网——你如何选择？

企业如何变革才能避免陷入“不变革等死，变革找死”的尴尬境地？

企业赚谁的钱？通过什么渠道赚钱？

谁将成为全渠道时代细分领域的霸主？

全渠道时代，如何管理渠道？

如何顺应信息化趋势，提供全渠道一致的客户体验？

除了做门店、网店、微店，旅行社如何取势做好“社”：社区、社群、社团？

任务 7–2　旅游中间商的选择

【任务引入】

根据前面的学习，我们了解到在旅游销售渠道中，除了制造商和消费者，剩余渠道成员都可以叫做旅游中间商，每个中间商都是销售渠道中的一分子。那么中间商对于销售渠道来说至关重要，一个好的中间商可以带来丰厚的利润，而一个不作为的中间商很可能会影响整个销售渠道的稳定，给企业带来不必要的损失。对于每一个旅游企业来说，合理地选择和利用中间商，可以加快旅游产品的流通、节约销售费用、降低成本、提高旅游企业的竞争力。

任务 7–2　请各位同学根据之前对于某运旅行社了解的旅游销售市场现状，结合某运旅行社的销售渠道，为其撰写一份针对目前旅游中间商现状的报告，需要指出某运旅行社这些中间商具体的作用和优缺点。

【任务分析】

根据之前的调查，我们得知某运旅行社目前有三种主要销售渠道：第一种主要的销售渠道是门店直销，第二种主要销售渠道为同业销售渠道，第三种销售渠道是同网络销售平台合作，同驴妈妈和途牛这样的网上旅游产品销售平台进行合作，将旅游产品委托其进行网上销售。那么除去门店是直销不是中间商外，同业销售和网络销售平台均可视为是某运旅行社的中间商。根据以往业绩显示，同业销售最多的是大众旅游产品，即价格适中的旅游团，而且多为热门景点线路。驴妈妈和途牛除了旅游团产品以外，销售最多的是自由行类的旅游产品。同业销售方面销量大但是利润低，相当于中间商中旅游批发商类型的角色，因为是同业，彼此间合作很好，沟通顺畅。驴妈妈和途牛这类网络中间商相当于旅游代理商类型的角色，即指接受旅游产品生产企业的委托，在一定区域内代理销售其产品的中间商。销量稍小，但利润高，由于影响力广泛所以合作上经常会提出许多霸王性强制条款要求旅行社接受，同时旅行社不能提供适当的售后服务，因为由网站统一进行售后，引起许多不必要的纠纷，一定程度上影响了旅行社的声誉。

从以上内容看出，要想选择一个合适的中间商，除了能给企业带来高额的利润和巨大的销量以外，还有许多方面需要考量，先了解下面提供的旅游中间商选择条件，再根据企业自身情况综合考量一个中间商比较合乎现实情况，适合企业。

【任务实施】

步骤一　分析案例，理论对照

1. 旅游中间商的选择原则

（1）经济原则

追求利润从来都是销售渠道选择的基本原则，选择中间商时应预测和比较选择该中间商可能带来的利润和成本支出，选择能带来利润最大化的中间商才符合企业追求经济效益的原则。

（2）控制的原则

对于选择的旅游中间商，旅游企业要有能力实行有效控制。中间商是否稳定、销售业绩是否长期良好，都是影响旅游企业能否扩大市场份额、获得更多利润的重要因素。一般来说，在同一地区，推荐选用一个实力相对雄厚，知名度影响力都很强的旅游中间商作为独家营销，但同时风险也增加。选择多个中间商同时覆盖该地区，风险相对降低，但是会减少旅游企业对旅游中间商的控制力。旅游企业可以根据具体情况，依据有效控制的原则确定中间商的数目。

（3）适应的原则

旅游中间商对企业而言是不完全可控的因素，所以选择中间商要遵循适应的原则，所谓旅游中间商选择适应的原则包括三个方面，一是地区的适应性，即所选中间商的销售适应该地区旅游消费者的消费水平、购买习惯、市场环境等；二是时间的适应性，在旅游产品进入市场初期，旅游企业应选择较多的中间商，而在旅游产品的市场成熟期，旅游企业可以根据中间商的合作程度和利润率来适当减少中间商，重点选择利润回报高、合作顺畅的中间商进行长期深入合作；三是旅游企业对中间商的适应性，也是最重要的，即旅游企业与中间商是否有着良好的合作关系。

2. 影响旅游中间商选择的主要因素

由于旅游中间商的类型不一，而且各个旅游中间商在目标市场、经营规模、营销实力、偿付能力、信誉度以及合作意愿方面不尽相同，因此在评估候选旅游中间商时，应考虑以下因素：

（1）目标市场

旅游中间商的目标市场和主要覆盖的消费者，最好同旅游企业本身的市场定位及目标市场相一致。

（2）经营规模

旅游中间商的规模大小往往意味着其销售网点的多少，因此在其他条件相同的情况下，应优先选择经营规模较大的旅游中间商。

因素（1）（2）具体到某运旅行社案例中体现为某运旅行社选择的同业销售，均是在辽宁地区有一定销售能力的同行，规模近似于金运或者实力强于金运。长期良好的合作，换来彼此稳定的销售利润和客源。

（3）营销实力

营销实力主要包括旅游中间商的人力、物力和财力情况，服务质量，销售实力以及开展促销和推销的经验与实力等。

（4）偿付能力和信誉度

所选的经销商应有可靠的偿付能力和履行合同的信誉。这方面情况可以通过有关银行机构进行特别的调查。

因素（3）（4），主要体现在由于途牛网强大的宣传力度，使之成为某运旅行社网络销售中间商的最佳选择之一。而且较高的商业信用，亦是途牛网吸引合作商加盟的主要原因。利用途牛网成为金运的网络中间商，可以很好地扩大某运旅行社的网上销售份额。

（5）合作维持费用

为了建立和保持同旅游中间商的合作关系，旅游企业需要提供哪些方面的支撑和援助以及所需要的费用，这些费用旅游企业是否能够长期负担，是否能够带来合适的利润，这些因素都需要进行考量。还要考虑到中间商佣金率的要求多少是否合适。

（6）合作意愿

旅游企业和中间商的合作，应当是一种双方你情我愿的合作关系。但是目前市场上实力雄厚的旅游中间商往往市场影响力越大，强制性条款越多。在很多情况下，虽然旅游企业认为某些中间商是最佳的选择对象，但是该中间商却不一定认为旅游企业是值得合作的伙伴。因此在选择中间商时，所选择的对象必须具备愿意同我方合作的诚意，特别是为多家同类旅游产品供应者代理零售业务的中间商更加如此，不然其能否积极推广我方旅游产品就会出现问题。

因素（5）（6）对于某运旅行社而言，正是始终犹豫是否更换途牛网的主要原因，因为途牛网的强大，在合作费用和协商条款上往往有难以沟通更改的条款，费用高昂，同时对于某运旅行社的合作意愿并没有对方强烈，是动摇某运旅行社的主要原因。

步骤二　结合案例，归纳总结

根据上面介绍的中间商选择原则和相关因素，为某运旅行社撰写的旅游中间商现状的报告，可以从上面介绍的原则和主要影响因素方面来进行陈述会比较条理清晰，更容易体现出中间商的特点以及对旅游企业的作用。

了解目前某运旅行社具体的旅游产品及主要旅游市场情况，根据之前了解的销售渠道信息内容，总结每一条线路具体承担分销的中间商类型及特点。比如途牛网和驴妈妈这一类的网络旅游中间商，他们面对的主要目标市场是哪些，某运旅行社的目前旅游产品是否适合利用其进行销售，为了更好地利用这类网络经销商，旅行社还可以研发哪些旅游产品配合销售，彼此合作是否顺畅，互相约束条款是否过多，都是可以进行考量的因素。

【考核评价】

教学过程中的考核标准如下：

表 7–2　旅游企业选择旅游中间商任务考核评价表

考核类型	评价项目	评价要点	得分	满分
成果考核	制定销售渠道报告	旅游企业现有中间商描述清晰、具体	15	60
		根据案例针对旅游企业目前旅游中间商优缺点分析合理	15	
		报告语言简洁流畅，逻辑清晰	10	
		报告排版格式整齐、美观，布局合理	10	
		对于旅游中间商提出切实可行的优化目标	10	

续表

考核类型	评价项目	评价要点	得分	满分
过程考核	个人课堂活动表现	积极主动发言，学习态度端正	5	20
		无迟到、早退、旷课现象，课堂出勤良好	5	
		积极参加讨论、认真完成各项任务训练，课堂参与度高	10	
	团队任务活动表现	任务分工明确、团队合作能力强	5	20
		任务实施中能及时处理问题、协调沟通顺畅	5	
		团队积极乐观、勇于挑战，能主动完成任务	5	
		思路设计新颖、方法多样，团队创新能力强	5	

【归纳总结】

旅游企业与旅游中间商之间应规范运作标准，从制度上保证双方为共同的利益而合作。旅游企业和中间商之间要建立良好的合作关系，做到精诚合作、利益共享、风险共担。总之，选择旅游中间商是旅游企业在开拓销售渠道工作中必须加以认真对待的问题。需要做到知己知彼，才有可能获得合乎理想的旅游中间商。

【相关知识】

旅游企业一旦选择合适的中间商销售渠道，就意味着要对渠道内的销售成员进行管理。管理销售渠道（marketing channel management）要求旅游企业选择、管理和激励每个渠道成员，并定期评价其工作成果。

1. 选择合适的旅游中间商

不同的旅游企业由于自身企业规模、经济实力等差别，对于吸引优秀的销售中间商能力上存在明显差异。越是实力雄厚的企业，越容易找到合适的销售渠道成员签订合约，成为销售渠道合作伙伴。相反，新成立的旅游企业，必须做出很大程度的努力，才能招揽到足够组成销售渠道的合格中间商。

选择中间商的时候，旅游企业需要明确想要寻找的中间商必须具备哪些品质、特性，同时评价每个销售渠道合作成员的从业年限、经销的其他产品线、增长和盈利记录、合作意愿以及行业内的声誉。如果中间商是多家机构的销售代理，旅游企业需要评价其持有的其他的旅游产品线特点以及数量，还有代理机构的销售队伍规模以及资历。如果代理经销商希望成为独家代理，比如旅行社门店，或选择性分销商的零售店（同一门店销售多家旅行社产品），那么旅游企业需要对这个代理机构的消费者构成、地理位置以及未来的商业增长潜力进行相应的评估，来衡量是否符合自身企业的销售渠道，可以进行合作。

2. 管理和激励旅游中间商

在选择好合适的销售渠道成员后，旅游企业还需要对销售渠道合作成员进行管理和激励，促使销售渠道内的合作机构可以发挥最大的效力。旅游企业不仅通过销售渠道内的中间商来进行销售，还通过中间商扩大自身企业影响力，接触更多的消费者群体。大多数旅游企业将渠道内成员视为首要的客户和长期合作伙伴。通过有效的伙伴关系管理与渠道成员形成长期的伙伴关系，以此建立起可以同时满足旅游企业和销售伙伴需求的价值递送系统。

3. 评估旅游中间商

旅游企业需要定期检查销售渠道内成员的绩效，比如销售定额完成情况，平均存货水平，售后服务投诉等问题是否处理及时，代理机构促销和相关培训计划的配合程度以及消费者服务水平。对于销量和消费者满意度高的代理中间商，旅游企业应当进行奖励和认可；而各方面表现欠佳的中间商，应适当给予帮助和销售目标调整，甚至替换。

总之，对于已经选择的代理经销商，企业都需要进行慎重管理。很多时候要合理对待，符合市场规律及现有情况。过分要求经销商完成大量的销售任务，不但销量不一定上升，反而适得其反，会面临失去经销商以及一些随之带来的后续问题。下面，我们将进一步对企业和其销售渠道成员的各种权利及义务进行探讨。

【拓展提高】

旅游企业与旅游中间商的权利和义务

企业与销售渠道成员形成合作，彼此之间是依靠相关签订的法律合同协议框架下来进行合作的。依据的相关法律都致力于处理销售渠道内合作关系确立后渠道成员彼此的权利和义务。

很多旅游企业都喜欢建立排他性的销售渠道。一种策略是独家分销（e×clusive distribution），即卖方只允许唯一的零售商销售其产品。另一种是独家经营（e×clusive dealing），表现为卖方要求经销商不得销售竞争对手的产品。例如可口可乐和百事可乐常常要求经销商们在他们之间进行二选一。企业和中间商都可以从这种排他性的安排中获益：卖方可以获得更加忠诚和信赖的经销商，经销商则能拿到更加优惠的折扣以及稳定的货源和强有力的卖方支持。不过这样一来，其他旅游企业就无法通过这些经销商再进行销售。

独家经营往往是包括排他性区域协议的（e×clusive territorial agreements）。旅游企业即生产商可能会同意在特定的区域只允许指定的经销商进行销售（区域代理），这种情况下，在特许经营体系中大大提高了经销商的积极性和参与度。

还有“全线逼销”策略：具有强势品牌的旅游企业通常会规定，当经销商承销整个产品线中的一部分或全部产品时，才能获得代理权。

所以，企业与代理商都可以自由地进行双向选择，但是一旦选定了自己的销售渠道成员，双方的商业活动都受到法律的保护与约束。

【实训或练习】

目前线上旅游平台非常活跃，旅游企业为了更好地发展，拓展市场，需要利用网络吸纳更多客源，调查目前线上主要的网络旅游中间商，结合某运旅行社实际情况，为其选择合适的在线旅游中间商。

案例链接

途牛旅游网

2016年春节，一则途牛旅游广告，将途牛旅游网这个新兴的在线旅游网站推到了大众面前，其实途牛旅游网于2006年10月创立于南京，以“让旅游更简单”为使命，为消费者提供由北京、上海、广州、深圳、南京等64个城市出发的国内国际旅游产品预订服务，产品全面，价格透明，并提供丰富的后续服务和保障。途牛旅游网提供8万余种旅游产品供消费者选择，涵盖跟团、自助、自驾、邮轮、酒店、签证、景区门票以及公司旅游等，已成功服务累计超过400万人次出游。目前途牛以及后起之秀驴妈妈这一类旅游在线网站正成为国内旅游企业的新兴类型，同时也是互联网旅游销售渠道重要的组成部分，许多旅游企业通过途牛网销售自己企业的旅游产品，由途牛承担营销及客户服务的成本，将利润和提供旅游产品的旅游企业分成，是旅游企业解决网络在线销售渠道的快捷之选。

要求：途牛网是不是旅游中间商，这类型中间商的优点和缺点分别有哪些？

任务7–3 旅游产品网络渠道建立

【任务引入】

近年来旅游业的定义已经越来越广泛，除了传统含义的旅行社景点游之外，旅游更包含了旅游地产、旅游社区、自驾游、自助游等概念。而随着旅游的定义一再被打破和电子商务的不断发展，旅游电子商务迅速崛起，并抢占传统旅游行业的市场份额，携程、驴妈妈、去哪儿、芒果网、易龙、途牛等一批专业化的商务旅行网络服务公司应运而生。

严格上讲，旅游产品网络销售渠道就是指以网络为主体，以旅游信息库、电子化商务银行为基础，利用最先进的互联网手段运作旅游业及其分销系统的销售渠道体系。它为广大旅游业同行提供了一个互联网的平台，具有聚合性、有形性、服务性、便捷性、优惠性和个性化的特点。

旅游电子商务模式主要有 B2B、B2C 两种，应用最为广泛的是 B2C 模式。携程、去哪儿等主要的旅游网站均采用这种模式。与传统的贸易相比，旅游电子商务不仅能有效降低地域信息交流成本，而且能有效提高跨地域信息交流效率。旅游经营者可以借助互联网获取最新的旅游者信息，跟踪旅游者的行为与偏好变化，实现为每一位旅游者量身定做，提供全方位的优质的个性化服务。携程、驴妈妈、去哪儿、芒果网、易龙、途牛等这类中间商也是旅游产品网络销售渠道的主要组成部分。

现如今网络已经无处不在，成为人们生活的一部分，由此引发任何一个行业都在面临着销售渠道的变革，以往传统的旅行社销售渠道再也不能满足现在旅游市场的需求，如何在固守原有销售渠道的同时，利用网络建立新的销售渠道，开拓更多的网络线上销售渠道，在全民旅游的时代，占领更多的市场是旅游行业每个从业者都在努力的目标。

任务 7–3 中某运旅行社除了可以利用途牛网和驴妈妈以外，是否可以在其他方面开发自己的网络销售渠道呢？如何建立更加适合某运旅行社的网络销售渠道，是本节需要同学们思考的问题。利用下面案例，请同学们结合已经了解到的某运旅行社的情况，为某运旅行社设计更加适合的网络销售渠道。

案例链接

背景知识：O2O 即 Online To Offline（在线离线 / 线上到线下），是指将线下的商务机会与互联网结合，让互联网成为线下交易的平台，这个概念最早来源于美国。O2O 的概念非常广泛，既可涉及线上，又可涉及线下，可以通称为 O2O。

OTA（Online Travel Agent）是指在线旅行社，是旅游电子商务行业的专业词语。代表为：途牛旅游网、携程网、去哪儿网、同程网、驴妈妈旅游网等。

2015 年 7 月 3 日，万达文化集团在北京宣布 60 亿战略领投同程旅游，这是迄今为止，在线旅游所获最大单笔投资。旅游 O2O 在经历了 2014 年的市场发酵后，随着总理互联网 + 的提出，市场再次升温，2015 年旅游 O2O 迎来大爆发，我们将这一年定为中国旅游 O2O 的发展元年也不为过。目前来看，旅游 O2O 的实践简单可分为三种模式：1. 线下资源 + 线上平台；2. 综合资源 + 线上平台；3. 线上渠道 + 线下渠道。

一、线下资源 + 线上平台

线下资源 + 线上平台型 O2O 实践，线下多为资源主管单位或资源拥有方，如旅游局，也有个别景区、目的地或掌握目的地资源方与线上 OTA 平台对接，线上 OTA 多以接近或掌控线下目的地资源为目的，双方进行 O2O 尝试或融合，线上不仅仅是渠道作用，也是目的地营销的线上补充平台，除自建线上平台外，线上线下双方体制机制差别巨大，合作恐流于形式，政绩思维、面子工程影响难以实际落地，融合未必有效。如锦江国际集团 + 驴妈妈、张家界 + 携程等。

二、线下综合资源 + 线上平台

线下综合资源 + 线上平台的类型较为复杂，线下方虽不是景区、目的地等直接资源方，但多为大型集团或上市旅游企业，旅游多为其多元化业务单元，大多直接或间接掌控了大量资源，如海航的酒店、航空旅游企业、万达的酒店、休闲度假区、探路者在户外领域的资源、景域集团代运营的大量景区等。这些企业多拥有很强的经营能力，能做到对线下旅游产品服务的综合掌控，而线上部分通过投资、并购等拓展的能力延伸又补上了其线上短板，若其自身体系中已有线上强势板块，潜力则更大。这时线上平台不仅是渠道的角色，还是线下资源的营销平台、用户体验入口平台以及综合数据的记录运算和挖掘平台。与线上线下都是渠道的 O2O 模式不同的是，在旅游服务体验上用了更多把控，其中部分 O2O 模式最接近成功。这样的案例包括：上海景域集团 + 驴妈妈、万达集团 + 携程。

三、线上渠道 + 线下渠道

旅游 O2O 最早的形态是某程“鼠标 + 水泥”模式，满足 O2O 最初形态，线上下单线下体验，或者线下发卡线上预订再返回线下体验。商家关注点在销售，线上线下渠道互为导流入口或销售起点，对接方式多为销售驱动，旅行社，OTA 各自关注点还是在“卖货”，旅行社通过与互联网渠道的对接实现更大的分销能力是其第一诉求，线上线下机制若设置不当还会引起渠道冲突，若自建线上线下平台甚至引起左右手互搏，渠道上的整合和协同矛盾不少，融合度未必理想。在旅游 O2O 的实践上多为传统旅行社 + 线上 OTA，代表案例有：中国国旅 + 悠哉、港中旅集团 + 芒果网等。

旅游 O2O 属于典型消费升级带来的产业升级，互联网 + 在总理的号召下已经上升为国家战略，未来旅游企业线上线下的双向互动及融合将成为必然趋势，此次盘点的 20 大案例是旅游业先行者的创新尝试，改革先行者将获得最大的红利，但也面临诸多风险，旅游 O2O 绝不仅停留在炒概念的阶段，执惠旅游致力于旅游 O2O 产业升级的使命就是希望能为线上线下旅游企业的融合和对接起到连接点的作用，2015 是开始，不是结束。

【任务分析】

通过上面案例介绍我们了解到旅游销售 O2O 从线上到线下分为三种模式：线下资源+线上平台；综合资源+线上平台；线上渠道+线下渠道。

某运旅行社可以简单归为第一种线下资源+线上平台，即本身作为辽宁地区运营多年的老牌旅游企业，某运旅行社本身还是有一定丰富资源的，包括自身的门店以及长期合作的旅游业伙伴。要想为某运旅行社打造适合其自身的网络销售渠道，就不可避免地要同时进行网络营销。

旅游网络营销是指旅游企业以电子信息技术为基础，以互联网为媒介，采取各种高科技手段及营销手段而进行的各种营销活动的总称，其目的是传播旅游目的地形象，推荐旅游产品、实现双向交流、满足消费者的需求、促成和引导（线上线下）交易的实现，从而发展旅游企业。旅游网络营销的优势主要有：

1. 信息传播高效，不受时空地域限制

可以利用网络 24 小时全天候随时随地地进行旅游产品宣传和销售。

2. 双向交流沟通便利，更加满足消费者的个性化需求

可以非常便利地利用现在的科技手段随时同消费者进行沟通，解释消费者的疑问，更好地为消费者服务，从而促成交易。

3. 有效节约宣传销售成本

网络宣传和销售的成本照比以往的运营门店等费用可以说显得非常低廉，而且消费者通过旅游企业自身的官网、微信等网络手段，可以随时随地询问、订购旅游产品，方便快捷，也节约了时间成本和交易成本。

了解到什么是网络销售渠道和网络营销，下面我们来思考一下如何打造某运旅行社的网络销售渠道。

【任务实施】

要想为某运旅行社设计更好的网络销售渠道，首先我们需要了解如何打造网络销售渠道。

步骤一　分析案例，理论对照

如何打造旅游网络销售渠道

1. 建立旅游企业网站

旅游产品生产或供应企业可以通过建立自己的网站或网页向公众展示自己的旅游产

品和服务，还可以开发网上预订业务；消费者可以通过网络获取所需的旅游信息，也可以进行网上预订或开展在线旅游产品销售业务。旅游企业通过与专门旅游销售网络平台网站进行合作，例如途牛、驴妈妈等旅游销售网站，利用网络旅游中间商销售渠道，可以大大提高自身旅游产品的销量和知名度，也可以建立自身企业的官方网站和微博、微信公众号等进行网络营销和在线销售。

2. 利用微信、微博、手机 APP 占领个人手机用户终端市场

由于微信、微博、手机 APP 直接使用个人手机终端，支付宝等在线支付方式的普及，使得在线旅游产品销售变得更为便捷。许多企业可以利用微信公众号进行旅游产品的推广及销售，某牛网将微信公众号配合企业官网，积极进行相关产品活动的推广及销售，取得了不错的市场反响。微博方面，典型的旅游企业有某度（中国新锐旅行社区网站），利用微博积极推广高端旅游产品，均价 1 万人民币以上，主要代理马尔代夫 LV 白马酒店及东南亚地区海岛五星级高端酒店旅游项目，利用奢侈品微博及活动推广，获得高端消费者关注进而推广产品，由于其目标消费者范围较小众，采取企业直接销售渠道为主，可以很好地为客户提供细致的旅游服务体验，顾客评价较高，是目前国内高端在线旅游企业的领头羊。

3. VR 技术实现旅游产品远距离实景体验销售

VR（Virtual Reality，即虚拟现实，简称 VR），是由美国 VPL 旅游企业创建人拉尼尔（Jaron Lanier）在 20 世纪 80 年代初提出的。其具体内涵是：综合利用计算机图形系统和各种现实及控制等接口设备，在计算机上生成的、可交互的三维环境中提供沉浸感觉的技术。虚拟现实技术是一种可以创建和体验虚拟世界的计算机仿真系统的技术。它利用计算机生成一种模拟环境，利用多源信息融合的交互式三维动态视景和实体行为的系统仿真使用户沉浸到该环境中。

某宝 2016 年 4 月宣布推出全新购物方式 Buy+。Buy+ 使用 VirtualReality（虚拟现实）技术，利用计算机图形系统和辅助传感器，生成可交互的三维购物环境。Buy ＋将突破时间和空间的限制，真正实现各地商场随便逛，各类商品随便试。目前淘宝计划将在 4 个月之后上线该功能。Buy ＋通过 VR 技术可以 100% 还原真实场景，也就是说，使用 Buy ＋，身在广州的家中，戴上 VR 眼镜，进入 VR 版淘宝，可以选择去逛纽约第五大道，也可以选择英国复古集市，让你身临其境地购物，全世界去买买买。Buy ＋利用三维动作捕捉技术捕捉消费者的动作并触发虚拟环境地反馈，最终实现虚拟现实中的互动。简单来说，消费者可以直接与虚拟世界中的人和物进行交互，甚至将现实生活中的场景虚拟化，成为一个可以互动的商品，与此同时，将该门 VR 技术运用到淘宝旅游网站的销售应用中去。未来随着 VR 技术的普及，将使消费者可以通过网络直接观看到旅游目的地具体旅游产品，实现 100% 旅游产品实物销售。

步骤二　结合案例，具体实施

1. 某运旅行社除了可以利用途牛网和驴妈妈以外，开发自身的网络销售渠道，首先需要建立自身企业的官方网站，官网主要需要拥有的功能介绍最新旅游线路，能让顾客随时与客服人员进行沟通的方式，以及集中展示公司所有网络营销工具，包括微信号二维码、官方微博等。另一方面，某运旅行社可以利用淘宝、京东等电商网络平台，开设自己的旗舰店，利用电商平台的影响力来争夺更大范围的客源。

2. 某运旅行社可以同时利用微信、微博进行对顾客个人终端的销售，微博的功能主要在于宣传，微信的功能主要在于沟通，可以通过赞助或发起一些优惠活动，两种渠道互相呼应来吸引更多粉丝，从而扩大市场影响力。

3. VR 技术目前正在新兴阶段，作为旅游企业，可以拍摄相关景区题材利用淘宝等电商平台进行推广，对于其他的新兴科技手段，也应该进行尝试，毕竟新兴科技可以吸引很多追求高质量的消费人群，有助于拓展高端消费市场。

请同学们利用上面介绍的打造网络销售渠道手段，结合某运旅行社实际情况，进一步详细策划适合某运旅行社的自身网络渠道，说明优势及具体建设网络销售渠道措施。

【考核评价】

表 7-3　旅游产品网络渠道任务考核评价表

考核类型	评价项目	评价要点	得分	满分
成果考核	制定销售渠道报告	旅游企业现有网络销售渠道描述清晰、具体	15	60
		针对旅游企业目前网络销售渠道需要打造的网络销售手段分析合理	15	
		报告语言简洁流畅，逻辑清晰	10	
		报告排版格式整齐、美观，布局合理	10	
		建设旅游网络销售渠道项目具体，目标可实现	10	
过程考核	个人课堂活动表现	积极主动发言，学习态度端正	5	20
		无迟到、早退、旷课现象，课堂出勤良好	5	
		积极参加讨论、认真完成各项任务训练，课堂参与度高	10	
	团队任务活动表现	任务分工明确、团队合作能力强	5	20
		任务实施中能及时处理问题、协调沟通顺畅	5	
		团队积极乐观、勇于挑战，能主动完成任务	5	
		思路设计新颖、方法多样，团队创新能力强	5	

【归纳总结】

组建旅游产品网络渠道的旅游企业可以充分发挥其线上线下的资源优势，进行整合营销。在业务方面，细分市场，对于不同职业、不同年龄的自助游散客人群进行区分，以人性化的完善、贴心的服务，针对不同群体，利用不同的网络手段，微信、微博及企业官网加上其他网络销售平台，多方面打造全方位的网络销售渠道和网络营销手段，是旅游企业销售渠道未来发展趋势。由于网络营销成本低、影响力广泛，是旅游企业不可忽视的营销手段。

对于其新开拓的海外市场，利用网络将国内外的用户都尽可能地囊括进来，建立一个国内外交叉互补，互相推荐的综合性旅游资讯网站；把景点旅游区与酒店和机票相结合，这样可以为出行者提供更加完备的服务。

【相关知识】

由于旅游产品大多数是不能移动的，无法在销售时进行展示，只能在远距离预先销售，消费者经常通过信息收集，减少有关的不确定因素来提高他们的旅游质量，这种事先了解只可能靠无形的信息传递来实现。因此，信息的传递在旅游业中有至关重要的地位。网络可以大范围传递旅游信息的功能是旅游业在网上开展经营活动的基础保障。现代网络利用文字、声音、影像等多媒体技术向消费者宣传及互动，已经逐渐成为人们获得旅游信息的主要来源。

随着网络和智能手机、无线网络的普及，网络营销对消费者、旅游中间商、旅游企业都产生了巨大的影响。通过网络开展旅游网络营销，成为旅游企业拓展营销渠道的新方式。由于网络可以随时随地、简单快捷、超越时间空间等特点，将信息传播为多媒体传播模式，使得网络成为旅游企业开展网络营销，进行新的销售渠道建设的重点。

现代旅游业可采用的信息传播技术很多，目前主要流行普及的还是网络技术，在旅游业的应用已经非常深入。

当前国际国内市场趋于统一，无国界经济的发展带来旅游活动的国际化和资本流向的国际化，使得世界各国的旅游业越发互相依赖、紧密合作，呈现一体化的无国界旅游状态。国际化的旅游业发展紧紧依靠着网络技术的发展。旅游企业可以利用网络为企业建立拓展新的销售渠道，网络对旅游销售渠道的作用主要有以下几个方面：

1. 利用网络全面展示旅游产品

旅游企业通过网络，可以利用文字、影像等多媒体、多角度、详尽地展示旅游产品的特性，来吸引消费者，从而进行销售。

2. 可以进行直接销售，建立网上销售渠道（在线旅游 Online Travel）

在线旅游（Online Travel）是指通过网络获得旅游目的地信息、旅游产品价格、旅游计划安排等相关旅游信息，进行在线旅游咨询、预订、旅游产品购买的旅游活动。

旅游企业通过网络开展旅游电子商务，能够实现网上交易，让旅游者可以利用网络进行网上预订、网上支付，能够有效实现旅游企业与消费者之间的直接交流与沟通。利用网络平台，旅游企业能最大限度地拉近与消费者之间的距离，无论是旅游企业直接与消费者进行销售还是通过中间商渠道，互联网都大大拉近了旅游市场和消费者之间的距离，使得消费者更加便捷地进行旅游产品的选择和购买。

3. 消费者的沟通交流平均成本和边际成本极为低廉

旅游企业可以充分利用网络平台，大力拓展网络营销，通过提高消费者访问量扩大影响，而其成本几乎可以忽略不计。同时，旅游企业传统的目的地营销，营销预算会随地理覆盖范围的增加而增加，而网络可以超越地理时间空间距离，使得旅游企业开展宣传的成本大大降低。

4. 国际旅游业通过网络直接传递和处理电子单证

国际旅游业务最明显的特点是单证繁多，利用网络只需支付较低廉的网络通信费用就可以获得和交换及处理相关业务信息，大大节省了时间和资金，提高了效率，使得拓展旅游国际业务市场大大变得便捷。

【拓展提高】

旅游专业销售网络信息系统

近几年随着互联网科技的迅猛发展和旅游市场细分，出现了专业性旅游销售网络，较为普及的专业性旅游销售网络系统主要有两种：一是旅游中心预订系统（central reservation system，简称 CRS），二是全球分销系统（global distribution system，简称 GDS）。这两种系统的建立和维护及营销都需要较高费用，适合实力雄厚的旅游企业。

1. 旅游中心预订系统（CRS）

一般由大型旅游企业集团开发、建立并拥有，目标是通过系统的统筹安排，更大程度地发挥各个成员企业组合而形成的整体合力，降低集团运行成本，从而为全体成员企业服务。该系统在不同的旅游市场区域和成员企业内设立预订终端，通过网络向消费者销售每个成员企业的旅游产品。同时，这些销售终端又通过内部专门的网络互相连接，并与 CRS 相连，从而使每一个成员旅游企业都可以通过 CRS，获得其他成员企业旅游产品和价格信息，以及服务和产品存量等信息。这种销售模式，有助于旅游企业集团的成员，根据自己的决策有意识地控制其产品和服务、价格和存量；也可以通过该系统为消费者提供有着集团统一标准的产品和服务，保证优良的服务质量；还可以通过CRS保留客户资料信息，建立客户资料信息数据库实现各个成员企业之间资源共享。

国内典型的专业旅游销售网站有途牛网和驴妈妈等，这类网站企业积极整合国内旅游企业资源，与多家大型连锁旅行社开展合作，把旅游产品通过线上网络直接销售给消费者，承担了网络营销和客户服务及产品售后的成本，同时以批发的价格购入各个旅游企业的产品，以零售的价格卖给消费者，来赚取差价获得利润。

2. 全球分销系统（GDS）

是由国际性航空旅游企业分别联合组建的，例如星空联盟、寰宇一家等航空联盟，最初以航班预订为主要经营业务，后来发展为同时向酒店、汽车租赁、火车票、轮船旅游企业等其他旅游相关行业提供预订和市场营销综合服务的销售系统。各个GDS系统均依托自己的计算机预订系统，通过国际航空协会的通信专网，将加入GDS的卖方——酒店、航空旅游企业等产品（服务）的提供者和加入GDS的代理方——遍布全球的旅游代理人，连成一个旅游专业网络系统，并通过后者实现对最终消费者——世界各地旅游者的销售。GDS全球旅游是由全球一百余个国家和地区的数十万家旅游代理机构组成的全球性旅游专业销售网络，向全球旅游企业，尤其是酒店业提供国际性客源。

【实训或练习】

案例链接

2016年6月27日，艾瑞咨询对外发布《中国在线出境游市场研究报告2016》（以下简称《报告》）。《报告》显示，2015年我国游客出境旅游人次达1.2亿，位居世界第一。其中，途牛在中国在线出境游市场中属于第一梯队企业，在市场覆盖能力、拓展能力及用户认可度上均领先于其他企业，市场影响力不断加强。截至目前，途牛出境目的地已覆盖泰国、韩国、日本、美国等240个国家和地区，服务出游人次持续增加。

跟团游仍是出境游重要方式，途牛在线跟团游市场第一。

《报告》显示，2015年在线出境跟团游市场交易规模达231.6亿元，同比增长57.5%，占在线出境游市场的比例为62.8%。艾瑞咨询认为，2015年出境游用户快速增长，许多初次出境或出境次数较少的用户依然有跟团需求，一些自助游用户也会因体验不佳等原因重新选择跟团方式，跟团游仍是重要的出境游方式。目前，途牛稳居在线跟团游市场第一宝座，持续领跑在线休闲旅游行业。艾瑞咨询《2016年中国在线旅游度假市场研究报告》显示，2015年中国在线跟团游市场规模为312亿元，途牛市场份额达26.1%，超过第二名携程（17.9%）和第三名驴妈妈（7.8%）的份额之和，这已是途牛连续四年蝉联在线跟团游市场第一。

2015年以来，途牛加速直采布局，深耕出境游市场，对保持在线跟团游市场领先优势形成重要支撑。截至2016年第一季度，途牛直采业务对总交易额的贡献超过1/3。通过与境外旅游局战略合作、并购等方式扩大直采，途牛对目的地资源的掌控能力更强，有效缩短了产业链条，进一步降低了成本，最终提升了用户出游体验。

一方面，依托直采业务的发展，“牛人专线”作为途牛打造的高品质跟团游产品品牌，实现了产品和服务升级。2015年10月，“牛人专线”升级进入2.0时代，可以在旅途交通、上网、导游服务等三方面为用户提供更优服务。同时，对于难以满足用户个性化需求的非直采“牛人专线”产品，途牛将其全部转为常规跟团游产品。目前“牛人专线”已实现100%直采，可为用户提供更多质优价好的跟团游产品。

另一方面，途牛把目的地成团布局从国内游扩展至出境游领域，打破了参团人员出发地限制，最少2人即可成团，有效解决出境游不成团难题。截至目前，这一模式已覆盖曼谷、普吉岛、巴厘岛、韩国、日本、美国、欧洲等热门目的地，未来将拓展至中东非、澳新等更多热门目的地。

目前可以看到的是由于面向大众，途牛旅游网一直在强势扩张自身的旅游销售渠道，无论线上还是线下，其销售渠道都在引起传统旅游销售渠道的变革和整合，但是如何真正与传统旅游企业进行深入合作，更好地整合传统旅游销售渠道，是未来途牛旅游网要面对的问题。而且互联网企业最重要的始终是客户服务体验，在维系客户感情，提高消费者满意度以及处理好客户维权纠纷等方面，途牛网还有待提高。

要求：作为新兴类型的在线旅游企业，途牛旅游网如果想要继续良好地发展，对于自身线上线下的渠道还需要继续完善哪些方面？

【项目小结】

旅游企业经营范围的扩大和旅游市场竞争的加剧，使得旅游企业不能再单纯依靠自身企业和传统销售渠道进行旅游产品的销售，而需要在遵循消费者导向原则和经济效益原则的基础上，根据旅游企业内部环境和外部环境因素，选择理想的销售渠道。对于旅游中间商，则要在评估的基础上，按照一定的原则进行选择。任何旅游产品销售渠道都需要进行有效管理，并根据旅游市场的变化进行调整。网络销售渠道作为一种新兴的销售渠道，由于其低成本高利润，值得旅游企业大力发展。

项目八　策划旅游产品促销策略

教学目标

※ 能力目标

1. 能依据所学为旅游目的地或旅游企业设计促销方案；
2. 能结合旅游企业自身特点选择合适的促销手段。

※ 知识目标

1. 人员推销含义和程序、策略；
2. 人员推销应该具备的素质；
3. 广告的含义及其作用；
4. 广告设计步骤及类型；
5. 营业推广含义及类型；
6. 营业推广的策划方式；
7. 公共关系含义、作用和类型；
8. 公共关系的主要手段。

※ 素质目标

1. 培养学生树立正确的职业思想，养成爱岗敬业精神；
2. 培养具备一定营销管理知识和熟练服务技能的管理人才；
3. 培养学生的团结合作精神，创新意识。

任务8-1　完成一次产品预定过程中的人员销售活动

【任务引入】

沈阳某旅行社在繁华的商业街开展了“五一”短线旅游产品促销活动，现场销售人员与潜在顾客进行交谈、介绍旅游线路，对有旅游意向的顾客进行了解，并介绍顾客适合的旅游线路，最终达成了交易。

【任务分析】

根据模拟现场人员推销方式，旅游产品人员推销是旅游企业直接向目标顾客推销产品和服务的一种促销活动。作为旅游市场营销促销策略之一，在旅游产品营销中占有重要作用，是其他促销方式所不能代替的。当一个工作人员在向某位顾客做产品介绍并最终实现交易时，才是一个完整的人员推销过程。因此，在人员推销要注重推销过程的同时，要注重销售人员的素质和能力。任务中旅游促销活动是针对五一小长假特别时期，大多选择短途旅游，以家庭为单位的城市休闲游、亲子游尤为突出，推荐短线旅游产品为宜。在介绍产品时，推销人员要讲究语言技巧，侧重介绍针对小长假期间旅行社的产品，根据顾客需求，为其介绍可供参考的旅游线路，可以建议他们游棋盘山、沈阳故宫、方特欢乐世界、张氏帅府、抚顺皇家极地海洋世界等距离较近的地区，在日程安排上尽可能紧凑、丰富。本任务的实施需要销售人员对短线旅游景点、景区相关食、住、行、游、购、娱等方面知识和销售沟通技巧。

【任务实施】

对于人员现场推销来说，通常要采取以下步骤：

寻找顾客—事前准备—接近目标顾客及旅游产品推广—达成交易—售后服务

步骤一　寻找顾客

人员推销的首要任务就是找出潜在顾客，潜在顾客在对现场宣传旅游产品产生兴趣时，会进一步细致咨询旅游产品。作为推销人员首先要注重对现场咨询顾客以礼相待，要专注地面对顾客，用身体语言来表达欢迎，要热情地表达问候，推销人员根据潜在顾客接受情况来判断顺势介绍旅游产品信息。其次，要仔细观察，判断潜在顾客的意图，是有意识地咨询旅游产品，还是无意义地顺便了解，关注潜在顾客是否对我们进行宣传介绍的某种旅游产品产生兴趣。再次，在交谈过程中，要通过观察、访问等方法尝试分析顾客的需求，判断符合他们所需的旅游产品。任务中针对五一小长假特别时期，大多选择短途旅游，以家庭为单位的城市休闲游、亲子游尤为突出。推销人员的潜在顾客主要锁定为中年带小孩人群。

步骤二　事前准备

在促销前，推销人员要根据本次促销活动内容，掌握所有促销产品基本情况、热点以及适用人群；要对潜在顾客的个人情况和生活状态有所了解，以判断与之相适应的旅游产品；了解竞争者产品优缺点，根据竞争者的基本情况与我们的优势对比，争取潜在顾客对我们产品的认同。

步骤三　接近目标顾客及旅游产品推广

潜在顾客在接受邀请，并在推销人员热情问候和引导落座后，提供适合接近顾客的服务，如送水、递糖果，然后询问顾客的旅游需求。询问时通常要问客人在小长假期间基本打算，旅程距离、人数、时间天数、大概目标方向、使用交通工具及价位等问题，推销人员应认真倾听客人的出游意向，在了解客人的基本需求后要耐心给予解答。推销人员在介绍产品时，要讲究语言技巧，侧重介绍针对小长假期间旅行社的产品，根据顾客需求，为其介绍可供参考的旅游线路，可以建议他们游棋盘山、沈阳故宫、方特欢乐世界、张氏帅府、抚顺皇家极地海洋世界等距离较近的地区，在日程安排上尽可能紧凑、丰富。当顾客对我们设定的某条旅游线路产生注意的时候，推销人员应简明扼要地介绍该旅游产品的亮点以引起旅游咨询者兴趣，介绍旅游线路时需要直接快速切入主题，不需要多余的礼貌。“请允许我来帮您介绍一下。”当顾客对某种旅游产品产生兴趣时，要立即取出该产品的宣传资料递给顾客，使其有事可做，有东西可看，引起其兴趣。根据实际情况介绍和说明，列举旅游产品的一些卖点或亮点，可以举一些以前游客的旅游经历，也可以让顾客现场浏览旅行社网站相关信息。好的推销人员介绍能掌握销售主动权，并能刺激潜在顾客的购买欲望。

步骤四　达成交易

当潜在顾客对我们建议的旅游产品提出购买异议的时候，异议是潜在顾客走向成交的第一信号。推销人员要做到不与客人争吵。缓和异议后，确定订货购买，注意各种交易所必需的程序不要疏漏，应当使交易双方的利益得到保护。确定购买旅游线路，确认价格、出发日期、集合时间，请客人提供身份证，进行复印登记存档，缴费，签订合同（说明合同条款）。

步骤五　售后服务

确认达成交易后，并不是销售活动的结束，还要按照每项旅游产品所需准备出团材料、出团前的客户提醒等相关工作。当旅游产品服务完成后，要及时整理客户反馈信息。

【考核评价】

表 8-1 旅游人员推销评价参考标准

考核类型	评价项目	评价要点	得分	满分
成果考核	推销活动设计	主题鲜明，产品符合任务要求	10	40
		内容完整，语言清晰、简洁	10	
		地点选择与环境布置符合任务气氛	10	
		过程的正确性、连续性、完整性	5	
		方式恰当、准确，与预定目标统一	5	
	活动总结	总结活动过程中的得失	10	20
		整理以后活动注意事项	10	
过程考核	个人课堂活动表现	积极主动发言，学习态度端正	10	20
		无迟到、早退、旷课现象，课堂出勤良好	5	
		积极参加讨论、认真完成各项任务训练，课堂参与度高	5	
	团队任务活动表现	任务分工明确、团队合作能力强	5	20
		任务实施中能及时处理问题、协调沟通顺畅	5	
		团队积极乐观、勇于挑战，能主动完成任务	5	
		思路设计新颖、方法多样，团队创新能力强	5	

【归纳总结】

本任务训练结束后，应根据学生的任务实施情况进行点评。在现场人员推销时，应按照人员推销过程的步骤进行：寻找顾客—事前准备—接近目标顾客及旅游产品推广—达成交易—售后服务，在推销各环节中，推销人员应微笑、热情接待、仔细倾听、应用产品介绍技巧详细介绍旅行社的旅游产品、对其提问耐心解答，并向其提供各种可行的意见和建议，及时提供旅行社旅游产品宣传材料，促成购买后会办理旅游相关手续，签订合同、信息登记、资料归档等。

旅行社促销策略中人员推销的模拟过程。通过任务的训练，使学生了解作为旅行社销售人员，首先要具备销售人员的能力和素质，销售语言沟通技巧、礼貌待人等，注意运用语言艺术和保持良好的仪容仪表。要具备渊博旅游知识，无论是长线旅游，还是短线旅游，要掌握食、住、行、游、购娱等方面的知识，以便在现场销售中更好更全面地介绍旅游目的地情况、旅行产品情况等。还要使学生掌握旅游产品人员推销的相关内容及人员推销过程、旅游产品介绍技巧等，交易成功后，能办理简单旅游相关手续。

【相关知识】

1. 旅游人员推销的过程

（1）寻找顾客

推销工作的第一步就是找出潜在顾客。这类顾客必须具备五个条件：有需要；有购买能力；有购买决策权；有接近的可能性；有使用能力。寻找顾客的方法很多，大体可分为两类：其一，推销人员通过个人观察、访问、查阅资料等方法直接寻找；其二，通过广告开拓，或利用朋友的介绍，或通过社会团体与推销员间的协作等间接寻找。因推销环境与商品不同，推销人员寻找顾客的方法不尽一致。兵无常势水无常形，推销的成功与失败，全在于推销员对推销策略的具体运用，成功的推销员都有其独特的方法。因此，推销员要有效地寻找顾客，只能在实践中去体会和磨炼。保险公司的推销人员可利用报纸上登载的新婚、毕业、出生等消息，寻找潜在顾客；有些企业也可通过现有满意顾客的介绍，或查阅工商名录、电话号码簿等发掘潜在客户。

（2）准备阶段

推销人员必须具备三个方面的基本知识：产品知识，关于本企业基本情况、企业产品特点及用途。顾客知识，包括潜在顾客的个人情况、所在企业的情况等。竞争者知识，竞争对手的产品特点、竞争能力和竞争地位等。

（3）接近顾客

接近是指与潜在客户开始进行面对面的交谈。在正式向目标顾客销售之前，可以先做一些试探性的接触，如可以公开的方式向社会公众进行产品的一般介绍，然后观察目标顾客的反应，以进一步了解目标顾客需求的紧迫性，对产品的评价以及可能接受的价位。

此时推销人员的头脑里要有三个主要目标：给对方一个好印象；验证在预备阶段所得到的全部情况；为后面的谈话做好准备，同时要选择最佳的接近方式和访问时间。

（4）业务推广

在对目标顾客已有充分了解的基础上，销售人员可以直接向目标顾客进行产品的介绍，介绍阶段是推销过程的中心。任何产品都可以用某种方法进行介绍，甚至那些无形的产品（如保险业务），也可用一些图标、坐标图、小册子等形式加以说明。可通过顾客的多种感官进行介绍，其中视觉是最重要的一种，因为在顾客所接受的全部印象中，通过视觉得到的所占的比重最大。在介绍产品时要着重说明该产品可给顾客带来什么好处。

（5）应对异议

在推销中有一条黄金法则是不与顾客争吵，推销人员应随时准备应对不同的意见。在面谈中顾客往往会提出各种各样的购买异议，异议是顾客走向成交的第一信号。若顾客对你的提议提出异议，实际上是给你一些宝贵的提示，一个有经验的推销员应当具有与持不同意见的买方洽谈的技巧，随时有应对反对意见的适当措辞和论据。

（6）达成交易

推销人员接受对方订货购买的阶段。各种障碍被排除之后，销售人员就有可能同目标顾客达成交易。此时，应当注意各种交易所必需的程序，不要疏漏，应当使交易双方利益得到保护。多数推销人员认为，接近和成交是推销过程中两个最困难的步骤。在洽谈过程中，推销人员要随时给对方以成交的机会，有些买主不需要全面的介绍，在介绍过程中如果发现对方有愿意购买的表示，应立即抓住时机成交，这时，推销人员还可提供一些优惠条件，促成交易。

（7）售后服务

交易完成，并不意味着销售活动的结束，售后工作及时进行，如备货、送货、配套服务及售后服务等，如果推销人员需要确保顾客满意并重复购买，那么“跟踪”就必不可少。销售人员应认真执行订单中所保证的条件，诸如交货期和安装、维修等。跟踪访问的直接目的在于了解买主是否对自己的选择感到满意，发觉可能产生的各种问题，表示推销员的诚意和关心，以促使顾客做出对企业有利的购后行为。

2. 旅游人员推销的策略

（1）加强对销售人员的培训

有的旅游企业为了节省培训费用，在招聘到销售人员后，往往不经过认真培训，就让他们去做具体工作，这样做不仅难以达到较好的销售效果，失去很多销售机会，还会因为销售人员的业务素质不高，不能与顾客进行有效交流而损害企业形象。训练有素的销售人员往往能更好地理解顾客，合理处理与顾客的关系，把握销售环境，取得较好的销售业绩。所以，旅游企业应强化对销售人员的系统培训。

（2）开展推销活动前尽可能了解顾客的相关信息

对目标顾客的全面了解，有助于销售人员制定针对性的销售策略，采取有效的推销方式，提高推销的成功率。因此，销售人员在接触顾客前，要通过各种渠道收集顾客的相关信息，充分了解顾客的兴趣、个性、爱好、习惯等特点，做到知己知彼，有备而战。

（3）采取有针对性的推销技巧

不同的顾客有不同的消费心理与个性特点，销售人员在对顾客进行深入分析的基础上，采取有针对性的推销技巧。

（4）加强对销售人员的激励

有效激励，是调动销售人员的积极性和主动性，提高其销售业绩的主要手段。旅游企业要结合企业的实际情况，建立对销售人员的激励管理体系，促使销售人员努力工作。

首先，要为销售人员指定明确的销售定额，并把销售任务的完成情况与个人收入挂钩。其次，加强对销售人员的评价考核，考核内容涉及业务能力、销售业绩、顾客评价、访问顾客情况、企业其他相关人员的评价等。这有利于销售人员全面了解自身情况，发现存在的缺点与不足，督促和鼓励其努力改进今后的工作，不断提高自身素质和工作能力。

【拓展提高】

现代营销人员应具备的素质

1. 良好的品德

营销活动是一项塑造形象、建立声誉的崇高事业。它要求从业人员必须具有优秀的道德品质和高尚的情操，诚实严谨、恪尽职守的态度和廉洁奉公、公道正派的作风。在代表组织进行社会交往和协调关系中，不谋私利，不徇私情，为人正直，处事公道；在本职工作中，尽心尽责，恪尽职守，能充分履行自己的社会责任、经济责任和道德责任。那种玩忽职守、自由散漫、不学无术、损公肥私、投机钻营、趋炎附势、傲慢自大、争功夺利、嫉贤妒能的思想和行为，都是背离营销人员职业道德的。

2. 渊博的学识

市场营销人员必须以渊博的科技、文化知识做后盾，其中掌握一般文化知识是基本条件，包括语文、历史、地理、外语、数学、自然、政治、哲学、法律等知识；精通本专业的知识是必备条件，包括商品、心理、市场、营销、管理、公关、广告、财务、物价、人际关系等知识；并且要具备广泛的兴趣和爱好，包括体育、音乐、美术等领域以增加自身的知识面，这样才能与客户有更多的共同语言。

3. 良好的心理素质

心理素质渗透在人们的各种活动中，影响着人们的行为方式和活动质量。优秀的营销人员应具备的心理特征是：有浓厚的职业兴趣，它可以增强营销人员开拓进取的精神，使营销人员在奔波劳累之中乐此不疲，以持久的热情从事营销活动，探索营销的成功之路；营销人员要有充分的自信心，这是决定营销工作能否成功的内在力量。

4. 较强的公关能力

营销人员应具备的公关能力主要包括：推销能力、观察能力、记忆能力、思维能力、交往能力、劝说能力、演示能力、核算能力、应变能力、反馈能力和自学能力。

5. 良好的气质

气质在一个人的行为和活动中的表现，跟人的身心健康都有着密切的联系。如果一个人在工作中表现得紧张而有序，生活中严于律己，宽以待人，严守纪律，遵守公共秩序，这有利于体现一个人的气质。“胆大而不急躁，迅速而不轻佻，爱动而不粗浮，服从上司而不阿谀奉承，身居职守而不刚愎自用，胜而不骄，喜功而不自炫，自重而不自傲，豪爽而不欺人，刚强而不执拗，谦虚而不假装”，这应该成为营销人员共同的信条和宣言。

6. 有服务精神

市场营销的关键就是发现顾客需求并想方设法满足它，在这个过程中，营销人员的服务精神起着至关重要的作用。营销人员只有具有帮助或服务他人、满足他人需求的强烈渴望，他们才能竭尽全力去发掘和满足顾客的需要，努力去了解和沟通，然后才能帮助或服务顾客。在实际的工作中，他们必须收集有关客户真正的需求，并找出符合其需求的产品或服务；愿意个别承担顾客服务问题的责任；担任可信赖的顾问角色，依照客户需要，提出独特见解的意见。

7. 较好的信息收集能力

这是一个信息时代，信息的价值不可估量，对于营销人员来说，信息的收集和利用能力在很大程度上决定了他们营销活动的成败。营销人员需要收集的信息主要是顾客和竞争对手方面的，但无论是哪一个方面，这些过程包括：探知一系列的问题，针对矛盾之处，不断挖掘解决的方法，调查未来可以使用的潜在机会等。许多市场总监认为，对信息越敏感就越能成功，优秀的营销人员应该具有强烈的好奇心，主动进行资讯的收集，而不仅仅是接受眼前现成的内容。

8. 人际关系的建立

牢固的人际关系是营销人员开始市场营销活动的坚实平台，也是他们成功的必要条件。营销人员想在这方面有好的表现，必须具有较强的公关能力，这包括自我表现能力、观察能力、记忆能力、思维能力、交往能力、劝说能力、演示能力、应变能力、反馈能力和自学能力。营销人员在建立关系的过程中，必须考虑文化的影响因素，同时辅以实实在在的行动，努力获得“人格认证”，这样才有助于成功营销。

【实训或练习】

结合所学知识，调查自己家乡的旅游资源，为家乡旅游产品进行人员推销设计，完成家乡旅游产品人员推销方案。

任务8-2　合理选择设计旅游产品的广告媒体

【任务引入】

抚顺旅游广告亮相央视和北京公交站点

抚顺旅游广告宣传片在中央电视台黄金档播出。同时，一幅幅充满神韵的、白雪掩映下的国家 AAAA 级旅游景区、国家重点文物保护单位、后金第一都城——赫图阿拉城旅游宣传板亮相北京繁华地区和交通枢纽的公交候车亭，进一步提升了抚顺旅游的知名度和影响力。

抚顺市旅游委加大了旅游宣传力度，策划并组织了以“北国风光无限好，满乡抚顺最妖娆”为主题的抚顺冬季旅游活动，包装了抚顺冬季旅游产品和线路，印制了大量的冬季旅游宣传品，在全国主要媒体上进行了广泛宣传。特别是去以“嬉冰雪、泡温泉，到辽宁过大年”为主题的辽宁冬季旅游活动在启动后，抚顺旅游项目受到海内外游客的广泛关注。北京是抚顺市主要旅游客源地，伴随着抚顺特色旅游产品的日益丰富和接待服务水平的不断提升，每年来抚顺旅游的北京游客和途经北京的海内外游客逐年增长。特别是独具抚顺满族地域特色、历史悠久的赫图阿拉城受到北京市民的青睐。很多北京市民还根据旅游宣传板上的联系电话与抚顺市旅游部门取得联系，详细了解当前抚顺市冬季旅游产品及特点。到抚顺欣赏美丽北国风光、体验嬉雪滑冰乐趣、感受满族民俗风情、体味满族饮食文化和渔猎文化成为许多北京市民出行的首选，他们带亲朋好友到满族皇家过大年的欲望强烈。赫图阿拉村、大房子村、沙河子满族村寨、佟庄子关东民俗村等乡村的很多农户家住宿已经被游客预订到春节之后。

据了解，2024 年抚顺旅游产品的宣传广告还将亮相上海、广州、天津、哈尔滨、长春、沈阳、大连等大中城市。

任务 8-2-1　结合案例分析抚顺旅游广告宣传片设计特点。

任务 8-2-2　根据自己所熟悉的旅游景区，为其设计选择属于该景区特点的广告媒体。

【任务分析】

任务 8-2-1　央视作为官方最大的电视台有着很高的收视率和受众群，央视广告的影响力家喻户晓，不少大企业想要加强市场宣传，都会争取在央视投放广告片。甚至有很多地方政府为了宣传本地区旅游资源，扩大影响力，都选择了央视进行广告宣传。本任务就是根据旅游广告的特点，试分析抚顺市旅游广告宣传的目标，抚顺地区旅游产品特点有哪些，选择央视作为广告媒介的原因。

任务 8-2-2　本任务为了让学生掌握旅游广告策划步骤及如何选择宣传媒体，能运用旅游职业价值观、旅游审美观来设计符合特定旅游产品的广告宣传。

【任务实施】

任务 8-2-1　结合案例分析抚顺旅游广告宣传片设计特点

步骤一　阅读案例，明确旅游广告

通过案例的描述，旅游产品是否拥有很好的销量，这与自身产品、线路和地域独特的特点有很大关系。要想拥有广阔的市场和不断客源，这就需要我们做好旅游产品的宣传。而广告恰恰是在每个人的生活当中有很大影响作用，旅游企业必须将自己的旅游产品借助于旅游广告形式向目标顾客传递旅游产品的特色，使顾客对产品产生积极的态度，成功的旅游广告向目标顾客传播信息的同时，也通过独特卖点的宣传激发目标顾客的购买欲望，提高交易机会。

步骤二　分析案例，结合理论部分，总结归纳

抚顺市结合自身地域的旅游文化特点，策划了符合当地特色的旅游产品和旅游线路，选择了北、上、广等国内一线城市作为宣传阵地，充分利用这些城市的国内人群集中、影响力大的特点，印制了大量的冬季旅游宣传品，在全国主要媒体上进行了广泛宣传。选择在与群众生活贴近的交通工具上，实属聪明之举，让宣传广告贴近群众的日常生活，潜移默化地影响抚顺地区在当地群众中的印象，联合大众生活的交通工具公司，而且起到了很明显的效果。选择的宣传阵地不断扩展延伸，逐步在全国范围内扩大抚顺城市的知名度。

任务 8-2-2　根据自己所熟悉的旅游景区，为其设计选择属于该景区特点的广告媒体

设计一份景区宣传广告，需要进行以下步骤：

1. 旅游市场调研

了解所选择的旅游景区特点，对旅游景区进行全面的认识，明确该旅游景区发展目标，分析市场机会，明确目标市场的旅游消费者，收集旅游广告设计的相关信息。

2. 确定旅游广告目标

旅游企业通过广告促销宣传所要达到的目的即为广告目标，也就是我们通过旅游广告是达到告知他人、提醒他人还是说服他人为目的，这需要考虑我们的旅游景区的发展目标，依据整体发展战略，结合不同时期不同的要求来选择广告目标。

3. 选择目标受众

旅游广告的一个中心问题就是在什么时候利用什么媒体对什么人传播什么信息，必须先要弄清楚要对什么人传播的问题，试着区分旅游目的地和旅游景区主要目标进行分析选择。

4. 确定旅游广告信息

根据确定的旅游广告目标来设计广告的具体内容，要想得到潜在顾客对旅游产品的认同，就必须注重广告效果，只有高质量的广告，才能对促销起到宣传、激励的作用。那么这就需要我们考虑较多的广告设计的因素。

5. 确定旅游广告预算

为了实现旅游企业的市场营销目标，旅游企业不可避免地会产生广告费用，广告预算是一个困扰旅游市场营销人员的关键问题。如果开支过少，达不到广告效果；反之，会造成浪费，降低效益。那么在设计的过程中要充分考虑广告预算及选择最佳的预算方法，并且还需要对包括旅游产品生命周期、旅游资源禀赋情况、旅游企业的市场份额等情况进行综合考虑。同时还要根据不同目标市场和不同地区，依据不同媒体的传播次数进行合理分配，才能收到预期的效果。

6. 制定旅游广告媒体

结合广告信息及广告预算要求，就可以对广告媒体进行选择，旅游企业必须要对不同的广告媒体的不同特征有着明确的认识，否则将影响广告效果。

7. 评估旅游广告效果

选择恰当的评估方法对实施的策略进行旅游广告效果的评估。

【考核评价】

表 8-2　旅游产品的广告媒体设计评价考核标准

考核类型	评价项目	评价要点	得分	满分
成果考核	分析报告	能正确分析抚顺旅游广告宣传的设计特点	10	30
		分析全面、准确、有条理	10	
		文档排版格式整齐、美观，布局合理	10	
	广告媒体设计	主题设计有创意，符合旅游广告目标要求	10	30
		选择媒体与实际符合，能达到宣传效果	5	
		能体现旅游广告的目标及旅游产品特点	10	
		选择设计旅游广告过程完整，切实可行，控制成本	5	
过程考核	个人课堂活动表现	积极主动发言，学习态度端正	10	20
		无迟到、早退、旷课现象，课堂出勤良好	5	
		积极参加讨论、认真完成各项任务训练，课堂参与度高	5	
	团队任务活动表现	任务分工明确、团队合作能力强	5	20
		任务实施中能及时处理问题、协调沟通顺畅	5	
		团队积极乐观、勇于挑战，能主动完成任务	5	
		思路设计新颖、方法多样，团队创新能力强	5	

【归纳总结】

本任务训练结束后，应根据学生的任务实施情况进行点评。旅游广告媒体选择设计应该根据广告促销策划的整体过程进行，对旅游广告设计要了解旅游市场的相关信息，旅游广告信息具有针对性，了解市场现状后，确定旅游广告的目标策略，选择目标消费者，掌握旅游广告设计的要求，广告促销的媒体类型特点，综合以上部分确定旅游广告的信息及旅游广告的成本，评估旅游广告的效果，应用以上评价标准为各组学生的任务实施情况打分。

【相关知识】

1. 旅游广告促销

如今，随着社会经济、科学技术的快速发展，各种现代化媒体传播手段的出现，广告已经渗透在每个人的生活当中，无论是报刊、电视广播还是网络，都充满了广告的身影。

（1）旅游广告含义

旅游广告是旅游企业借助一定的宣传媒体将有关旅游商品和服务的信息传递给目标受众的一种有偿宣传方式。

从旅游营销角度来理解旅游广告这一概念，要注意以下方面：旅游广告要支付一定费用；“说服”与“公开”是旅游广告的重要特征；“追求利益”是广告的重要目的；“旅游产品或服务”是广告宣传的具体内容；“旅游目标市场”和“社会公共”是旅游广告的受众对象；“电视、广播、报刊、网络”等是旅游广告的传播媒体。

（2）旅游广告作用

①向顾客传播信息。向目标顾客传递产品信息，这是旅游广告在促销中最基本的作用。在市场经济条件下，旅游企业必须将自己的旅游产品借助于旅游广告形式向目标顾客传递旅游产品的特色、组成、价格、购买地点、购买手段以及消费指南等信息，提高知名度，方便目标顾客根据旅游产品信息进行购买决策。

②使顾客对产品产生积极的态度。旅游企业通过媒体发布相关广告，除了向目标顾客传递信息外，还是将旅游产品和服务进行有形化展示的一个机会。良好的有形化展示的结果必然减少目标顾客对旅游产品和服务的质疑，进而提升认识度。

③刺激旅游产品销售。成功的旅游广告向目标顾客传播信息的同时，也通过独特卖点的宣传激发目标顾客的购买欲望，提高交易机会。

2. 旅游广告促销实施过程

（1）旅游市场调研

在制定旅游广告策略时，要对旅游产品市场进行调研，了解市场现状，才能有针对性地做出正确的广告决策。第一，要对同类旅游产品进行分析，明确竞争对手；第二，要对旅游市场进行分析，明确市场目标；第三，对市场发展机会进行分析，确定潜在市场；第四，对目标市场旅游消费者进行分析，为确定旅游广告对象收集信息。

（2）确定旅游广告目标

旅游广告目标是指旅游企业通过广告促销宣传所要达到的目的。一般来说，旅游企业做广告时的目标有三个类型，如图 8–1。

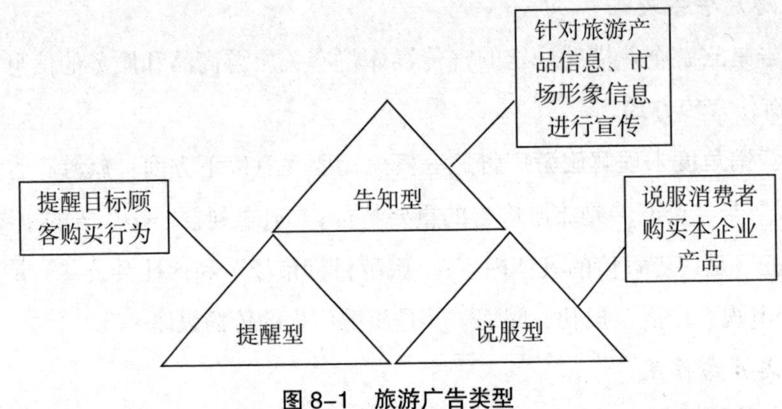

图 8-1　旅游广告类型

①告知型：告知型广告一般用于旅游产品的引导期和成长期，主要将新旅游产品的信息传播告知给目标受众，宣传旅游目的地和旅游企业的市场形象信息，从而激发目标受众的消费需求。如辽宁旅游宣传广告词“游辽宁奇特景观 览关东民俗风情”就是一则旅游目的地形象信息的告知型广告。

②说服型：处于旅游产品的成长期和成熟期的旅游目的地或旅游企业可以采用该类型广告，主要是说服目标受众在众多竞争产品当中选择本企业的旅游产品。

③提醒型：在旅游产品的成熟期，营销策略需要调整，一般情况下会收缩旅游产品广告预算，但为了保持目标顾客对旅游目的地、旅游产品及旅游品牌的记忆，通常采用该种广告类型。如新近在中国内地火爆登场的上海迪士尼旅游度假区广告语“为你点亮心中奇梦”。

（3）选择目标客户

旅游广告的一个中心问题就是在什么时候利用什么媒体对什么人传播什么信息。对于旅游目的地和旅游景区来说，有两大类目标受众是需要区分的，一是旅游中间商如旅行社等，另一类是最终目标——游客。对中间商发布的广告主要是鼓励旅游中间商销售本企业的旅游产品，在制作广告时就要考虑如何让旅游中间商从中认识到销售本产品的过程中能够获益。针对目标顾客广告，则要解决如何让目标顾客从中认识到该旅游产品能很好地满足他们已经激发起来的需求。

（4）确定旅游广告信息

旅游广告信息设计是广告促销方案设计的第四步，即根据确定的旅游广告目标来设计广告的具体内容。在每年约有 3 万个商业广告出现在电视屏幕的情况下，要想得到潜在顾客对旅游产品的认同，就必须注重广告效果，只有高质量的广告，才能对促销活动起到良好的宣传效果。

在确定旅游广告信息时，我们需要考虑的因素包括：①旅游企业市场营销目标；②对消费者的行为调查研究；③旅游者的购买决策心理过程；④目标顾客所处的社会环境。

续表

一个旅游广告信息是否良好，需要依据下列的原则：①表达信息的用语应简练并表达准确；②能清楚地描述旅游产品的特色；③能够引起目标顾客的消费欲望；④符合法律及社会道德标准。

（5）**确定旅游广告预算**

为了实现旅游企业的市场营销目标，旅游企业不可避免地会产生广告费用，广告预算是一个困扰旅游市场营销人员的关键问题。如果开支过少，达不到广告效果；反之，会造成浪费，降低效益。

旅游广告的预算包括旅游市场调研费、广告设计费、广告媒体使用费、广告公司佣金等。通常可供企业选择的确定广告预算的方法有以下几种：

销售额百分比法，即根据过去年度销售额及下一年度计划销售额的一定百分比制定广告预算。这种方法使广告费用与销售收入比较，关键在于百分比系数的确定。

竞争平衡法，即参考市场竞争对手的广告费用而定出自己的广告预算，目的是与竞争对手保持一定的预算比例。这种方法较为简单，但由于市场竞争者的经济实力、旅游产品特色、目标等不同，企业制定广告预算容易出现差异。

目标任务法，即根据旅游企业营销的目标和任务确定广告预算。这是一种较为科学的方法，但它也会有主观性，因此，也需要采用上述某些方法对其加以修正。

投资收益法，即预测旅游广告投资与所能产生的收益决定旅游企业的广告预算，但关键的是难以确定广告的收益。因此，广告预算必须综合考虑各种因素，综合运用各种方法以校正某种方法的缺陷。

旅游广告预算还需要对包括旅游产品生命周期、旅游资源禀赋情况、旅游企业的市场份额等情况进行综合考虑。同时还要根据不同目标市场和不同地区，依据不同媒体的传播次数进行合理分配，才能收到预期的效果。

（6）**选择旅游广告媒体**

对已经制作好的广告信息及广告预算要求，就可以对广告媒体进行选择，旅游企业必须要对不同的广告媒体的不同特征有着明确的认识，否则将影响广告效果。目前，常用的旅游广告媒体有：报纸、杂志、广播、电视、直邮等。

表 8–3　旅游广告媒体常用类型

广告媒体	优点	缺点
报纸	地域可选择性强，可信度高、及时、灵活、费用较低、覆盖面广、易携带	表现力弱，不易被人记忆，保存期短
杂志	地域人口可选择性强，寿命较长，印刷质量好，表现力强，传阅者多，可行度高，可提供精美图画	发行量较少，价格偏高—尤其彩色的杂志，广告周期长
广播	地域人口可选择性强，便携，成本低，覆盖面广，信息传播及时，有连带意识作用，无意识收听者同样注意	缺乏视觉支持，表现力差
电视	图文并茂，给受众最直接的感性认识，能引起高度注意，覆盖面广，及时，地域可选性强	费用高，干扰多，时间短，观众选择性差
直邮	直接针对目标顾客，易于衡量效果，容易使收件人有受宠若惊之感；可反复诉求，对象可随意选择	费用高，范围窄，容易引起收件人反感
户外广告	可直接针对目标市场，醒目，灵活，展示时间长	内容受局限，摆放地点观众选择性差
交通工具	地域选择性强，费用低，直接，经常可接触到，充分利用乘客等待时空白的心理状态使其接受诉求，对交通工具的固定利用者可反复诉求	人口可选性弱，适用范围小
Pop 广告店面广告	刺激冲动型消费者，将产品和广告紧密联系，形式不受限制，广告成本伸缩性大	适用范围小
互联网	覆盖面大，传播迅速，费用低廉，信息可以以前所未有的简便被复制和传递，具有高度交互性，自由选择所需信息，可及时反馈	对设备要求高，基础费用昂贵，缺乏监管，可信度低

旅游市场工作人员在选择媒体时，可根据各媒体之间的优缺点结合旅游企业自身的特点进行合理选择。

（7）**评估旅游广告效果**

评估旅游广告效果的好坏，关键在于选择适合旅游广告效果评价的具体方法。那么企业常用的广告效果评估方法有：

①消费者评估法，即请目标市场的消费者对准备好的广告稿采用记分方式，对广告的注意力、易读、易记忆、感染力等进行评估。

②邮寄广告评估法，即将不同广告缩印后邮寄给目标顾客，对广告内容、编排、效果等进行评估。

③机械评估法，即运用各种机械，如视力记录仪、印象测量器、心理测量器等对广告效果进行评估。

【实训或练习】

案例链接

“成都——一座来了就不想离开的城市”广告策划

揭示“百变成都”的魅力由来：成都，到底是一座什么样的城市？

成都的城市定位，或言时尚之都，或言休闲天堂，或言人文古市，或言美食家园，或言人居仙境……众说纷纭，各有千秋。然而，无论这些名称多么富有魅力和诱惑，不能否定的是，这些定位都有一个致命的弱点，那就是成都作为中国唯一一座2000年城市名称不变的西南大都会，作为四川的省会城市，它的形象功能被严重单一化、固定化乃至割裂化了。

没有鲜明旅游形象的城市是难以长久吸引旅游者的。分析游客的消费习惯，尊重游客的欣赏差异，优化成都的代表元素，确立成都的整体旅游形象——这，就是我们挥洒创意的原点！这，就是我们行销成都的根本理念！

我们的宗旨是整合，更是创造。所以，我们把旅游形象的宣传行销方案建立在“有生活，有故事”这一基本点之上，精心提炼、设计出最适合成都行销的那一些能激发旅游者共鸣的情境、故事、细节，真实而生动地再现生活、表现生活——这正是本案最大的创意亮点。

传播成都，应该是在传播成都的魅力，更应该是在传播成都的特质；传播成都，应该是在传播成都的人文内涵，更应该是在传播成都区别于其他城市的寓古于今的成都元素；它的都江堰、武侯祠、火锅川菜、茶肆夜景、蜀风蜀韵、激情活力……无一处不表现出成都作为“中国十大魅力城市”之一的当然魅力！

在本案中我们有效地提炼出：景美、味鲜、夜魅、闲韵、活力、情醉、人文等高度概括成都特点而又从旅游者切身感受角度出发的传播主线，这将会一改旅游广告只单纯罗列美食、景点、古迹等陈旧落后的传统表现形式，用一种全新的创意表达，直达消费者心里，从而让消费者产生感动，形成“难忘之旅，享受成都”的主题。

如何让游客把成都“打包”带回自己的家？心灵沟通，把“生活味、人情味、成都味”作为经营成都旅游形象的最大亮点。

传统的广告行销观念多是强行给予，而不是良性互动；以前的传播策略往往以“自我”为中心而不是以“受众”为主体。我们明确地颠覆了这种构思理念，站在旅游者的立场之上，结合旅游者的个人行程变化，分析其穿行于不同时段和出入方向的心理变化历程，在不同的广告位展示不同的画面内容和行销主题。

我们精心设计成都VI及独具特色的城市宣传画册与东南亚及国内相关旅行社合作推

广成都形象。我们以金沙为基本元素创作了成都的对外宣传统一形象，为了从不同角度反映成都的风采，我们做了很多城市宣传品，如城市画册、城市形象手提袋、纸杯等。

成都城市形象宣传片独白：

我奶奶跟我说过，成都是一个你去了就不想回来的地方。她现在年纪大了，出不了远门，让我把成都拍回去，给她看看。

小谭，我朋友的妹妹，一个文静的成都姑娘。

看着眼前的情景，我不敢相信，这就是奶奶常跟我讲起的那个地方。

这就是奶奶记忆中的草堂，我猜想她年轻时一定在这里留下许多许多美丽的梦。

小谭告诉我，成都是个被水滋润的地方。两千年的都江古堰，流淌着这座城市的历史。

我想起了儿时奶奶唱给我的歌谣。

置身于这鲜明的节奏，传统与现代，在这里如此和谐。

在这个城市，我每天都能强烈地感受到，生命质量的气息。

（小谭）：“成都火锅就是油辣油辣，你多吃几次就习惯了。”

奶奶说，她小时候最喜欢逛春熙路了。这个城市，充满着节奏感。这动与静的变幻，真让我有些着迷。

奶奶看了我发回去的照片，精神好了许多，吃得也多了，真让人高兴。

我告诉奶奶，我还要在这里多待几天。

在成都，就算夜里 3 点，都会闻到阵阵麻香的味道。我终于抵挡不住那种诱惑，又一次投入到沸腾之中。

几天的生活，让我对这个城市有了一份眷恋。

在机场，小谭拿出一件东西，说是送给奶奶的礼物。原来，这些天，她心里一直惦记着奶奶。

奶奶说得真对，成都是一座来了就不想离开的城市。

要求：试从广告主、实施范围、核心策略、创新点等几个方面分析成都市旅游广告策划特点。

任务8-3　策划一项营业推广活动

【任务引入】

2023山东（济南）国际旅交会盛大开幕，开启夏日旅游市场

2023年5月31日至6月2日，为期三天的山东（济南）国际旅游交易会在济南高新国际会展中心举办。除了“一带一路”境外旅游展区和旅游商品展区，本届交易会还包括美丽中国、友好山东、旅游线路产品销售区、房车露营及户外装备展区等。展会将继续坚持“以卖为主，展销结合”的理念，注重发挥“交易”功能，引导旅游综合消费。

那么，现场如何进行促销呢？2023年旅博会的场地转移到高新国际会展中心，展览面积翻倍，展位空间自然充裕。某华国旅、某牛旅行社、某程知情者旅行社等重点旅行社和电商推出上千款特色旅游线路产品，同时开展买赠优惠、限量抽奖等活动，从国内游到出境游，从亲子游到银发游，从常规线路到高端定制，部分限时秒杀价格优惠惊人。

此外，某旅游集团还在现场推出超万元的“锦鲤鱼大奖”，全年可免费享受“上山下海”、实弹射击、别墅露营、泉城夜宴、胡明秀等旅游项目。

任务8-3-1　分析案例中旅游企业在暑期即将到来之际所采用的营业推广方式。

任务8-3-2　暑假即将来临，也就意味着一个旅游旺季的到来。旅行社也必须随之采取对应的措施，来应对竞争者的影响，争取更多旅游消费者，以小组为单位为某旅行社策划一项暑假旅游产品的营业推广活动。

【任务分析】

本任务结合暑期假期到来，许多旅游企业步入销售旺季，高考毕业旅游、暑期家庭游等旅游项目更加受到旅游顾客的青睐。本次营业推广应以高考毕业学生游、家庭游为主要目标客户，了解营业推广的特点和类型，选择适合目标客户的旅游产品及喜欢的营业推广方式，用实际优惠来吸引更多的顾客来购买。制定营业推广方案是要掌握营业推广的步骤，结合自身旅游产品特点和企业实力做出较为适合的营业推广方案，为企业带来更多的顾客和效益。

【任务实施】

任务 8-3-1　分析案例中旅游企业在暑期即将到来之际所采用的营业推广方式

步骤一　分析案例，寻找案例中主要的营业推广方式

营业推广是刺激消费者购买和经销商效益的各种市场营销活动，采取非常规、非周期性的方式，为顾客消费提供各种优惠和利益，具有较强的刺激性与诱惑力，短期促销效果明显。

案例中描述了在济南国际旅游交易会中各参展旅游企业针对自身旅游产品线路所展现的不同的营业推广方式。案例中的描述：营业推广因其短期效果较为明显，从而被旅游企业频繁使用。作为一种有效的促销工具有许多种具体方式。案例中体现出了多种推广方式，如：现场认筹享优惠、现场抢购享特价、现场办理签证等。

步骤二　结合理论，试分析案例中的推广方式

旅游营业推广以非常规性的和非周期性的使用形式而出现，方式多种多样，具有强烈的刺激性，诱使旅游消费者购买某一特定旅游产品，短期效果明显。

营业推广因其短期效果较为明显，从而被旅游企业频繁使用。作为一种有效的促销工具有许多种具体方式。

步骤三　根据具体促销方式，区别划分案例中营业推广方式

步骤一、二分别说明了案例中的具体活动，理论知识的总结。我们要逐条对应总结出案例中所要描述的内容。

任务 8-3-2　暑假即将来临，也就意味着一个旅游旺季的到来。旅行社也必须随之采取对应的措施，来应对竞争者的影响，争取更多旅游消费者，以小组为单位为某旅行社策划一项暑假旅游产品的营业推广活动

步骤一　分析任务信息，明确任务要求

任务中描述了为某旅行社设计暑期旅游旺季的旅游产品销售的旅游推广活动，目的就是为了推广旅游产品，促进暑期旺季的旅游产品销售，提升业绩。所以，我们可以结合

身边旅行社特点、旅游环境特点进行分析，提出可行性方案。

步骤二 结合理论，对应分析

企业无一例外都要营业推广，时时处处都少不了营业推广，在运用旅游营业推广的过程中，必须首先策划旅游营业推广方案，那就要明确推广目标、选择合适工具和时机等，然后实施和控制旅游营业推广方案，最后评估旅游营业推广。

1. 确定推广目标

每一种促销手段都有预定的目标，营业推广也需要有一个明确的目标。营业推广目标的确定，就是要回答"向谁推广"和"推广什么"两个问题。要根据目标市场类型的变化而变化；针对不同类型的目标市场，拟定不同的旅游营业推广目标。如：针对消费者而言，以鼓励老顾客经常和重复购买旅游产品，劝诱新的旅游者试用等；针对旅游推销人员而言，以鼓励推销人员大力推销旅游新产品和服务，刺激非季节性销售和寻找更多的潜在旅游者。

2. 选择推广工具

旅游营业推广目标一旦确定，就需要选择实现目标的手段和措施，旅游营业推广的工具多种多样，每种工具都有其各自的特点和适用范围。一种营业推广工具可以实现一个目标也可以实现多个目标。同样多个营业推广目标可以由一种推广工具实现，也可以由多种推广工具优化组合实现。

3. 推广的时机和期限

旅游营业推广的时机可以选择在相关节假日到来以前，正如本任务一样，策划暑期到来的旅游产品营业推广。这时，消费者正在收集各种产品信息，高水平的营业推广能较好地影响旅游消费者的决策；我们可以围绕学校的假期对学生提供各种优惠，刺激学生和教师的消费，如：景区的门票优惠、航空公司的机票打折等，可以与竞争对手处于僵持阶段利用营业推广扩大销售，增强企业的市场竞争力。营业推广的时间不宜太长，也不能太短，要考虑消费者的消费决策周期以及消费者的参与情况。一般最佳的频率是每季有三周的促销活动，最佳持续时间是产品平均购买周期的长度。

4. 营业推广预算的确定

旅游企业的推广费用预算制约着活动的形式、内容、规模、范围等。预算较多时，活动内容可以多一些，规模可以大一些，争取更广泛地扩大企业和产品的影响力。旅游企业必须根据自身实际情况选择合适的预算方法，来衡量成本与利益的关系，实现企业良好收益。

5. 营业推广的实施

营业推广的实施首先要考虑实施的期限，起止和结束。包括营业推广的策划制定准备时间，布置，确定实施人员以及推广时间等，严格方案实施的步骤。

6. 营业推广效果评价

选择恰当的评估方法对实施的策略进行评估。

综合以上步骤来策划旅游企业的营业推广活动。

【考核评价】

表 8-4　旅游营业推广设计评价参考标准

考核类型	评价项目	评价要点	得分	满分
成果考核	营业推广设计	案例分析的内容完整，逐条对应	10	30
		与理论描述对应，符合实际	10	
		总结材料工整，条理清晰	10	
		主题设计符合要求，有吸引力，有创意	10	30
		活动设计能满足顾客不同需求，方式易实现、理解	10	
		设计逻辑性强，行文流畅，版面整洁	10	
过程考核	个人课堂活动表现	积极主动发言，学习态度端正	10	20
		无迟到、早退、旷课现象，课堂出勤良好	5	
		积极参加讨论、认真完成各项任务训练，课堂参与度高	5	
	团队任务活动表现	任务分工明确、团队合作能力强	5	20
		任务实施中能及时处理问题、协调沟通顺畅	5	
		团队积极乐观、勇于挑战，能主动完成任务	5	
		思路设计新颖、方法多样，团队创新能力强	5	

【归纳总结】

此任务训练结束后，应根据学生的任务实施情况进行点评。营业推广活动的实施必须根据一定的流程来制定行动方案，各小组才能在一个统一的纲领下达到行动的一致，为实现活动目标奠定基础。营业推广活动策划要按照几个阶段进行：创意阶段—宣传阶段—准备阶段—布置阶段—实现阶段—事后宣传阶段—实施效果评估。营业推广强调在特定的范围内，针对某些特点产品，采取临时或短期的带有馈赠或奖励性的促销方法，其直接效果是使旅游者或中间商立即或大量购买。在策划中还要理解营业推广的特点和类型，有针对性地为了实现预定目标而进行设计。通过此任务目的是培养学生能够明确营业推广相关知识，在方案制定中培养逻辑思维与活动设计策划能力。

【相关知识】

1. 旅游营业推广的基本内容

（1）旅游营业推广

美国市场营销协会定义委员会认为，营业推广是指“除了人员推销、广告宣传以外的、刺激消费者购买和经销商效益的各种市场营销活动，例如陈列、演出、展览会、示范表演以及其他推销努力”。旅游营业推广是指旅游企业为刺激旅游中间商和消费者的近期需求，采取的能对目标市场快速产生刺激作用，以促进购买，提高营业收入的促销活动。旅游营业推广采取非常规、非周期性的方式，为顾客消费提供各种优惠和利益，具有较强的刺激性与诱惑力，短期促销效果明显。

旅游营业推广在企业促销方面具有突出的特点：一是旅游营业推广针对目标顾客的心理、企业的产品特点、销售环境等因素而进行的，具有较强的吸引力，可以迅速引起旅游消费者的广泛注意，有利于旅游企业在短时间内扩大销售，增加销售市场。二是旅游营业推广通过产品信息的传播与利益诱惑，能够加快新开发的旅游产品进入市场，为旅游消费者认可与接受的进程。三是作为企业的竞争手段，旅游营业推广通过有针对性的措施，能有效抵消竞争者对本企业造成的威胁。

旅游营业推广针对的市场目标主要有三类：第一类是旅游中间商，旅游营业推广的目的是吸引中间商和旅游生产企业合作；第二类是旅游推销人员，营业推广的目的在于激励旅游推销人员努力开拓新市场，寻找更多的潜在顾客，提高销售业绩；第三类是潜在旅游消费者和旅游者，营业推广的目的是吸引潜在旅游消费者了解旅游企业和尝试购买旅游产品，鼓励旅游消费者重复购买企业的产品。

（2）旅游营业推广特征

①非常规性。典型的旅游营业推广不像广告、人员推销和公共关系那样作为一种常规性的旅游促销活动出现，而是用于短期和额外的旅游促销工作，其着眼点往往在于解决一些更为具体的促销问题、承担短时间内具有特定目的和任务的促销工作，以促使旅游产品购买者和消费者产生购买或消费行为。因此，旅游营业推广通常是针对旅游广告和人员推销的一种补充措施。以非常规性的和非周期性的使用形式而出现。

②多样性。旅游营业推广方式多种多样，可根据顾客心理和市场营销环境等因素，采取针对性很强的营业推广方法，向消费者提供特殊的购买机会，具有强烈的吸引力和诱惑力，能够唤起顾客的广泛关注，立即促成购买行为，在较大范围内收到立竿见影的功效。能从不同的角度吸引有不同要求的旅游产品购买者和消费者。例如，以赠送纪念品、旅游地特产、风情画册、各种价格折扣、消费信用、特殊服务等方式针对旅游者开展营业

推广；以批量折扣、现金折扣、特许经销、业务会议、联营促销、提供相贴画、小册子、光盘、推广津贴等方式针对旅游中间商开展的营业推广；以红利提成、推销竞赛、特别报销金、销售集会等方式针对推销人员开展的营业推广；以红利提成、推销竞赛、特别报销金、销售集会等方式针对推销人员开展的营业推广；以租赁促销、类别旅游折扣、订货会、配套服务等方式针对旅游生产经营者开展的营业推广。上述各类营业推广方式均有其自身的长处和特点。旅游企业可以根据经营的旅游产品特征，以及面临的不同市场营销环境加以科学地选择及有机地组合运用，从而大大增强旅游营业推广的灵活多样性。

③刺激性。旅游营业推广是为寻求销售额的立即反应而设计的，并且常常在限定时间内进行。其追求目标就是在使用营业推广手段之后，能达成及时销售。使本企业的旅游产品在特定时间和地点与其他产品有所差别，增加实质价值。因此，必须从多种渠道和多种角度加强和加快旅游产品购买、消费者对促销信息的理解，促进消费购买需求和行为的迅速产生，这也就决定了旅游营业推广必须具有强烈的刺激性，给旅游产品购买者以不同寻常的刺激，以诱使旅游消费者购买某一特定旅游产品，易于取得明显的短期效果。较快地增加旅游企业的销售额，巩固和提高旅游企业应有的市场占有率，实现企业短期的具体目标。

④高效性。旅游营业推广不是战略性的营销工具，而是一种战术性营销手段，他注意的是实际行为，在限定的时间和空间范围内，要求旅游消费者或旅游经销商亲自参与。行为导向的目标是及时销售，通过激励、刺激，或为金钱，或为商品，或为一项附加的服务，构成旅游消费者的购买行为的直接诱因，因而短期效果明显。

旅游营业推广的上述特征，体现了旅游营业推广手段的明显优势，有利于旅游产品的短期销售。激励更多的旅游消费需求和拓展旅游市场。

（3）旅游营业推广的作用

①旅游营业推广可以有效地加速新的旅游产品进入旅游市场的进程。新开发出来的旅游市场的初期，绝大多数的旅游者或目标消费者对其还没有足够的认识和了解，也没有充分的理由对该旅游产品作出积极的反应和强烈的消费购买兴趣。通过一些必要的促销措施可以在短期内迅速地为旅游新产品开辟道路，实践证明，免费旅游、特价优惠旅游、新旧产品搭配销售以及退款优待等营业推广方式，对在短期内把旅游新产品打入现有市场是行之有效的措施。比如采用特价优惠手段，将新旧旅游产品搭配出售，既可利用原有产品的消费者网络拓展或扩大新产品的市场，又可使旅游消费者更直接地感受到这种消费购买所享受到的特别优惠，从而激发对旅游新产品的购买热情。尽管这些促销方式分配成本较高，但往往收效也比较快。

②旅游营业推广可以有效地抵御和击败竞争者的营业推广促销活动。有效地抵御和

参与竞争是旅游企业求生存、谋发展的必由之路。当竞争对手大规模地发起营业推广促销活动时，企业若不及时采取有效的促销措施，常常会大面积地损失已享有的市场份额，坐以待毙。因此，营业推广是旅游市场竞争中对抗和反击竞争对手的有效武器。诸如采用免费赠品、折扣优惠、服务促销、联合促销等方式来增强对旅游者的吸引力，以稳定和扩大自己的消费购买群体，抵御竞争者的侵蚀。

③旅游营业推广有利于增加旅游产品的消费，提高销售额并带动关联的销售。通常旅游企业运用旅游营业推广促销手段，既可向经销商提供交易折让，如购买馈赠、交易补贴、批量折扣、经销竞赛等方式来劝诱中间商更多地购买，并同企业保持稳定、良好的购销关系，促使中间商制定出有利于自身的经营决策，又可向旅游消费者提供刺激与激励，如赠品、类别顾客折扣、旅游者竞赛与抽奖等方式来指明旅游产品新的利益，提高旅游者对该旅游产品的注意与兴趣，从而增加对旅游产品的消费，提高整体产品的销售额。同时，对于一定区域而言，不仅只增加某种品牌的销售，提高整体产品的销售额，同时，也能带动和提升关联产品的销售量。

（4）旅游营业推广的方式

营业推广因其短期效果较为明显，从而被旅游企业频繁使用。作为一种有效的促销工具有许多种具体方式。

①免费参观，对于新开发的旅游地或旅游项目，消费者了解不多，知名度低。为了尽快扩大影响，企业可以选择一些有代表性的旅游者和旅游中间商免费参观。其目的在于通过亲身感受，增强对新产品的直观印象，扩大促销宣传的效果，刺激更多旅游消费者的购买欲望，快速打开市场。

②优惠赠券是旅游企业在限定的时间内对旅游者实行让价旅游的一种促销方式。如提供折价券、折扣优惠等。其目的是通过定时定期的降价，提供旅游优惠来促进旅游者数量的增加，以扩大旅游项目的影响，吸引更多的旅游消费者。

③部分免费，在旅游促销中运用较为普遍：免费可以是旅游者中的一部分，如对家庭中的儿童、学生实行免费；也可以是旅游项目的一部分，如某个经典免费、某项活动免费。其目的是通过部分免费，让旅游者感到从中得到实惠，从而对潜在旅游者产生刺激，刺激他们的旅游需求。

④特别免费是指旅游企业对旅游消费者赠与的某种特殊的物品或利益。如特殊纪念品赠送景区门票、向旅游者赠送产品资料等。

⑤竞赛奖励来吸引旅游消费者。如旅游企业举行旅游观感征文比赛、景区摄影比赛、爬山比赛等。竞赛奖励促销方式能激发旅游消费者的激情，能吸引更多的旅游者的参与。同时，竞赛奖励对提高景区和旅游企业的知名度也有积极作用。

⑥展销活动是指旅游企业针对目标顾客所进行的实际销售为目的的展示销售活动。在展销现场提供旅游企业及旅游产品的有关信息，由企业的专业人员讲解和示范，让旅游消费者与旅游中间商详细了解情况。如参加各种旅游产品博览会、交易会，旅游企业自己在新市场举办展销活动等。

（5）**营业推广策划**

①确定推广目标：每一种促销手段都有预定的目标，营业推广也需要有一个明确的目标。营业推广目标的确定，就是要明确推广的对象是谁，要达到的目的是什么。只有知道推广的对象是谁，才能有针对性地制定具体的推广方案。

②选择推广工具：不同的营业推广目标所需要选择的工具也不同，不同的营业推广对象也应选择不同的激励手段，企业一定要根据目标对象的接受习惯和产品特点、目标市场状况等来综合分析选择的推广工具。营业推广的方式方法很多，但如果使用不当，则适得其反。因此，选择合适的推广工具是营业推广的关键因素。

③推广的时机和期限：并不是任何时候都能采用营业推广，营业推广点市场时机选择很重要，时机选择得好，就会起到事半功倍的效果，如季节性产品、节日，必须不失时机地在季前节前做营业推广，否则就会错过时机。一般营业推广的最佳时机是节假日及纪念日，此时消费者有较多的空暇时间，购买旅游产品的机会多，同时对某些旅游产品有更多的主动关注，促销效果更佳。

营业推广活动持续时间长短对效果也有影响，推广期限要恰当。过长，容易让顾客造成习以为常的现象，使消费者丧失新鲜感，减少或丧失刺激需求作用，甚至诱发对商品的怀疑心理，产生不信任感，不利于正常销售。还会使企业的费用增加，影响销售效果；反之，如果营业推广活动的持续时间过短，可能无法充分吸引目标顾客的注意，尤其是在信息爆炸的时代，消费者每天被海量的广告和推广信息包围，短暂的推广活动很容易被忽略或遗忘。这样一来，企业精心策划的促销策略就无法达到预期的市场渗透率和影响力，导致营销成本与实际收益不成正比，浪费了大量的资源和精力。

（6）**营业推广预算的确定**

在推广预算中，较多企业都会利用预算方法来进行计算。在实际工作中，比较常用的营业推广费用的预算方法主要有以下几种：

①总和法。是指先确定一个营业推广项目的费用，然后汇总计算出该项营业推广成本。营业推广各个项目的费用包括两个部分：管理成本 C1（运作成本），如广告费、印刷费、活动费等；诱因成本 C2（优惠成本），如免费赠送的样品成本、折扣成本等。根据对营业推广期间企业可能销售出的预期数量 Q，就可以计算出每次营业推广的总成本：$P=(C1+C2)Q$。

②类比法。是指参照前期费用来预测出本期费用的一种方法。该方法简单易行，在营业推广对象、手段、预期效果等不变的情况下可以使用。但是由于环境一直在变化，因此在使用该方法时，需要对一些费用构成进行调整。

③比例法。是指根据一定的比例从总促销费用中提取营业推广的费用，然后再分配到不同的品牌或产品上。

（7）营业推广的实施

实施的期限包括前置时间和销售延续时间。前置时间是从开始实施这种方案前所必需的准备时间。它包括最初的计划工作、设计工作等；配合广告的准备工作；通知现场推销人员特定发放材料。

（8）营业推广效果评价

商家可以利用多种方法对营业推广的效果进行评价。评价程序随着市场类型的不同也会有所差异。最普通的一种方法是把推广前、中、后的销售结果进行比较，以此来推断推广的效果。

营业推广是企业在某一段时期内采用的特殊的手段对消费者实行强烈的刺激，以促进企业销售迅速增长的一种策略。是刺激消费者迅速购买商品而采取的营业性促销活动，是配合一定的销售任务而采取的特殊推销方式。营业推广以强烈的呈现和特殊的优惠为特征，给消费者以不同寻常的刺激，从而激发他们的购买欲望。然而，营业推广不能作为一种经常性的促销手段来加以使用，但在某个特定的时期内，对于促进销售的迅速增长则是十分有效的。

【拓展提高】

下表中面向消费者的促销工具，是在营业推广实际应用的具体促销工具，选择合适的促销工具有利于营业推广活动目标实现。

表 8-5　面向消费者的促销工具

工具	描述
折价	指厂商通过降低产品的售价，以优待消费者。这种促销方式可以提高消费者对零售点产品的关注，在促进零售点的销售方面极为有效，他对短期销量的提升具有立竿见影的效果。折价可以说是对消费者最有效的促销“武器”，因为他们都希望以尽可能低的价格买到尽可能好的产品。 为了完成营销目标，公司也常常会借助折价做最后的冲刺，特别是处理到期产品、减少库存、加速资金周转等，但这样只能在短期内增加销量，对建立消费者的品牌忠诚度效果不大。并且折价会减少公司的利润。
优惠券	优惠券是一种证明，证明持有者在购买某种特定的产品时可凭此优惠券按规定少付一些钱。一般来说，这种方式会吸引对品牌有一定好感或已试用产品且感到满意的消费者，公司可以利用此方法推介新产品或拓展新市场。如果公司较长期地采用优惠券促销，可培养消费者的品牌忠诚度，特别是产品的差异化不明显时，要培养消费者购买该产品的习惯。
返现	返现是指厂商在消费者购买产品以后会给予一定金额的退款，该退款可以是售价的百分之几，也可以是金额退还甚至超额退还。他被认为是厂商对消费者的一种回赠。这种促销方式对品牌形象印象较小，投资费用并不算高。同时厂商还可以从消费者寄回的申请卡上了解到有关客户的资料。“返现”对吸引消费者使用效果较好，并且可以刺激消费者多次重复购买。
赠品	以较低的代价或免费提供某一物品，以刺激其购买特定的产品。例如附包装赠品，即将赠品附在产品内，或附在包装上面。 好的赠品可以使产品形成差异化，以鼓励消费者重复购买，建立品牌忠诚度。附送赠品是吸引消费者长期购买的最有效方法之一，选择与产品相关的产品，可以增加产品的购买频率。
奖品（竞赛、抽奖、游戏）	奖品是指消费者在购买某种产品后，向他们提供现金、旅游或物品的各种获奖机会。竞赛要求消费者参加一个竞赛项目，然后由一个评判小组确定哪些人被选为最佳参赛者；抽奖则要求参加者填写姓名、身份证号码或其他一些个人资料；有的则在消费者每次购买产品时送给他们某样东西，这些有可能中奖，也有可能一无所获。所有这些都将比优惠券或赠品赢得更多人的注意。
免费试用	指通过将产品免费赠送给消费者，使其试用的一种促销方法。由于这种方法无需消费者付出任何代价，因此是诱使消费者尝试的有效途径。通过试用使消费者对该产品产生直接的感性认识，并对产品或公司产生好感和信任，使其转化为该产品的潜在客户。“免费赠送”是最有效也是最昂贵的介绍新产品的方式，“免费使用”能提高新产品的入市速度。
联合促销	两个或两个以上的品牌或公司在优惠券、付现金退款和竞赛中进行合作，以扩大他们的影响力。各公司统筹资金，以期扩大其知名度，同时也促进一些中间商参与这些促销活动，通过增加陈列和广告面积使它们更好地展示出来。“联合促销”中涉及各种费用按比例分摊，从而大大降低了各自的促销投资。
交叉促销	交叉促销是用一种品牌为非竞争品牌做广告。
产品保证	由厂家保证按规定无明显或隐含毛病，如果在规定期内出毛病，厂家将会免费维修或退款给客户。

续表

工具	描述
售点（陈列示范）	售点（陈列示范）表演常常在购买现场或者销售现场进行。这种方式可直接激发消费者的购买欲望和购物行为。
会员	“会员营销”又称“俱乐部营销”，是指公司以某项利益或服务为主题将人们组成一个俱乐部形式的团体，开展宣传、促销等营销活动。加入俱乐部的条件是缴纳一笔会费，或购买一定量的产品等，成为会员后便可在一定时期内享受到会员专属的权利。这种方式的最大益处在于能通过俱乐部这种团体形式将消费者结合在公司的周围，与他们直接沟通，使之成为忠实的客户。
价格折扣	在指定的时间内，每次购货都给予一定比例的直接折扣。这一优待鼓励了经销商去购买一般情况下不愿购买的产品数量或新产品。中间商可将购货折扣用作直接利润、广告费用或零售价减价。
折让	厂商提供折让，以此作为零售商统一以某种方式突出宣传厂商产品的报偿。如广告折让和陈列折让。
免费品	厂商还可以提供免费产品给购买某种新产品或购买达到一定数量的中间商。这些免费产品包括现金或者礼品，也可以是附有公司名字的特别广告赠品，譬如年历、备忘录等。

【实训或练习】

根据所学，总结营销推广方式。

任务8-4　制定旅游产品的公共关系方案

【任务引入】

威海在首尔成功举办“威海游”寻找韩国创客活动

韩国国际旅游展和亚洲旅游营销节在韩国国际会展中心同时举办。威海市旅游局组织全市10多家旅游企业40多人参展，并成功举办亚洲旅游营销节之“威海游”寻找韩国创客活动。

韩国国际旅游展上，威海展厅成为突出亮点。占地180平方米，设计布置极具创意，吸引各国参展商和观展嘉宾咨询观看。威海各区市旅游局、各参展企业充分利用这一平台进行全方位的产品宣传推广，与合作伙伴洽谈交流。

开展首日达成合作意向100多个。

亚洲旅游营销节之“威海游”寻找韩国创客活动由威海市旅游局与亚洲旅游营销节组委会共同主办，威海韩中互赢文化传媒有限公司协办。自2016年4月11日启动以来，吸引韩国60所大学的两千多名青年创客成员和导师参与。2016年6月9日下午，该活动的终审评选成功举行。13个入围创客代表队进行了最终PK。创客们在对韩国民众赴威海旅游情况进行调研的基础上，提出了“威海旅游”创新推广营销策略。

威海市旅游局调研员鞠院洪在接受媒体采访时表示，威海市作为全程战略合作伙伴城市，参与亚洲旅游营销节并成功举办“威海游”寻找韩国创客活动，是威海对韩旅游推广的创新之举。韩国青年学生的策划方案极具创意、各有特色，为威海市深度开发韩国旅游市场提供了更多选择。下一步，威海将借助韩国青年学生的创意，继续做好威韩两地传统优势旅游产品，并进一步打造针对韩国青年群体的旅游产品，吸引更多韩国游客走进威海、了解威海，为威韩旅游经贸合作提供更深层次交流和更广阔发展空间。

任务 8-4-1 分析案例中威海市旅游局旅游营销宣传活动重要意义

任务 8-4-2 请为某旅游协会以“绿色旅游、生态环保”为主题，撰写一份公共关系活动方案

【任务分析】

本任务目的是通过了解公共关系在营销活动中的重要作用，明确公共关系的含义，学生理解旅游公共关系活动的意义与内容，结合之前所学能设计方案步骤及要求，结合任务8-4-1的主题活动，分析出与之相适应的公共关系活动。在公共关系活动设计同时要了解旅游行业公共关系活动内容、方式及公共关系活动设计步骤等。任务中强调为林院旅游协会设计一份绿色旅游、生态环保的主题公共关系活动，那么任务中也就默认旅游协会需要改善在学校以及社会公众中的良好形象。主题鲜明，要能分析旅游协会自身的资源和设计活动的可行性，还要注意创意性。

【任务实施】

任务 8-4-1 分析案例中威海市旅游局旅游营销宣传活动重要意义

步骤一 分析案例

案例中综合描述了威海市旅游局为了扩大威海市旅游市场创新方式，目的是达到对

威海市旅游市场的推广宣传。打造针对韩国青年群体的旅游产品，吸引更多韩国游客走进威海、了解威海，为威韩旅游经贸合作提供更深层次交流和更广阔发展空间。

步骤二　旅游公共关系

以社会公众为对象，以信息沟通为手段，树立、维护、改善或改变旅游企业及旅游产业的形象，发展旅游业与社会公众之间的良好关系，营造有利于旅游企业的经营环境而采取的一系列措施和行动。旅游公共关系在企业宣传的角度能起到传播信息、咨询建议、协调公众关系、提高知名度和美誉度、增强市场竞争力的作用。威海市旅游局通过在首尔的创客活动，密切了与韩国旅游者之间的联系，最大限度地在韩国地区宣传了威海地区特色旅游产品，对威海市旅游市场起到了推广宣传作用，对威海旅游产品的销售扩展了更广阔的市场。

步骤三　结合上述

通过案例分析和理论知识的对照结合，总结出威海市旅游局首尔创客活动对威海旅游市场的重要意义。

任务 8-4-2　请为某旅游协会以“绿色旅游、生态环保”为主题，撰写一份公共关系活动方案。

步骤一　明确活动方案目的，寻找方案思路

活动方案的目的我们可以在任务分析中寻找，结合任务分析来了解本任务的实际内容。

任务中明确给出某协会所做出的关于“绿色旅游，生态环保”主题活动，依据主题进行寻找。

步骤二　结合理论，确定公共关系活动的类型及主要手段

旅游公共关系是一种双向信息传播活动，那么我们在设计活动方案时要考虑我们所要达到的目的，是单纯的信息传递、咨询建议还是协调公众关系、提高知名度和美誉度、增强市场竞争力。

旅游公共关系分为以下几种类型：宣传型、服务型、交际型、社会型、征询型。

旅游企业公共关系活动常用的手段主要有下面几种：调研活动、专题活动、媒体报道、散发宣传品、策划事件、沟通活动。

任务中明确指出了设计的主题活动，所以本次活动的特点就是结合它的主题来进行设计，既然是旅游协会要开展的主题公共关系活动，那必然是以扩大知名度及社会认可度为首要目的，我们结合协会作为志愿组织特点，选择适合协会开展本次活动的主要手段及主要工具。

步骤三　明确内容，制定活动方案

旅游公共关系的目标和作用是通过有计划、具体的公共关系活动实现的。需要长期的努力，树立和维护企业的良好形象。我们要密切结合任务主题活动需求，按照理论部分的指导进行有创意的选择适合的手段。在制定方案的过程中，要了解我们日常在设计方案的过程，思路清晰、步骤完整，能将公共关系活动开展的意义、目的、具体实施步骤和元素（如：时间、地点、参与人员）预期效果及过程中的评价完整表述出来。

【考核评价】

表 8-6　制定旅游产品的公共关系方案

考核类型	评价项目	评价要点	得分	满分
成果考核	案例分析	密切结合案例内容分析，内容完整、详尽	10	60
		结合理论、分析任务内容，具体扩展，总结到位	10	
		设计活动要密切结合公共关系理论要求	10	
	方案设计	方案设计流程完整、逻辑清晰、切实可行	10	
		方案格式整齐美观、布局合理	10	
		报告语言简洁流畅、逻辑清晰	10	
过程考核	个人课堂活动表现	积极主动发言，学习态度端正	10	20
		无迟到、早退、旷课现象，课堂出勤良好	5	
		积极参加讨论、认真完成各项任务训练，课堂参与度高	5	
	团队任务活动表现	任务分工明确、团队合作能力强	5	20
		任务实施中能及时处理问题、协调沟通顺畅	5	
		团队积极乐观、勇于挑战，能主动完成任务	5	
		思路设计新颖、方法多样，团队创新能力强	5	

【归纳总结】

本任务训练结束后，应根据学生的任务实施情况进行点评。旅游公共关系是一种“柔性化”的沟通与促销方式。其目的主要不是为了销售产品，而是通过与社会和企业内部的对话来提升形象，内求团结和协调、外求理解与支持，为企业发展赢得良好的内外部环境。它是企业沟通与促销第四大行之有效的策略。是通过对旅游行业协会的角度改善协会在学校和社会公众的形象，通过公共关系活动传递协会信息，进而来提升知名度和美誉度。那么在设定公共关系活动方案时，学生必须要明确任务要求，结合理论知识及以往所学方案设定步骤，进行创意性的设计公共关系活动方案。任务主要考查了学生们对任务分析，加强了对理论知识掌握及对以往技能性素养的熟练。学生只有对旅游公共关系活动含义与功能有明确的掌握，在特定条件下，能结合任务要求，明确符合旅游公共关系工作的目标、任务和要求，创意性地选择适合公共关系主要手段，并且在方案制定中能表述明确，有条理、可执行。设计符合某旅游协会“绿色旅游、生态环保”为主题公共关系活动。

【相关知识】

1. 旅游公共关系定义

公共关系也叫公众关系，是指一个组织为了改善与社会公众的联系状况，增进公司对组织的认识、理解与支持，树立良好的组织形象，促进商品销售而进行的一系列活动。

旅游公共关系是指以社会公众为对象，以信息沟通为手段，树立、维护、改善或改变旅游企业及旅游产业的形象，发展旅游业与社会公众之间的良好关系，营造有利于旅游企业的经营环境而采取的一系列措施和行动，属于公共关系的一个分支。旅游公共关系的行为主体是旅游组织，这里的旅游组织是各类旅游企业的总称，包括旅游饭店、旅行社、旅游交通（航空、车船等）、旅游景点、商店等。旅游公共关系是一种组织关系，组织的活动和职能，是以具体的旅游企业为主体，与其他各类公众形成的关系，不是以政府为主体形成的政府关系，也不是以个人为主体形成的个人关系。旅游公共关系的对象是相关公众，旅游公众关系是组织与相关公众结成的相互关系，旅游组织公共关系活动的对象自然是公众。公众构成的一种特定的环境，组织在这种环境中要生存发展，必须优化这种环境，得到相关群体的认可、信赖与支持。

2. 旅游公共关系的作用

（1）传播信息。公共关系是一种双向的信息传播活动，它不仅要广泛地收集信息，监测环境的发展变化，还要经常向外界传递企业的信息，加强企业对内外公众的影响。只有实现了双向的信息交流，才能使企业与公众相互了解和相互适应，并最终使得公众对企业产生好感，支持企业的行为，与企业密切合作。对内传播可以使员工全面了解企业发展状况，培养和提高员工的民主参与意识，增强企业的凝聚力和向心力。对外传播能够加强企业与外部公众的联系，有利于企业良好形象的建立及和谐的生存发展环境的形成与维护。因此，信息传播就成为公共关系工作的日常业务和主要内容。

（2）咨询建议。咨询建议是指旅游企业公共关系机构或者人员利用收集和掌握的各种信息，向企业的管理决策者提供有关公共关系方面的意见和建议。以促进或者改变企业的决策与行为，帮助企业建立受公众欢迎的良好形象。公共关系作为企业的一种独特的管理职能，在收集和传递信息方面具有明显优势。企业系统的各要素之间，企业系统与环境之间的平衡运作与协调发展极其重要，只有通过有效的、有机的协调和沟通，才能使企业结构稳定、进化有序，有效达成企业与公众之间的信息交流。企业与公众互惠互利，和谐发展，企业内部协调一致，共生共荣，使企业系统的正常运转建立在良好的环境基础之上。因此，协调和沟通是实现公共关系目标，促进企业健康发展的重要手段和基础。

（3）协调公众关系。旅游公共关系能够协调旅游组织之间的各种关系，处理好各种关系，不仅有益于旅游组织自身的发展，而且优化和净化了旅游组织之间的关系。旅游公共关系一向以为旅游组织的经营发展创造一个良好的内外环境作为天职，而这种支持氛围的营造，更多是通过旅游组织对社会的贡献和社会责任感来得到体现，也就是注重整个社会效益的提高来实现的，在注重社会效益的前提下，来协调旅游组织利益和个人利益。因而公共关系对社会的贡献是巨大的。公共关系本身不能直接为旅游组织带来经济效益，但它可以间接地转化成经济效益，成为旅游组织盈利的重要力量。良好的公共关系状态一旦形成，会带来长远的经济效益。

（4）提高知名度和美誉度。良好的内部环境主要表现在旅游组织对员工的吸引程度和员工对旅游组织的理解、信任、支持程度。良好的公共关系通过建立和完善旅游组织内部的各种沟通渠道和协调机制，促进旅游组织内部人员的信息交流，做到上情下达，下情上报，不仅培养了员工的群体意识、自豪感和归属感，而且提高了旅游组织的向心力，凝聚力，为旅游组织创造一个团结的、和谐的内部环境和“人和”的气氛。

（5）增强市场竞争力。现代旅游组织之间的竞争已经开始由质量竞争、价格竞争、服务竞争扩展到信誉竞争、形象竞争。公共关系作为一种竞争手段，在买方市场条件下发挥着越来越重要的作用，通过公共关系来赢得公众已成为旅游组织的一种共识，良好的公共关系的确能赢得社会公众的信任。利用良好的形象，积极开拓国际国内旅游市场，是积极而有效的。在现代市场经济条件下市场竞争不仅仅是企业的产品质量、价格、服务的竞争，更重要的是企业形象的竞争。这就要求企业对自身形象给予高度重视，公共关系人员要对企业公共关系活动的开展进行科学规划和设计，通过系统公共关系活动帮助企业不断扩大影响，提高知名度和口碑，吸引更多的支持者与合作者，增强企业的竞争优势。

3. 旅游公共关系的类型

不同企业或者同一企业在不同条件下、不同发展时期，由于面对的公共关系的目标、要解决的问题不同，就要对企业公共关系工作提出不同要求，从而在长期的公共关系实践中就形成了不同类型的公共关系模式。根据旅游企业公共关系工作的目标、任务和要求的区别，可以把旅游公共关系分为以下几种类型。

（1）宣传型。宣传型公共关系是指旅游企业借助于各种传播媒介，通过宣传的途径达到宣传企业、树立企业形象目标的一种公共关系模式。宣传型公共关系主要是利用报纸、电视广播、企业内部刊物、视听材料等各种宣传媒介，有效地进行对内、对外的宣传，让各类公众充分地了解企业、认识企业，形成有利于企业发展的良好的舆论环境，使得企业获得广泛的支持与合作，达到促进企业发展的目的。其特点是实效性、新闻性强，可信度高，传播面广，传播速度快、效果好。

（2）服务型。服务型公共关系是指旅游企业以提供方便、周到、热情的优质服务为手段，赢得公众的支持和信任，从而树立良好企业形象的公共关系模式。在现代社会中，消费者对服务水平的要求越来越高，范围也越来越广，促使企业不断推出新的、更高水平的服务。旅游企业要考虑从旅游消费的各个阶段提高服务质量，为消费者提供实实在在的、有特色的服务。

（3）交际型。交际型公共关系是指旅游企业通过人际交往活动，建立广泛的社会联系，以沟通信息和塑造旅游企业形象为目标的一种公共关系模式；它主要通过直接的个人交际和团体交际的方式，联络感情、协调关系、化解矛盾，建立良好的感情联系，在公众中留下良好印象。

（4）社会型。社会型公共关系是指旅游企业通过参与或举办各种社会性、公益性、文化性活动来扩大企业影响，树立企业良好形象的一种公共关系模式。企业参与、举办或是支持相关社会活动，虽然付出额外费用，不能给企业带来直接的经济效益，但能树立企业关心社会、关注民生、关注社会发展的良好形象。企业立足于长远，不拘泥于眼前的得失，追求的是公众的好感和企业的长远利益。

（5）征询型。征询型公共关系是指旅游企业采用征求公众意见、舆论调查、民意测验等手段广泛收集信息，加强与公众联系的一种公共关系模式。企业是为了社会而生存的，企业的发展与公众的要求和愿望、与社会舆论有着密切的关系。了解社会舆论，体察民情民意，预测社会发展趋势，有利于使企业行为与公众需求、社会发展保持协调一致。

4. 旅游公共关系的主要手段

旅游公共关系的目标和功能是通过有计划、具体的公共关系活动实现的。与其他旅游促销手段相比，公共关系一般难以起到立竿见影的效果，它往往立足于企业的长远目标，通过长期的努力，树立和维护企业的良好形象。旅游企业公共关系活动常用的手段主要有下面几种。

（1）调研活动。旅游企业通过民意调查、消费者调查、传媒监测等多种方式收集企业内外环境变化的信息，以了解公众对企业及其产品、服务的态度、意见和建议，了解竞争者的动向及其可能给企业造成的影响。公众关系调研有助于企业及时掌握竞争者、环境变化及公众的态度和要求，通过不断的努力保持企业与公众之间良好的沟通关系。

（2）专题活动。旅游企业可以通过举办或是参加公共关系主题活动，传递企业的信息，加强与有关公众的沟通和情感联络。常见的公共关系专题活动包括新闻发布会、记者招待会、企业庆典活动、赞助活动与展览会等。

（3）媒体报道。旅游企业公共关系人员的主要任务之一，就是发掘或创造对企业或其产品有利的新闻，并及时利用新闻媒体传播出去。企业公共关系人员应善于编写新闻稿件，善于构思故事的概念，以争取媒体的应用。新闻宣传可信度高，传播范围广，有利于树立和维护企业的良好形象。

（4）散发宣传品。旅游企业的宣传资料以介绍旅游企业的发展成绩、企业新开发的旅游资源及其特点、独特的服务方式、旅游消费者对企业的评价等为主要内容。它采用图文并茂的形式更能吸引消费者，引起消费者对企业的关注与兴趣。旅游宣传品主要有企业刊物、小册子、图片、画片、传单、报纸等。

（5）策划事件。旅游企业的公共关系人员的一个主要职责就是捕捉有利时机，利用或策划有可能提高企业知名度与美誉度的新闻事件，经过富有创意的设计和渲染，引起社会公众的广泛关注；特别要吸引新闻媒体的注意，并方便宣传报道。如举办公益研讨会、公益赞助、各种比赛活动、文化活动等。

（6）沟通活动。旅游企业为了保持和谐的外部环境，应设法与当地政府、银行、新闻媒体、社区、行会等单位建立并保持稳定的联系和良好的沟通，经常并主动地向他们介绍企业的经营发展状况，听取他们的意见和建议，争取其理解与支持，避免因为与某方面的关系不协调而给企业带来不利影响。

公共关系是利用各种传播手段，包括顾客、中间商、社区民众、政府机构以及新闻媒介在内的各方面公众沟通思想情感，建立良好的社会形象和营销环境的活动。为帮助企业更好地达到公共关系的主要目标需要应用一定的公共工具，下表为公共关系主要的公共工具。

表 8–7　公共关系主要的公共工具

工具	描述
公开出版物	公司依靠各种传播材料去接近和影响其目标市场。包括年度报告、小册子、文章、视听材料以及公司的商业信件和刊物。在向目标客户介绍某种产品是什么，如何试用，如何安装方面，小册子往往起很重要的作用。由公司经理撰写的富有想象和感染力的文章可以引起公众对公司及产品的注意。公司的商业信件和刊物可以树立公司的形象，向目标市场传递重要信息。如幻灯片、录像和 DVD 等视听材料越来越多地用于促销。
事件	公司可以通过安排一些特殊的时间来吸引客户，包括记者招待会、讨论会、展览会、竞赛、论坛及周年庆祝活动，以接近目标公众。例如资助一场运动，可以给公司提供一个邀请、招待供应商、经销商和客户的机会。

续表

工具	描述
新闻	公关人员一个重要的任务就是创造对公司、公司产品或服务、公司人员有利的新闻。新闻的编写要在一定的事实基础之上，善于构思，并积极争取宣传媒体录用的新闻稿。一个出色的公关媒体负责人应当清楚，新闻界需要的是有趣而及时的情节，文笔漂亮和能吸引注意力的新闻报道。这需要公关媒体负责人尽可能多地接触新闻编辑人员和记者，以便使公司获得较多较好的新闻报道。
演讲	公司负责人应该经常通过宣传工具圆满地回答各种问题，并在各种公开论坛活动和销售会议上演说，以树立公司的形象。
公益活动	公司可以向一些公益事业捐赠，以提高其公众信誉，例如向慈善事业捐款、赈灾以及其他公益活动。
形象识别	在一个高度交往的社会中，公司必须去努力赢得注意。至少应创造一个公众能迅速辨认的视觉形象。视觉形象可以通过公司的广告标志、文件、小册子、招牌、公司模型、名片、支付标志等来传播。

【拓展提高】

1. 危机管理主要手段

每一个旅游企业都可能面临危机事件，只要积极预防，主动处理，危机事件是可以预防和制止的。为此，旅游企业的公共关系及营销人员应配合管理部门做好以下工作。

（1）**全面调查与系统判断**

每一次危机事件的发生都不是孤立的，都是受到环境等因素的影响。公共关系人员要加强调查研究，注意对信息的收集与处理，根据掌握的情况，进行系统分析与判断，做出合乎逻辑的预测，及时提供给企业的管理者。

（2）**危机事件预测**

危机事件预测是指对旅游企业所有活动中潜在的和可能发生的危机事件的预测，包括对各种事故、灾祸以及未来业务上的严重困难等的预测。公共关系人员要与管理人员合作，主动采取措施，以避免有关危机事件的发生。同时，对未来可能发生的危机要提前提出解决预案，使企业为应对危机做好充足的准备，为复杂情况中、巨大压力下更为准确地做出科学决策提供重要帮助，增强企业的应对能力。

（3）**危机事件演习**

危机事件演习是指对旅游服务过程中出现的假想事件的一种演练，目的是提高旅游企业对事件发生时的应变能力，不至于问题出现时不知所措，延误事件处理的最佳时机。

（4）危机事件的及时处理与监控

严重的危机事件会成为社会关注及新闻媒体报道的焦点。常常有这样的情况，错误的信息似乎比真实信息更能引起轰动。因此，在面临危机事件时，旅游企业要采取正确的应对措施，并对事件的进展给予密切关注，避免不真实的信息传播给企业造成的不利影响。对于错误信息，要策略地予以反击。

2. 危机事件处理的基本对策

危机事件一旦发生，旅游企业应及时、准确地查明原因，迅速制定对策，积极开展行动，尽量减轻事件对企业的损害，并采取措施重新树立企业形象。

（1）正视事实

危机事件一旦发生，旅游企业必须接受既成事实，并及时向社会公众开放必要的信息传递渠道，注意危机沟通。因为危机事件会成为社会公众的注意中心，他们想了解事件的进展情况。但是，这种开放不能超出事实允许的范围，只有待事实真相完全清楚后，才能向社会公众公布恰当的结论。

（2）处理迅速

面对已经发生的危机事件，旅游企业的事件处理人员应尽快进入角色，调查事件，估计可能产生的一切后果，并调动一切有效手段控制局势的发展。同时，要注意加强和改进企业的内部管理，调节好员工情绪，积极引导员工努力工作，与企业一起度过非常时期。

（3）争取支持

争取来自企业内部和外部的支持，是旅游企业处理危机事件和再塑企业形象的关键。企业应采取积极合作的态度，努力争取新闻媒体、事件处理专家、政府有关部门、旅游消费者等的大力支持，这对于事件的有效解决，避免事态扩大，维护企业形象都是很有利的。企业只有获得社会各界的了解、信任与支持，才可能在最大程度上减少危机事件造成的不良影响。

【实训或练习】

案例分析：《奔跑吧，兄弟》成功营销策略

《奔跑吧，兄弟》是浙江卫视引进韩国SBS电视台综艺节目《Running Man》推出的大型户外竞技真人秀节目，由浙江卫视和韩版《Running Man》制作团队SBS联合制作，双方采取混编团队的方法进行，最终呈现的效果，既有《Running Man》中的特色游戏，也成为中国版区别于原版的独特之处。节目一方面融入了当地文化元素，打造中国特色的“跑男”文化；另一方面把握受众心理变化，加入社会热点元素。节目在内容设计和嘉宾

参与方面结合当前社会热点和舆情走向考虑，设计悬念性、趣味性和时代感兼备的游戏任务，尽量多选择一些舆论认同度和关注度较高的明星艺人加入。

第三方面是注重健康理念的传播，提升节目正能量。“娱乐”与“健康”是《奔跑吧，兄弟》的两个关键词。在节目中，导演组有意识地强化了明星和普通人通力合作，永不言弃的拼搏精神。

节目自播出以来，受到观众的热捧，2015 年 1 月 9 日晚，浙江卫视《奔跑吧，兄弟》收获了 4.21% 的收视率，继连续两周收视破 3 后再攀新高。

从公共关系的角度，剖析《奔跑吧，兄弟》受到观众热捧，反响如此热烈的原因。

【项目小结】

旅游业快速发展，对于旅游区域及企业直接的竞争变得日益激烈。由于旅游产品具有无形性和生产与消费同步性的特点，为了能使旅游企业产品更快地为旅游者所认知和了解，减少目标顾客的购买风险，引起目标顾客的购买欲望，促进其购买行为的产生，提升销售业绩，最大化地利用自身资源赚取最大经济利益，促销策略中人员推销、广告、营业推广、公共关系四种方式的应用，无疑可以在一定程度上激发顾客的购买欲望，影响他们的消费行为，扩大企业的产品销售。掌握市场营销的促销策略能有助于自身在激烈的市场竞争上识别出正确市场信息，从而在竞争中脱颖而出。

项目九　进行旅游产品实战销售

教学目标

※ 能力目标：

1. 能依据客户寻找顾客的能力，业务洽谈的能力，在实战中得以应用；
2. 能依据旅游客户服务的标准和素质要求，为客户提供满意服务。

※ 知识目标：

1. 寻找顾客的含义、一般程序和方法、拜访的技巧；
2. 业务谈判的含义、内容、过程和策略；
3. 业务洽谈的方法和技巧；
4. 旅游客户服务的含义；
5. 旅游客户服务职责、素质，掌握旅游客户服务的内容。

※ 素质目标：

1. 培养学生良好的语言沟通能力和心理承受能力；
2. 培养学生树立正确职业观念；
3. 培养学生综合职业能力。

任务9-1　客户寻找与拜访

【任务引入】

某企业的一位推销员小张干销售工作多年，经验丰富，关系户较多，加之他积极肯干，在过去的几年中，销售量在公司内始终首屈一指。谁知自从一位新推销员小刘参加推销员培训回来后，不到半年，其销售量直线上升，当年就超过小张。对此小张百思不得其解，问小刘："你出门比较少，关系户没我多，为什么销售量比我大呢？"小刘指着手中的资料说："我主要是在拜访前，分析这些资料，有针对性地拜访，比如，我对 124 名老顾客分析后，感到有购买可能的只有 94 户。根据以往经验，94 户中 21 户的订货量不大，所以，我只拜访 73 户，拜访时我会携带样本、模型给顾客观摩我们最新产品；拜访过程中我会不断赞美顾客；我还会准备一些小样品来进行馈赠，营造和谐氛围。所以我的订货率才较高。其实，我的老顾客 124 户中只有 57 户订货，订货率不足 50%，但是我节约出大量时间去拜访新顾客。当然，这些新顾客也是经过挑选的，尽管订货概率不高，但建立了关系，还是值得的。”

任务 9–1–1　根据寻找顾客的程序，掌握合理寻找潜在客户的方法。

任务 9–1–2　根据案例，掌握拜访顾客程序和拜访计划内容。

【任务分析】

根据案例我们能够发现，成功寻找到潜在顾客是企业成功发展的重要环节，作为一名合格的营销人员，在寻找潜在客户方面需要具有敏锐的观察和分析能力。根据提炼条件→拟定名单→资格审查→建立档案这一流程我们可以解决任务 9–1–1。

任务 9–1–2 则需要我们先熟知拜访顾客有哪些方法，才能分析案例所运用的拜访方式。

【任务实施】

任务 9–1–1　根据寻找顾客的程序，掌握寻找潜在客户的方法

寻找顾客就是营销人员主动找出潜在顾客即准顾客的过程。只有成功寻找到推销对象，才能保证顾客群体的不断发展，提高营销效率。

一般来说，寻找潜在顾客的流程如图 9–1，我们将按照这一步骤进行寻找：

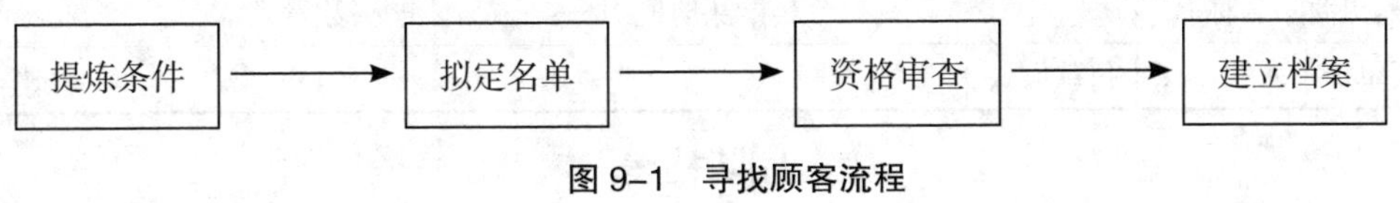

图 9–1　寻找顾客流程

步骤一　提炼出准顾客的条件

营销人员在寻找准顾客的过程中，不能像大海捞针一般盲目寻找，首先要划分一个大致范围，这个范围的划定是根据两个条件进行的：一是产品本身的特点，二是推销主体的特性。

案例中小刘作为营销人员不能对所有潜在顾客进行推销，因此他将重点放在过去曾经有过成交记录的老顾客上，这就为推销对象划分了范围，完成了提炼顾客条件的任务。

步骤二　根据条件，拟定潜在顾客名单

推销人员在确定了潜在顾客的条件后，运用恰当的方法找准顾客、拟定准顾客名单，这份名单要随着寻找顾客工作的开展逐渐完善和调整，将发现的新顾客纳入名单，将不符合条件的顾客从名单中剔除。

结合案例我们可以看到，小刘通过分析手中资料，发现并不是全部客户都具有购买意愿，在 124 户老顾客中只确定了 94 户潜在顾客，完成了拟定顾客名单的任务。

步骤三　进行顾客资格审查

在初步拟出名单后，推销人员要认识到这份名单并不是一成不变的，名单中的顾客并不一定全部具备购买条件，有的顾客因为种种原因暂时不能成为营销对象，因此需要对顾客的购买资格进行审查，将不具备购买资格的顾客从名单中剔除。

案例中小刘在确定了 94 户顾客名单后，进一步审查，发现其中有 21 户顾客成交记录份额少，需求小，不太可能完成大额度交易，于是他剔除了这 21 户顾客，最终确定了 73 户顾客作为拜访对象。

步骤四　建立顾客档案

确定最终的顾客名单后，根据这份名单建立顾客档案，通过各种途径收集尽可能详细的顾客资料，并记录下来，随时补充更新，成为日后营销活动的重要参考资料。顾客档案表格包括内容一般如下：

表 9-1　顾客档案表

个人档案							
姓名		性别		出生日期		学历	
爱好				工作单位		职务	
联系方式		电子邮箱		个人收入			
通信地址							
购买商品名称				购买时间		购买数量	
购买单价		付款方式					
团队档案							
组织名称		性质		主营项目		员工数量	
经营现状				主要负责			
单位地址		主要负责人联系方式					
单位注册资金		单位信用状况					
购买商品名称		购买时间		购买数量			
购买单价		付款方式					
采购人具体情况							

小刘在确定这份潜在顾客名单后，并没有急于立即拜访，而是行动前进行了大量的资料收集整理工作，为推销工作做有针对性的准备，这就是建立顾客档案。随着顾客档案的建立，未来小刘在重复拜访过去的老顾客时，就可以有更详尽的资料以便确定下一次营销活动的潜在顾客。

任务 9-1-2　根据案例，掌握拜访顾客程序和拜访计划内容

寻找客户工作结束

也就是我们销售工作的准备阶段已完成，接下来我们要想获得销售成功就必须全面了解自己的顾客，在接近每一个准顾客之前，都要尽可能地抽出时间做好相关准备。准顾客的种类有很多，推销人员在接近不同类型的准顾客时，需要依据其类型进行不同的准备。

1. 区别了解不同顾客信息

一般我们的顾客群分为：个体准顾客、团体准顾客、老顾客三种类型。那么我就要结合着三种不同类型去寻找他们各自的相关信息。

结合案例我们了解到，小刘在拜访前，分析收集的客户资料，结合自身经验，有针对性地拜访，将成功率较大的客户明显提出。在拜访时携带样本、模型，给顾客观摩最新产品；拜访过程中他会不断赞美顾客；还会准备一些小样品来进行馈赠，营造和谐氛围，自然而然，新老顾客在这样的信息拜访过程中欣然接受，成功交易。

2. 制订较为贴切的拜访计划

制订拜访计划对推销工作具有极为重要的意义，它不仅是公司考核推销人员工作的依据，也是推销人员取得良好推销业绩的前提和基础。完整的拜访推销计划应该包括：拜访推销的目标、拜访顾客的路线、拜访洽谈的要点、推销策略的技巧、推销访问日程安排等。

【考核评价】

表 9-2 客户寻找与拜访方案设定课程评价标准

考核类型	评价项目	评价要点	得分	满分
成果考核	寻找顾客	了解全面，掌握准确	10	30
		寻找顾客方法把握准确，运用得当	10	
		明确寻找顾客的程序	10	
	拜访顾客	分析合理，符合内容要求	10	30
		对顾客的信息分析准确	10	
		会制定拜访计划，计划要全面	10	
过程考核	个人课堂活动表现	积极主动发言，学习态度端正	10	20
		无迟到、早退、旷课现象，课堂出勤良好	5	
		积极参加讨论、认真完成各项任务训练，课堂参与度高	5	
	团队任务活动表现	任务分工明确、团队合作能力强	5	20
		任务实施中能及时处理问题、协调沟通顺畅	5	
		团队积极乐观、勇于挑战，能主动完成任务	5	
		思路设计新颖、方法多样，团队创新能力强	5	

【归纳总结】

寻找顾客是一项具有挑战性、开拓性和艰巨性的工作。进行顾客的寻找工作是销售活动的开始，销售人员要把握其中的规律，遵循科学的准则，使寻找顾客的工作更加科学化、高效化。寻找到顾客后，还需要营销人员进行拜访，而拜访顾客的方式有很多，销售人员在初步取得有可能购买商品的顾客名单后，不要急于推销，要掌握拜访技巧再巧妙地展开销售工作。

【相关知识】

1. 寻找顾客相关知识

（1）顾客

顾客即接受产品的组织或个人，也可解释为消费者。根据接受产品的顺序情况，顾客可以分为过去顾客、目标顾客和潜在顾客三类。过去顾客指的是已经接受过企业产品或者服务的顾客；目标顾客指的是正在接受企业产品或者服务的顾客；潜在顾客指的是将来可能会接受企业产品或者服务的顾客。

（2）寻找顾客

寻找顾客就是指推销人员主动找出潜在顾客即准顾客的过程。潜在顾客和顾客是相对而言的，某种程度上，推销人员拥有的潜在顾客越多，业绩越好。但潜在顾客不能够轻易获得和保持，所以，推销人员的主要任务之一就是寻找与识别准顾客。

（3）寻找准顾客的程序

①根据商品本身的特性，提炼出准顾客的条件。推销人员在寻找顾客过程中，并不像大海捞针似的盲目寻找，首先要划出一个大致范围，这个范围的划定是根据两个条件进行的：一是产品本身的特点，二是推销主体的特征。以某景区为例，一般情况下，所有的家庭都是推销人员的潜在顾客，但是这些潜在顾客是否都可以成为推销人员的准顾客就不一定了。从旅行社出发，既要考虑顾客的要求，同时还考虑到企业的生产和供货条件；从推销人员的角度出发，家庭的购买欲望弱，无论是价格还是时间上交易成功率低。

②根据条件，拟定出准顾客名单。推销人员在确定了准顾客的条件后，可以按照所确定的条件通过各种线索和途径，运用恰当的方法寻找准顾客，拟定准顾客名单，这份名单是可以随着寻找准顾客工作的开展逐渐完整和调整的，将发现新顾客纳入名单，将不符合条件的顾客从名单中剔除。

③进行顾客资格审查，确定最终顾客名单并建立顾客档案。在初步拟定名单后，推销人员要认识到这份名单并不是一成不变的，名单中的顾客并不一定全部具备购买条件，有的顾客因为各种各样的原因暂时还不能成为推销人员的推销对象，因此，需要对顾客的购买资格进行审查，将不具备购买资格的顾客从名单中剔除，确定最终的准顾客名单。根据最终准顾客名单建立顾客档案，通过各种途径收集尽可能详细的顾客资料，并记录下来，随时补充更新，成为日后推销的参考资料。

2. 拜访顾客

（1）了解顾客情况

推销接近的准备工作是收集第一手资料的活动，要想获得推销接近的成功就必须先全面了解自己的顾客，在接近每一个准顾客之前，都要尽可能地抽出时间做好相关准备。准顾客的种类有很多，推销人员在接近不同类型的准顾客时，需要依据其类型进行不同的准备。

①个体准顾客的接近准备。按照西方销售学家的说法，个体准顾客是指作为一个人的准顾客，而不是作为一个公司经理人的准顾客。

一般来说，接近个体准顾客前需要了解以下内容。

姓名。接近个体准顾客时，如果可以在一见面时准确说出顾客的名字，可以迅速拉近推销人员与顾客的距离，减轻顾客的戒备心理，取得顾客的信任，完成推销成功的第一步。

年龄。在接近顾客之前，推销人员需要通过恰当的途径和方法了解该顾客的年龄，根据不同年龄的顾客不同的消费心理和行为特征，制定恰当的推销策略。

性别。男女性别差异导致性格、需求等方面存在极大不同，对待不同性别的顾客，推销人员应该区别对待，采用不同的推销技巧和方式。

民族。我国是一个多民族的国家，不同的民族有着不同的风俗习惯，推销人员需要了解准顾客的民族属性并收集相关的民俗资料，为推销成功奠定基础。

出生地。一个人往往对自己的出生地有着非比寻常的深厚感情，其生活习惯甚至性格的形成与其出生地有着密切的联系，推销人员在接近准顾客之前，应该尽可能了解他的籍贯和出生地，从侧面分析、了解准顾客的性格和习惯，创造共同话题，拉近彼此间的距离。

相貌特征。推销人员在接近准顾客之前，应该了解顾客的相貌、身高、体态重要特征，尽可能避免接近时出错，同时又方便推销人员提前进入洽谈阶段。

职业状况。不同职业的准顾客在价值观念、购买行为、消费方式等方面都存在明显差异，针对不同职业的准顾客在接近方式、洽谈技巧等方面都应该有所不同。

学习和工作经历。了解推销对象的学习和工作经历有利于推销人员接近顾客、拉近彼此距离，进而提高推销成功概率。

兴趣爱好。了解准顾客的兴趣爱好不仅有利于有针对性地向准顾客推销产品，而且有利于创造共同话题、活跃气氛、消除陌生感，使推销活动可以顺利进行。

需求。推销人员应该尽量了解准顾客需求的具体情况，包括购买的动机、需求的特点、购买行为的规律等，以便于有针对性地进行推销。

办公及居住地址。准顾客的办公场所、家庭住址以及经常出入的场所对于推销人员而言，都是很重要的资料。在接近准备阶段，推销人员要反复确认，以便于可以顺利到达接近地点，节省接近拜访时间。

家庭及成员情况。了解准顾客的家庭情况可以为接近顾客提供一些洽谈话题。

②团体准顾客的接近准备。团体准顾客是指个体准顾客以外的所有顾客，包括工商企业、政府机关、事业单位以及其他社会团体等。团体准顾客的业务范围广、购买数量大，而且购买决策人和购买执行人往往是分离的，所以团体准顾客的购买行为更为复杂，同时购买能力更强，生产周期和消费周期也更长，对于推销人员来说，完成团体准顾客的推销接近计划显得更加有价值，推销人员需要准备的资料也需要更加详细和充分。除了个体准顾客接近准备的内容之外，团体准顾客的接近还需要了解以下内容：

基本情况。团体准顾客的基本情况包括机构名称、品牌商标、营业地点、所有制性质、注册资本、职工数量等，除此之外还需要掌握团体准顾客总部所在地点及分支机构所在地点的详细地址、邮政编码、传真号码、公司网址、具体人员的固定电话、手机号码，以及进行约见和接近时的交通路线和交通工具，进入条件和手续等情况。

生产经营情况。即产品品种、数量、生产能力及发展水平、设备技术及技术改造方向，产品结构情况，产品加工工艺及配方，产品主要销售地点及市场反应，市场占有率及销售增长率，管理风格与水平、发展、竞争与定价策略等。如果准顾客属于商业机构，应该了解准顾客的营业面积、商品规模、商品等级、客流量、购买者的购买行为及商品特点等，并了解对方的资信情况。

采购习惯和采购行为。不同的准顾客在购买途径、购买数量、结算方式等方面都可能存在差异。在准备工作的过程中，推销人员需要对团体准顾客的采购习惯进行认真、细致的分析，并结合推销产品的特征和性能，确定团体准顾客对推销产品采购的可能性。对团体准顾客采购行为的了解包括了解提出需求或购买申请的部门、对需求进行核准的部门或机构、顾客当前的主要供应商、供求双方的关系及发展前景等。

组织情况。机构本身复杂的组织机构、人事关系，对推销能否成功同样有着重要的影响，所以，推销人员在接近团体准顾客之前，还要了解团队准顾客的近期目标、远期目标、规章制度、组织状况、人事情况等。

关键部门及关键人物情况。在购买行为和决策中起到关键作用的部门和人物情况同样是推销人员需要了解的内容。

其他情况。包括竞争对手的情况、顾客满意度等其他情况。

③老顾客的接近准备。老顾客是推销人员所熟悉的、比较固定的买主。保持和老顾客的密切联系，是推销人员保证顾客队伍的稳定，取得良好推销业绩的重要条件。对老顾客和新顾客的接近准备工作是有一定差别的，因为推销人员对老顾客已经有了一定的了解，所以对于老顾客的接近准备主要是对原有材料的补充、修订和调整，是对原有顾客关系管理工作的延续。

接近老顾客，应该准备的材料包括：

基本情况。在与老顾客见面之前对其原有情况进行温习和准备，与老顾客见面时适当地交流曾经的接触内容，会快速消除彼此的疏离感。

变动情况。在与老顾客接触前对原档案的内容进行逐一审查核对，了解原有资料是否发生变动。

信息反馈情况。销售人员再次拜访老顾客之前，应该先了解老顾客上次成交后的信息反馈情况，包括对供货时间、产品质量、使用效果等情况。无论信息反馈情况是好是坏，推销人员都应该认真听取，并给予一定解释和改进。

（2）制订拜访计划

制订拜访计划对拜访工作具有极为重要的意义，它不仅是公司考核拜访人员工作的依据，也是推销人员取得良好推销业绩的前提和基础。每个推销人员在拜访前必须制订自己的拜访计划，详细的拜访计划对拜访成功起着重要的促进作用。一位成功的推销大师说过："没有计划，就意味着没有胜利。计划一定要适情而定，才能有效地提升销售业绩。"

拜访计划是实现推销目标的具体实施方案，拜访计划制定得是否合理，关系到企业推销业务的活动进程和实际效果，作为推销人员，必须要掌握制订拜访计划的内容和方法。一般来说，一份完整的拜访计划包括以下内容：

①拜访目标。拜访洽谈的最终目标是推销成功，但这一目标的实现往往并不能在一次推销访问后就可以达成，而是需要进行若干次的推销访问才能实现，每一次拜访访问都应该有明确的目标，这些目标应该是递进的，并逐步接近成功。因此，推销人员必须了解顾客购买决策的过程，清楚顾客在不同购买阶段需要解决的主要问题，确定每一次访问应采取的对策和方案。

②拜访顾客的路线。拜访人员可以根据不同的内容将拜访顾客进行分类，如根据顾客的重要程度可以划分为重点拜访顾客和一般拜访顾客；根据顾客对产品的反应态度可以划分为反应热烈的顾客、反应温和的顾客、反应冷淡的顾客和无反应的顾客。在此基础上，拜访人员可根据短期拜访目标，采取重点拜访的方式，专门与反应热烈的顾客进行商谈；如果考虑长远的拜访目标，可以采用平均拜访的方式，建立和发展与所有潜在顾客的关系；考虑要与某个行业或地区保持良好的关系，可以进行有针对性的拜访和拜访。结合以上目标，再根据顾客的地址和方位设计出最有效的拜访行动日程及顾客拜访路线，争取以最少的时间，最高的效率完成拜访目标。

③拜访洽谈要点。确定洽谈要点就是针对洽谈对象的具体情况和拜访产品的特性，提出在拜访洽谈中需要重点介绍说明的，用来刺激顾客产生购买欲望的产品特性、服务保证等内容。确定拜访洽谈要点的作用就是用来说服顾客、引导顾客、刺激顾客完成购买，如果拜访人员能把拜访洽谈要点与顾客的实际需求和利益结合起来，拜访成功的概率就会大大提高。

④拜访的策略技巧。在拜访洽谈的过程中，顾客可能提出各种问题，拜访人员应该事先估计洽谈中顾客可能会提出的问题，并针对这些问题结合实际做出解决方案。拜访人员需要对以下问题做出准备：怎么在最短的时间内吸引顾客的注意力？如何激发顾客的购买欲望？怎样使顾客相信和接受产品？如何促使顾客最终做出购买决定等。

⑤拜访访问日程安排。根据洽谈双方的时间安排，拟订访谈日程，掌握谈判进度。

【拓展提高】

有效的推销计划还应注意对应拜访顾客前和拜访顾客后两方面的内容

1. 拜访顾客前。顾客基本情况：顾客的姓名和职务、顾客的性格、爱好和固有观念、顾客家庭情况（成员、工作单位、生日）、顾客的权限。

顾客购买行为特征：对推销员的态度、推销过程会遇到哪些阻力、顾客会有哪些反对意见、顾客主要的购买动机是什么、顾客的购买决策。能为顾客提供什么：产品、其他服务、洽谈要点是什么。如何进行推销：如何吸引顾客注意力、如何引起顾客的购买兴趣、如何刺激顾客的购买欲望、如何实现购买行动、顾客有哪些特殊之处可能影响（有利于或不利于）推销。此次拜访所要达到的目的是什么：了解顾客需求、影响顾客的购买行为、向顾客介绍有关情况、促使顾客做出购买决定。

2. 拜访顾客后。取得了哪些进展：洽谈结果、所获得的有益启示。下一步如何行动计划：再次拜访的时间、方式、途径，再次拜访洽谈的内容。

【实训或练习】

1. 寻找顾客的程序有哪些？
2. 查找资料，了解拜访顾客时应注意的事项。

任务9–2 业务洽谈

【任务引入】

广东东莞某大型玩具公司的代表来到A市，在该市的大型商场、娱乐中心、几家大公司举办大型玩具展销会。在某公司的展销区，一位西装笔挺的中年男士，走到玩具摊位前停了下来，售货小姐立刻迎上前去。

“先生，您好！您需要什么玩具？”售货小姐笑容可掬地问道。

“想要这样的遥控玩具。”男士伸手拿起一只遥控玩具战车。

售货小姐：“您的孩子多大了？”

顾客：“6岁了。”

售货小姐听了稍微提高了点声音道：“这样的年龄玩儿这样的玩具正是时候啊。”说着便把玩具的开关打开。男士的视线被吸引到遥控玩具车上。“您看，我们这种玩具操作非常简单，遥控器上就两个遥控杆，左、右手各控制一个，可实现前进、后退、转弯。不像有些遥控玩具是按键控制，操作复杂，小孩子操作起来难度大，有时两手忙得不可开交还控制不好，打击了孩子玩玩具的积极性。”说着把玩具放到了地上，拿着遥控器熟练操纵玩具车做各种动作。售货小姐接着说：“小孩子从小玩儿这种遥控玩具，可以培养出自主意识与领导才能。”说着把遥控器递到男士手里，于是那位男士开始玩儿了起来。两分钟后，售货小姐问道：“先生，您看这个遥控玩具怎么样？”

男士问道：“多少钱一套？”

“450 元。”

“太贵了！便宜点，400 元好了。”

“先生，跟令郎将来的独立自主与领导才干比起来，这点钱实在是微不足道，”售货小姐停了一下，拿出两节崭新的充电电池说：“这样好了，这两节充电电池免费送给您！”说着便把原封的遥控玩具展车连同两节充电电池，一起塞进了包装用的塑胶袋中递给了男士。男士一只手摸进口袋掏钱，另一只手接下玩具车问道：“不用试一下吗？不会有质量问题吧！”

“您放心，品质绝对有保证，如有质量问题，明天我们还在这里，我们将无条件退款或更换！”售货小姐送上名片说，“我们公司在贵市的所有展示都递交了大笔保证金的！”

男士高兴地交了钱，拿着玩具满意而去。

9-2-1　请根据案例，分析推销人员在对客户业务洽谈时应用了哪些方法。

9-2-2　请根据案例，分析推销人员在对客户业务洽谈时应用了哪些技巧。

【任务分析】

业务洽谈有几种不同的方法可以运用，常见的有提示法、演示法和介绍法，我们需要结合理论对照分析，才能够解决任务 9-2-1。

业务洽谈的技巧也多种多样，包括倾听技巧、提问技巧、回答技巧、说服技巧、叙述技巧等，这些技巧需要推销人员灵活运用于不同的场合与时间，这就需要我们通过结合理论对照分析，进而解决任务 9-2-2。

【任务实施】

任务 9-2-1　请根据案例，分析推销人员在对客户业务洽谈时应用了哪些方法

步骤一　解析案例

业务洽谈要选择合适的方法，才能让顾客产生进一步的购买行为。在洽谈中，推销人员需要针对不同的商品和推销对象，说服顾客，促成购买行为。

在案例中，推销人员很明显运用了多种业务洽谈的方法，我们需要掌握所有业务洽谈的方法与技巧，才能对案例运用的方法加以分析。

步骤二　理论对照

在进行业务洽谈的过程中，推销人员可以运用的方法很多，常见的方法可以概括为提示法、演示法和介绍法。

根据每种方法的表现形式，我们能够分析出案例中应用的业务洽谈方法：

1. 案例中推销人员在顾客询问玩具车的具体情况时，向顾客介绍道："我们这种玩具操作非常简单，遥控器上就两个遥控杆，左、右手各控制一个，可实现前进、后退、转弯。"这是直接提示法的应用。很明显就是在直接向顾客提示，在现代推销环境里，采用直接提示法可以节省时间，提高效率，符合现代人快节奏的工作和生活习惯。

2. 本案例中销售人员在对顾客介绍自己的产品时，除了直接表述产品的优点，还虚拟出其他的销售场景："不像有些遥控玩具是按键控制，操作复杂，小孩子操作起来难度大，有时两手忙得不可开交还控制不好，打击了孩子玩玩具的积极性。"这是间接提示法的应用。以此为媒介，向顾客传递出其他产品不够优秀，如果购买反而容易起到反作用的信息。

3. 案例中销售人员对顾客描述自己所销售的玩具对孩子的益处表现在："小孩子从小玩儿这种遥控玩具，可以培养出自主意识与领导才能。"而其他产品对孩子的危害表现在："不像有些遥控玩具是按键控制，操作复杂，小孩子操作起来难度大，有时两手忙得不可开交还控制不好，打击了孩子玩玩具的积极性。"这是联想提示法的典型应用。通过这种描述的场景，使顾客产生联想，刺激顾客购买欲望。

4. 销售人员对顾客说："这样的年龄玩儿这样的玩具正是时候啊！""小孩子从小玩儿这种遥控玩具，可以培养出自主意识与领导才能。"这是积极提示法的运用。以一种正面的、肯定的方法提示顾客购买推销品后可以获得的利益，积极诉诸顾客希望孩子有所成长的购买动机，从而调动顾客购买。

5. 案例显示，东莞这家玩具公司代表在 A 市几个大型商场、娱乐中心、几家大公司

都铺设了摊位，且有适合不同年龄段的玩具进行展示；案例中销售人员不仅是进行产品的陈列，而且还为顾客进行实际操作，“……说着便把玩具的开关打开。男士的视线被吸引到遥控玩具车上”“……说着把玩具放到了地上，拿着遥控器熟练操纵玩具车做各种动作……”。这些表述证明其运用了产品演示法。

6. 案例中为了重点强调该产品的质量，销售人员表示：“您放心，品质绝对有保证，如有质量问题，明天我们还在这里，我们将无条件退款或更换！我们公司在贵市的所有展示都递交了大笔保证金的！”这是直接介绍法的应用。这种直接介绍，重点表达了商品的质量可靠产品过硬，从而进一步刺激顾客购买。

7. 案例在运用直接介绍法的同时，也使用了间接介绍法。例如推销人员在介绍这款遥控玩具时，没有直接表述其产品的构成等因素，而对顾客陈述：“小孩子从小玩儿这种遥控玩具，可以培养出自主意识与领导才能。”通过介绍购买玩具、操作玩具能够达成的目的，间接证明该产品非买不可的理由。这是典型的间接介绍法。

步骤三　归纳总结

业务洽谈方法很多，作为销售人员必须针对顾客所关心的内容，选择恰当的洽谈方法，才能让顾客产生购买行为。案例中的销售小姐正是熟谙这些业务洽谈的方法，加以灵活运用，才成功地完成了一次产品销售。

任务 9-2-2　请根据案例，分析推销人员在对客户业务洽谈时应用了哪些技巧

步骤一　解析案例

业务洽谈的技巧包括倾听技巧、提问技巧、回答技巧、说服技巧、叙述技巧。

每一次业务洽谈，并不是必须涉及所有业务洽谈技巧，可能只应用了一种，也可能应用了多种，这需要我们结合案例进行分析。

步骤二　理论对照

1. 案例中销售人员在顾客表达了“450 元太贵了！便宜点，400 元好了”，立刻分析出顾客不是没有这个钱，而是不想出这个价。因此推销人员立即表示可以在价格不变的情况下进行赠送：“这样好了，这两节充电电池免费送给您！”从而解决这一问题。这是倾听技巧中有鉴别地倾听这一技巧的体现。

2. 案例中当顾客来到玩具展销的摊位前，推销人员提问道：“您需要什么玩具？”采用了求索式提问技巧。

问及顾客“您的孩子多大了”则采用了诱导式提问技巧。诱导式提问旨在引导顾客

的回答符合销售人员预期的目的，争取顾客同意的一种方法。

3. 案例中顾客问及商品是否有质量问题，销售人员这样回答："您放心，品质绝对有保证，如有质量问题，明天我们还在这里，我们将无条件退款或更换！"这里运用了回答问题不能确切的技巧。首先承诺不会出现质量问题，但是这一回答太过绝对，因此销售人员又给自己留有余地，表示一旦出现质量问题，将无条件退款或更换。

4. 在说服技巧的运用中，推销员使用了把握时机、耐心细致、消除顾客疑虑等几种方法。

当顾客回答自己的孩子 6 岁时，推销人员立即把握住了时机，表示："6 岁这样的年龄玩儿这样的玩具正是时候啊……小孩子从小玩儿这种遥控玩具，可以培养出自主意识与领导才能。"销售小姐把握时机，说服顾客，向顾客阐明这一年龄是购买此款遥控战车的最佳时机。

当顾客接过销售人员手里的遥控器，自己玩儿起来后，售货小姐并没有立即催促顾客购买，而是给顾客充分的体验时间，两分钟后才开始询问顾客的看法，运用了耐心细致的说服技巧，即当顾客不能马上做出购买决定，推销人员要耐心等待。

此外，顾客接过原封的遥控玩具展车后，因为没有试用，因此对商品的质量表达了疑虑，销售人员立即表示："如有质量问题，我们将无条件退款或更换！"这正是说服技巧里，消除顾客疑虑技巧的运用。

步骤三　归纳总结

业务洽谈是一项技巧性很强的工作，随着推销品、推销对象、推销环境的不断变化，每一次业务洽谈都会有不同的特点和要求，对推销人员来说将是极大的挑战，销售人员要根据具体情况具体分析，灵活机动地进行业务洽谈。

【考核评价】

表 9–3　业务洽谈任务评分标准

考核类型	评价项目	评价要点	得分	满分
成果考核	业务洽谈	依据案例进行分析，内容准确、详尽描述	10	60
		总结案例中主要方法和技巧	10	
		结合理论知识对照案例中的方法和技巧，熟练掌握	10	
		总结内容完整，语言清晰	10	
		能通过现实中的生活场景展现相关方法和技巧	20	
过程考核	个人课堂活动表现	积极主动发言，学习态度端正	10	20
		无迟到、早退、旷课现象，课堂出勤良好	5	
		积极参加讨论、认真完成各项任务训练，课堂参与度高	5	

续表

考核类型	评价项目	评价要点	得分	满分
过程考核	团队任务活动表现	任务分工明确、团队合作能力强	5	20
		任务实施中能及时处理问题、协调沟通顺畅	5	
		团队积极乐观、勇于挑战，能主动完成任务	5	
		思路设计新颖、方法多样，团队创新能力强	5	

【归纳总结】

进行业务洽谈时销售人员运用各种方法手段与策略去说服顾客购买产品的过程，是销售人员向顾客传递销售信息并进行双向沟通的过程。业务洽谈是整个销售过程的关键环节，其目的在于传递商品信息、激发购买动机、引起购买欲望、采取购买行动。业务谈判要想成功进行，销售人员必须熟练掌握并灵活运用业务谈判的方法技巧。

【相关知识】

1. 业务洽谈的定义

所谓业务洽谈，也称推销谈判（面谈），是推销人员运用各种方式、方法、手段与策略去说服顾客购买产品的过程，是推销人员向顾客传递销售信息并进行双向沟通的过程。业务谈判是整个推销过程进入实质性阶段的标志，也是关系到整个推销成效、推销成败的关键环节。

2. 业务洽谈的方法

在进行业务洽谈的过程中，推销人员可以运用的方法很多，常见的方法可以概括为提示法、演示法和介绍法。

（1）**提示法**

提示法是指销售人员用语言手段启发、诱导顾客购买产品的一种方法。当推销人员向顾客介绍完商品，顾客还在犹豫时，推销人员采用提示法可以进一步引起顾客注意，刺激顾客的购买欲望。

①直接提示法。指推销人员直接向顾客呈现推销品的信息、提示推销重点、诉诸顾客购买动机等，劝说顾客购买推销品的洽谈方法。在现代推销环境里，采用直接提示法可以节省时间，提高效率，符合现代人快节奏的工作和生活习惯。

②间接提示法。推销人员间接劝说顾客购买推销品的洽谈方法。虽然直接提示法可以提高销售效率，但是在许多特定情况下，必须采用间接提示，即间接传递信息、诉诸顾

客的购买动机、提示推销重点等。从心理学上讲，间接提示法也是一种有效的心理减压法，可以排除洽谈障碍，营造有利的氛围，促进业务洽谈顺利开展。

③明星提示法。指推销人员借助一些有名望的自然人、法人或其他团体组织购买、使用推销品的事例，来劝说顾客采取购买推销品的一种提示法。这种方法利用了顾客求名的购买动机，并消除顾客的疑虑，使产品在顾客心目中产生“明星效应”，有力地影响顾客的购买心理和购买态度。明星提示法作为一种非常有效的说服方法，被广泛地运用于业务洽谈和推销广告中。

④联想提示法。指推销人员能通过提示事实，描述某些情景，使顾客产生某种联想，刺激顾客购买欲望的洽谈方法。

⑤逻辑提示法。是指推销人员根据一系列的事实和论据，利用逻辑推理的方法来说服顾客购买推销品的一种洽谈方法。这种方法适用于具有理智购买动机的顾客，此种方法主要通过向顾客摆事实、讲道理，使顾客进行分析、判断，让顾客能充分、正确地认识推销品的特征、优势及其所带来的利益等，从而采取购买行为。

⑥积极提示法。是指推销人员运用积极的方式劝说顾客购买商品的方法。推销人员从积极的角度，用肯定的、正面的明示或者暗示来提示顾客购买推销产品后可以获得正面效益，从正面调动顾客购买心理的积极因素，从而促使顾客购买。也可以称作积极暗示、正面暗示、肯定暗示、正提示等。

⑦消极提示法。是指推销人员使用消极的、反面的、否定的或其他消极方式劝说顾客购买推销品的洽谈方法。消极提示法与积极提示法相对应，也可以叫做消极暗示、否定暗示、否定提示、负提示等。消极提示也可以引起积极的心理效应，促成交易。

（2）**演示法**

演示法又称直观示范法，是推销人员运用非语言的形式，通过实际操作推销产品，让顾客通过视觉、听觉、味觉、嗅觉和触觉直接感受推销品信息，最终促使顾客购买产品的洽谈方法。在业务洽谈过程中，演示法的作用是非常大的。对于引起顾客的注意力，激发顾客的购买欲望，最终达成购买行为起到非常重要的作用。

①产品演示法。指推销人员通过向顾客直接演示产品来劝说顾客购买的一种洽谈方法。产品本身就是最准确最可靠的信息员，它无时无刻不发出推销信息，使顾客有可能通过视觉、触觉、嗅觉、味觉、听觉及其他各种感官通路来接受推销信息。既可以演示商品的外观、结构，又可演示其性能、效果和使用方法等。

②文字、图片演示法。指推销人员通过展示有关推销品的文字、图片资料来劝说顾客购买的洽谈方法。在不能或不便直接演示的情况下，推销人员可以通过这一方法来介绍、推销产品。文字图片演示法既准确可靠又方便省力，能生动、形象地向顾客介绍推销

品，传递推销信息。这种图文并茂、生动形象的推销方法，很容易被顾客接受。

③音像演示法。指推销人员通过演示有关推销品的录音、录像、光盘等各种音像资料来劝说顾客购买推销品的洽谈方法。在现代推销环境里，推销人员可以利用各种现代化的设备来进行业务洽谈：既可以把电视广告录音等作用于业务洽谈过程，吸引顾客，也可以播放材料用来产生形象的影音效果，减轻推销工作负担，活跃业务洽谈气氛，增强说服力。

④证明演示法。指推销人员通过演示有关的推销证明资料来劝说顾客购买的洽谈方法。为了有效说服，推销人员必须拿出证明，例如生产许可证、质量鉴定书、营业执照等相关证据。有时，还可以通过破坏性、戏剧性的表演来证明推销品，说服顾客购买。

（3）介绍法

是介于提示法和演示法之间的一种方法，是推销人员利用生动形象的语言介绍商品，劝说顾客购买推销品的业务洽谈方法。

①直接介绍法。是推销人员直接介绍商品的性能、特点，劝说顾客购买推销品的洽谈方法。这种方法具有省时间、效率高的特点。如“这种洗衣机是全自动、节能型，可自动烘干”直接介绍出商品的优点、提出推销重点，吸引顾客购买。

②间接介绍法。是指推销人员通过间接介绍商品，劝说顾客购买推销品的洽谈方法。这种方法，往往不直接说明产品质量以及能够带来的好处等，而是通过介绍与之密切相关的其他事物来间接介绍产品本身。如“这种西服采用进口生产线缝制，法国面料，做工精细”，通过介绍西服的制作设备、面料、做工来间接证明产品的优良品质。

3. 业务洽谈的技巧

业务洽谈是一项技巧性和艺术性都很强的工作，随着推销品、推销对象、推销环境的不断变化，每一次业务洽谈都会有不同的特点和要求，对推销人员来说都是一个极大的挑战，推销人员要根据具体情况具体分析，灵活机动地进行业务洽谈。

（1）倾听技巧

在从事推销谈判时，日本推销之神原一平这样说：“就推销而言，善于听比善于说更重要。”只有学会倾听才能探索到顾客的真正心理需求，发现其兴趣之所在。以此不断调整自己的推销计划，突出推销要点。谈判中要想获得良好的倾听效果，应该掌握以下倾听技巧：专心致志地倾听、有鉴别地倾听、倾听要有回应、不能因为反驳而结束倾听。

（2）提问技巧

在推销谈判中提问是一种有效的方式。它不仅可以引起顾客的注意，使顾客对这些问题予以重视，而且还可以引导顾客的思路，获得推销人员所需要的各种信息。因此，推销人员要善于运用提问技巧，及早触及与推销有关的问题并揭示顾客真正动机，从而有效地引导谈判的进程。在谈判中常用的提问技巧有以下几种方式：

证明式提问。有时候，顾客可能会不假思索地拒绝购买。推销人员应事先考虑到这种情况并相应提出某些问题，促使顾客做出相反的回答。比方说：您的库存很大吗？顾客对问题做出的否定回答等于承认他有某种需求，而这种需求亟待推销人员来帮助解决。

求索式提问。这种提问旨在了解顾客的态度，确认他的需要。如：您的看法呢？您怎么想？通过向顾客提问，可以很快探明顾客是否有购买意图以及他对产品所持的态度。

诱导式提问。这种提问旨在引导顾客的回答符合推销人员预期的目的，争取顾客的同意的一种提问方法。该方法通过提出一系列问题，让顾客不断给予肯定的回答，从而诱导顾客做出决定。

选择式提问。为了提醒、督促顾客购买，推销人员的推销建议最好采用选择提问方式。

（3）回答技巧

在推销谈判中回答问题，不是一件容易的事。因为推销人员不但要根据顾客的提问回答，而且还要把问题尽可能讲清楚，使顾客得到答复，推销人员对自己回答的每一句话都负有责任，因为顾客往往把他的回答认为是一种承诺。这就给推销人员带来一定的精神负担与压力，因此，推销人员一定要掌握回答的技巧。通常要关注以下几个方面：回答问题不要确切、回答问题不要彻底、回答问题不要给对方留有追问的机会、不要轻易作答、将错就错的回答、回答之前要有充分的思考时间。

（4）说服技巧

要取得推销谈判的成功，说服顾客是一门重要艺术，推销人员只有具备高超的说服能力，才能在变化莫测的谈判过程中左右逢源，达到推销目的。谈判中能否说服顾客接受自己的观点，是推销能否成功的又一个关键因素。说服综合了听、问、答等各种技巧，千方百计地影响顾客，刺激顾客的购买欲望，促使顾客做出购买决定。说服技巧大体包括以下几个方面：把握时机、耐心细致、寻找共同点、消除顾客的疑虑、循序渐进。

【拓展提高】

答复要专、精、准、全、问

专：推销员一定要有丰富的专业知识和商业知识，在回答顾客问题时，既要专业又要通俗。一定要注意不要为专而专，一切的回答，要精短地把问题回答清楚。

精：回答顾客的问题时不要太拖拉、含混不清，也不要长篇大论。要尽量揣摩顾客所问问题的深意，顾客想要了解什么，在回答时，要精短地把问题回答清楚。

准：切记不能答非所问。

全：回答得全面并不是滔滔不绝，也不是回答得越多越好，而是针对顾客的问题做全面回答。不要有所遗漏，特别是关键问题。也要学会问一答十。比如：问你产品的规格时，你就要尽量把产品的规格、各规格的价格、产品的包装、运输、开票等问题都回答了，顾客一次就能弄清楚很多问题，就不用再问了。

问：在回答顾客的问题时，遇到不清楚或者难于回答的问题时，一定学会委婉地反问，当然，不要引起顾客的反感。问的目的是要更清楚地了解顾客的问题和需求，是为了更好地回答顾客的问题。

【实训或练习】

一位老太太每天去某菜市场买水果。一天早晨，她提着篮子，刚到菜市场，第一个卖水果的小贩问："您要不要买一些水果？"老太太说："你有什么水果？"小贩说："我这里有李子，你要李子吗？"老太太说："我看看。"小贩赶紧介绍："李子又红、又大、又甜，特别好吃。"老太太仔细一看，果然如此。但老太太摇摇头，没买，走了。

老太太继续在菜市场转悠，遇到第二个小贩问："老太太，买什么水果？"老太太说："买李子。"小贩说："我这里有大的、小的、甜的、酸的，您要什么样的呢？"老太太说："我买酸李子。"小贩说："我这堆李子特别酸，您尝尝？"老太太一咬，果然很酸，满口的酸水。老太太受不了，但很高兴，马上买了一斤。

但老太太并没有马上回家，继续在市场转悠。遇到第三个小贩问老太太买什么，老太太说："买李子。"小贩问："买什么李子？"老太太说："买酸李子。"小贩很好奇地问："别人都要买甜李子，您为什么要买酸李子？"老太太说："我儿媳妇怀孕了，想吃酸的。"小贩马上说："老太太您对儿媳妇真好！想吃酸的就说明她会给您生个孙子！"老太太很高兴。小贩说："孕妇最需要维生素，因为她需要供给胎儿维生素。"他接着问："那您知不知道什么水果中维生素最高？"老太太摇头。小贩说："水果之中，猕猴桃含维生素最丰富，你要是天天给儿媳妇买猕猴桃补充维生素，可定能给您生个大胖孙子。"老太太一听这些很高兴，马上买了一斤猕猴桃

老太太临走时，小贩又说："我每天都在这里摆摊，每天进的水果都是最新鲜的，下次到我这里，我给您优惠。"

（资料来源：彭先坤，梅艺华．推销技巧 [M]. 北京：北京理工大学出版社，2011.）

结合案例，试分析其中运用了哪些业务洽谈的方法与技巧。

任务9-3　客户服务

【任务引入】

了解旅游服务人员在为客户服务中出现的问题，结合问题分析总结旅游服务人员应该具备的服务意识。

【任务分析】

本任务目的是通过总结旅游服务人员在服务过程中出现的问题描述，培养学生提升旅游客户服务认识，了解客户服务的重要性，并结合自身和理论引导明确导游职业认知，导游服务人员职业性素质能力要求等。

【任务实施】

步骤一　总结现存问题

1. 导游人员知识文化素质普遍不高，在导游人员中，高中（中专）学历占 41.7%，大专以上学历占 48.3%。综合素质较好的旅游院校毕业生较少。从事旅游业的人员参差不齐，学历偏低。

2. 导游知识和素质欠缺，综合能力差，不能根据实际情况进行导游讲解，只知道死记硬背导游词；不能根据游客的情况运用所学知识编写导游词进行导游讲解；接团中经常出现漏接、迟接，以及擅自更改线路、增加购物点等；与游客交往缺乏沟通技巧或经济目的唯一、对于突发事件缺乏应变能力，当出现意外情况时不知如何处理，甚至有些导游连基本的讲解技能也未过关；部分导游知识面窄，知识结构单一，严重阻碍了旅游服务质量的提高。我国旅游界缺乏综合能力较强的复合型人才。

3. 部分导游缺乏基本的职业道德，与旅游发达国家相比，我国导游松散的职业状态决定了他们缺少归属感，且导游必须应付社会偏见与旅行社的压力，这种双重困境使导游人员对自己的职业并不看好，很多导游急功近利、心态浮躁，赚到钱就赶紧跳槽，导游人员的职业倦怠感日渐突显。

步骤二　查看理论，分析失误原因

导游服务人员应结合职业责任区别对待服务的不同区域，明确责任来培养自身的素质和能力，注重日常的培养和提升。旅游服务部门同时也要注意对员工培养，特别是对待客户服务的过程中，更应该培养良好的习惯，提升企业服务人员的整体素质和能力。

步骤三　归纳总结

通过前两个步骤分析与总结，作为一名优秀的旅游客户服务人员更应该具备较为规范、贴切的服务素质和能力。同时需要企业和客户服务人员双方重视培养这方面的素质和能力。服务质量的提升关键在于优质的客户服务人员，高质量的客服提升客户的满意度，提高企业的收益。因此，做好客户服务工作要对照岗位职责及行业服务标准来具体实施。

【考核评价】

表 9-4　客户服务课程评价标准

考核类型	评价项目	评价要点	得分	满分
成果考核	案例分析报告	分析案例内容抓住主旨、内容明确	10	60
		明确旅游服务人员的职责与素质分析失误原因	10	
		对照旅游服务人员服务标准总结详尽、充实	10	
		报告要全面、准确、有条理	10	
		报告语言简洁流畅，逻辑清晰	10	
		报告排版格式整齐、美观，布局合理	10	
过程考核	个人课堂活动表现	积极主动发言，学习态度端正	10	20
		无迟到、早退、旷课现象，课堂出勤良好	5	
		积极参加讨论、认真完成各项任务训练，课堂参与度高	5	
	团队任务活动表现	任务分工明确、团队合作能力强	5	20
		任务实施中能及时处理问题、协调沟通顺畅	5	
		团队积极乐观、勇于挑战，能主动完成任务	5	
		思路设计新颖、方法多样，团队创新能力强	5	

【归纳总结】

本任务训练结束后，应根据学生的任务实施情况进行点评。导游服务的范围全面具体，应包括陪同参观、介绍、讲解服务、交通服务、安排旅游生活服务等。要注意导游人员素质和能力，结合导游职业人的任职资格来要求，明确导游人员的工作任务和职责。

【相关知识】

现今旅游活动越来越普及，参与旅游人员越来越多，旅游活动的范围也越来越广。旅游活动中的客户服务主要表现在导游服务过程中，随着社会的发展，消费者对于一个品牌、一个产品或者一个公司的认知已经从简单的质量好坏转变成服务好坏，客户服务的好坏决定了消费者购买忠诚度的高低。客户服务的目的就是让消费者或者客户始终对于产品消费过程感觉满意，从而锁定持续购买的行为模式，其意义则是在不断提升客户满意度的前提下保持和扩大公司的商业规模以达到双赢的结果。

1. 旅游客户服务的定义

旅游市场营销中，客户服务是导游人员受旅行社委派，代表旅行社按计划组织协调旅游活动，包括提供接待、咨询服务、陪同旅游者参观游览、讲解旅游景点及其相关知识、安排旅游者生活及活动等工作。导游服务的目的是满足旅游者求新、求奇、求知的愿望和旅游生活的相关需要，从而带给旅游者一次完美的旅游历程。

2. 导游服务人员的职责

（1）导游人员的基本职责

①根据旅行社与游客签订的合同或约定，按照接待计划安排和组织游客参观、游览。

②负责向游客导游、讲解，介绍中国（地方）文化和旅游资源。

③配合和督促有关单位安排游客的交通、食宿等。

④保护游客的人身安全和财产安全。

⑤解答游客的问询，协助处理旅途中遇到的问题。

⑥反映游客的意见和要求，协助安排游客会见、座谈等活动。

（2）出境旅游领队的职责

出境旅游领队是组织出境旅游的旅行社的代表，是出境旅游团的领导者和代言人。其主要职责是：

①介绍有关情况。出发前向旅游团介绍旅游目的地国家或地区的概况及有关注意事项。

②全程陪同游览。全程陪同旅游团的参观、游览活动。

③落实旅游合同。监督和配合旅游目的地国家或地区的全陪、地陪，全面落实旅游合同，实施旅游计划，组织旅游活动。

④维护全团团结。关心游客，做好旅游团的组织工作，维护旅游团内部的团结，调动游客的积极性，保证旅游活动顺利进行。

⑤负责沟通联络。负责旅游团与旅游目的地国家或地区接待社的沟通和联络，转达游客的意见、建议、要求甚至投诉，维护游客的合法权益，必要时出面斡旋或帮助解决。

（3）全陪导游人员的职责

全陪是组团旅行社的代表，对所率领的旅游团（游客）的旅游活动负有全责，在整个旅游活动中起主导作用。其主要职责是：

①实施旅游接待计划。按照旅游合同或约定实施组团旅行社的接待计划，并对各接待单位的计划执行情况和接待质量进行监督。

②做好组织协调工作。组织协调领队、地陪、司机等各方面接待人员之间的合作关系；负责与组团旅行社和地方接待社的联络以及与各站之间的衔接工作；督促并配合地方接待社安排好旅行社（游客）的食、住、行、游、购、娱等旅游活动。

③保护安全，处理问题。保护好旅游团（游客）的人身与财产安全，处理好各类突发事件；转达、处理游客的意见、建议和要求。

④宣传促销，市场调研。在耐心解答游客的问询，介绍中国（地方）文化和促销旅游产品的同时，积极开展市场调研，了解客人需求，为旅游产品的开发、设计提供依据。

（4）地陪导游人员的职责

地陪导游人员是接待旅行社的代表，是旅游接待计划在当地的执行者，是当地旅游活动的组织者。其主要职责是：

①安排旅游活动。根据旅游接待计划，合理安排旅游团（游客）在当地的旅行游览活动。

②做好服务工作。与全陪、领队密切配合，认真落实旅行团（游客）在当地的抵离接送服务和食、住、行、游、购、娱等服务。

③负责导游讲解。具体负责旅游团（游客）在当地参观游览中的导游讲解，解答游客的问题，传播中国（地方）文化，介绍旅游资源。

④维护游客安全。维护旅游团（游客）在当地旅游过程中的人身和财产安全，做好事故防范与安全提示工作。

⑤处理相关问题。妥善处理旅游相关服务各方面的协作关系，以及旅游团（游客）在当地旅游过程中发生的各类问题。

（5）景区景点导游人员的职责

景区景点导游人员主要负责旅游团（游客）在本景区或景点内的导游讲解工作。其主要职责是：

①导游讲解。负责所在景区、景点的导游讲解工作，解答游客就本景区或景点所提出的相关问询。

②提示安全。提醒游客在参观游览过程中注意安全，并给予必要的协助。

3. 旅游服务人员应具备的能力和素质

（1）思想素质

导游服务人员应该具备的思想素质包括：热爱祖国、遵纪守法、遵守公德、尽职敬业、维护权益等。

（2）知识水平

导游服务人员应该具有广博的基本知识，尤其是政治、经济、历史、地理以及国情、风土习俗等方面的知识。

①史地文化知识。史地文化知识包括历史、地理、宗教、民族、民俗风情、风土物产、文学艺术、古典园林、建筑艺术等诸多方面的知识。

②政策法规知识。政策法规是导游人员的工作指针。导游人员应该牢记国家现行的各项方针、政策，掌握有关的法律法规知识，了解外国游客在中国的法律地位以及他们的权利和义务；导游人员在导游讲解、回答客人问询或与客人讨论问题时，必须以国家的方针政策和法律法规为指导。

③政治、经济、社会知识。来自异国他乡的旅游者往往对目的地国家或地区的政治、经济和社会问题比较关注，因此，作为一名合格的导游人员，具备一定的社会学知识，熟悉国家的政治、经济体制和社会制度，了解本地的风土人情、宗教信仰、婚丧嫁娶以及禁忌习俗等就显得尤为重要。

④国际知识。导游人员不仅要熟悉本国或本地区的政治制度、经济体制、社会发展现状和民俗风情，还应该注意跟踪国际形势的发展，关注国际社会的热点问题，了解中国的外交政策以及对有关国际问题的态度；要熟悉客源国或出游国的政治、经济、历史、地理、民俗、文化、宗教、禁忌等。这既有助于加强导游人员与游客之间的沟通和交流，更有利于导游人员有的放矢地开展工作。

⑤旅游常识。导游人员的主要工作是为游客提供导游讲解服务。但是，在旅游过程中，导游人员也要随时准备帮助游客解决所遇到的种种问题。因而，对导游人员而言，掌握一定的交通、通信、货币、保险、卫生、疾病防治等相关方面的旅行常识也是十分必要的。

（3）工作能力

①执行政策能力。导游人员必须具有较强的政策水平和高度的法制观念，要以国家的有关政策和法律、法规为自己的工作指针和行动指南；要严格执行旅行社的接待计划；要积极主动地宣传国家现行的方针政策，介绍国家社会主义建设和改革开放的伟大成就；回答游客的种种问询，帮助他们全面、正确地认识和了解国家。

②组织协调能力。导游人员接受接待任务后，便成为旅游团整个旅行游览活动总导演。这便要求其具备较强的组织、协调能力，根据旅游合同与相关各方协作共事，合理地安排旅游活动并严格执行既定的旅游接待计划，共同保证旅游团游览好、生活好。既要有针对性地选择最佳旅游点、线，又要讲究工作方法，要随时根据客观情况的变化，采取灵

活有效的措施解决所遇到的实际问题。

③语言表达能力。导游讲解时需要综合性的口语艺术，因此，语言表达能力便自然而然地成为导游人员最重要的基本功。导游人员无论使用外语、普通话、地方方言还是少数民族语言，都应该做到准确、生动、形象、富有表现力，同时应该注意使用礼貌用语。

④人际交往能力。导游人员的工作性质特殊、对象复杂，因此，较强的人际交往能力是导游人员必须具备的素质之一。导游人员要善于同各种类型的旅游者沟通，将不同旅游者所组成的旅游团队糅合成一个有机的整体。

⑤应对事变能力。导游人员的工作具有较强的独立性，要求其具有独立分析问题和解决问题的能力。在旅游团的旅行游览活动中，意外事故、突发事件或客人投诉等在所难免，能否及时、妥善处理也是对导游人员的严峻考验，随机应变是导游人员处理上述情况时必备的能力。

⑥旅游促销能力。导游人员的主要任务是向游客提供向导、讲解和旅行生活服务，即帮助游客实现对旅游目的地国家旅游产品的消费。作为旅游目的地国家的形象大使和旅行社的代表，导游人员应该利用其与游客接触时间较长、对游客比较了解的有利条件，配合旅行社的销售人员做好旅游产品和旅游商品的促销工作。因此，旅游促销能力便成为导游人员必备的工作能力之一。

旅游产品的促销是指对旅游目的地国家或地区的旅游产品——旅游线路的促销，促销目的是扩大客源，争取更多的回头客。为此，导游人员必须认真做好导游讲解和服务工作，在游客心目中树立起旅游目的地和旅行社的良好形象，以增强旅游目的地对游客重游的吸引力。

【实训或练习】

从事导游服务行业，导游人员需做好哪些方面的准备？

【项目小结】

寻找顾客是指推销人员主动找出潜在顾客即准顾客的过程。首先要划出一个大致范围，这个范围的划定是根据两个条件进行的：一是产品本身的特点，二是推销主题的特征。推销人员在确定了准顾客的条件后，可以按照所确定的条件通过各种线索和途径，运用恰当的方法寻找准顾客，拟定准顾客名单。最后，进行顾客资格审查，确定最终顾客名单并建立顾客档案。

销售拜访的准备工作是全面了解自己的顾客，收集相关资料，在接近每一个准顾客之前，都要尽可能地抽出时间做好相关准备。准顾客的种类有很多，推销人员在接近不同类型的准顾客时，需要依据其类型进行不同的准备。拜访工作要有详细的计划，计划要由推销目标、拜访顾客的路线、洽谈要点、策略技巧、访问日程安排几部分组成。

旅游活动中的客户服务主要表现在导游服务过程中。客户服务的好坏决定了消费者购买忠诚度的高低。客户服务的目的就是让消费者或者客户始终对于产品消费过程感觉满意。导游服务人员要明确导游服务人员的职责，掌握应具备的能力和素质。